消费者权益保护法简明教程

主　编　杨馨德
副主编　刘　旗　冯　艳

上海财经大学出版社

图书在版编目(CIP)数据

消费者权益保护法简明教程 / 杨馨德主编. —上海：上海财经大学出版社，2020.8
ISBN 978-7-5642-3560-4/F·3560

Ⅰ.①消…　Ⅱ.①杨…　Ⅲ.①消费者权益保护法—中国—教材　Ⅳ.①D923.8

中国版本图书馆 CIP 数据核字(2020)第 096771 号

责任编辑：刘晓燕
封面设计：张克瑶

消费者权益保护法简明教程

著　作　者：杨馨德　主编
出 版 发 行：上海财经大学出版社有限公司
地　　　址：上海市中山北一路 369 号(邮编 200083)
网　　　址：http://www.sufep.com
经　　　销：全国新华书店
印刷装订：上海新文印刷厂
开　　　本：787mm×1092mm　1/16
印　　　张：14.25
字　　　数：329 千字
版　　　次：2020 年 8 月第 1 版
印　　　次：2020 年 8 月第 1 次印刷
定　　　价：48.00 元

前　言

《消费者权益保护法简明教程》是江西广播电视大学法学专业教学团队成员以2013年颁布的《中华人民共和国消费者权益保护法》以及2020年5月28日第十三届全国人民代表大会第三次会议通过的《民法典》为依据，针对高等学校及高等成人院校法学专业本科、专科学生而编写的实用性教材，是"高等学校法学专业选修课程教材"之一，也是江西广播电视大学法学专业的必修课程教材。

本书立足于我国社会主义市场经济和消费者权益保护的实际，针对当前我国的消费现实，围绕《中华人民共和国消费者权益保护法》的相关规定，对消费者问题与消费者保护立法、消费者保护法基本理论、消费者及其权利、经营者的义务、消费者利益的国家保护、消费者组织、商品与服务质量法律制度、消费者安全保障法律制度、消费者保护法中的法律责任、消费者争议等知识点进行了全面系统的阐述，吸收了消费者权益保护法律制度研究的最新学术成果，在重视传统学科理论的基础上增加了具体的操作性和实用性。适合法学专业消费者权益保护法课程的教学使用，同时可供参加自学考试及统一司法考试学习使用。

本书由杨馨德任主编，刘旗、冯艳任副主编，全书由主编、副主编审阅、修改，各参编老师协助主编、副主编参与校稿。具体分工（按章节先后顺序）如下：

冯　艳：第一章
刘　旗：第二章
王　凯：第三章
杨馨德：第四章
李　执：第五章
陶维国：第六章
谢洁茹：第七章
潘　玮：第八章
江　帆：第九章
郭　莉：第十章

本书在编写过程中参考了大量学术界同仁的研究成果，对此本书作者表示真诚的感谢！

由于时间仓促加之水平有限，书中难免有疏漏、错误之处，敬请读者和专家指正。

编　者
2020年6月

目 录

前言 ··· 1

第一章 消费者问题与消费者保护立法 ··· 1
第一节 现代消费者保护立法的由来和特点 ································ 1
第二节 美国、英国、日本消费者保护立法概况 ··························· 4
第三节 消费者保护的国际立法 ··· 9
第四节 我国消费者保护立法概况 ··· 11
本章习题 ·· 13

第二章 消费者保护法基本理论 ··· 15
第一节 消费者保护法概述 ·· 15
第二节 消费者保护法的价值取向 ··· 18
第三节 消费者保护法的基本原则 ··· 23
第四节 消费者保护法的体系 ··· 27
本章习题 ·· 29

第三章 消费者及其权利 ··· 30
第一节 消费者 ·· 30
第二节 消费者主权与消费者权利 ··· 33
第三节 我国消费者的权利 ·· 37
本章习题 ·· 48

第四章 经营者的义务 ·· 49
第一节 经营者义务概述 ··· 49
第二节 经营者的具体义务 ·· 51
本章习题 ·· 68

1

第五章 消费者权益的国家保护 ········ 70
引言 ········ 70
第一节 消费者权益立法保护 ········ 71
第二节 消费者权益行政保护 ········ 75
第三节 消费者权益司法保护 ········ 78
第四节 消费者权益社会保护 ········ 81
本章习题 ········ 84

第六章 消费者组织 ········ 85
第一节 消费者组织概述 ········ 85
第二节 消费者协会 ········ 88
第三节 国际消费者保护组织 ········ 92
本章习题 ········ 97

第七章 商品与服务质量法律制度 ········ 98
第一节 产品质量法概述 ········ 98
第二节 产品质量监督管理制度 ········ 104
第三节 生产者、销售者的产品质量义务 ········ 106
第四节 违反产品质量法的法律责任判定 ········ 107
本章习题 ········ 112

第八章 消费者安全保障法律制度 ········ 113
第一节 概述 ········ 113
第二节 产品责任法律制度 ········ 119
本章习题 ········ 127

第九章 消费者保护法中的法律责任 ········ 129
第一节 消费者保护法中的法律责任概述 ········ 129
第二节 经营者的民事责任 ········ 133
第三节 消费者保护法中的行政责任 ········ 137
第四节 常见的损害消费者利益的犯罪行为及其刑事责任 ········ 141
本章习题 ········ 145

第十章　消费者争议 ... 146
第一节　消费者争议概述 ... 146
第二节　消费者争议中的当事人 ... 148
第三节　消费者争议的协商和解 ... 149
第四节　消费者协会调解 ... 150
第五节　消费者争议的行政处理 ... 151
第六节　消费者争议的仲裁 ... 153
第七节　消费者纠纷的诉讼解决途径 ... 156
本章习题 ... 160

附　配套法规 ... 161
中华人民共和国消费者权益保护法 ... 161
中华人民共和国民法典（节录） ... 169
中华人民共和国反不正当竞争法 ... 176
网络购买商品七天无理由退货暂行办法 ... 180
邮政普遍服务监督管理办法 ... 185
邮政业消费申诉处理办法 ... 194
侵害消费者权益行为处罚办法 ... 199
工商行政管理部门处理消费者投诉办法 ... 203
快递市场管理办法 ... 207
缺陷汽车产品召回管理条例 ... 213
国家发展改革委关于《禁止价格欺诈行为的规定》有关条款解释的通知 ... 217

参考文献 ... 219

第一章
消费者问题与消费者保护立法

教学重点

美国、英国、日本消费者保护立法概况，我国消费者保护立法概况。

教学要求

了解消费者保护立法的历史发展，领会消费者保护国际立法，掌握美国、英国、日本消费者保护立法概况，以及我国消费者保护立法发展概况。

消费者权益保护方面的专门立法，是随着现代市场经济的发展及消费者问题的日益尖锐而出现的，是与垄断、不正当竞争等导致"市场失灵"的原因密切相关的。与经营者相比，消费者处于弱势地位，在商品经济尚未发达时，双方的不均衡关系并不突出，不足以引人瞩目。但随着商品经济的快速发展，这种不均衡关系逐渐成为不容忽视的社会问题，人们渐渐意识到需制定针对消费者保护的法律来平衡两者之间的关系。长期以来，呼吁消费者保护的声音一直存在着。

第一节 现代消费者保护立法的由来和特点

消费者权益保护法律制度的历史演进同法律保护人权的历史进程是同步的。早期的消费者权益方面的法律规范主要体现在饮食与服装方面。在13世纪，法国巴黎的面包师在出售面包时，有专人检查其所售面包的重量是否足额，如果短斤少两，就会被没收或分给城市平民，这被认为是现代消费者权益保护立法的开端。但在19世纪以前，消费者权益保护法律制度的发展是极为缓慢的。

至19世纪，生产、技术及销售方面发生了重大变化，从而导致商品损坏机会和维修费用增多同有限的产品担保之间的矛盾，并且，生产的社会化、专业化以及消费者的广泛与分散，使得消费者很难有效地向生产者主张自己的权利，导致消费者权利受到侵害的情况日益严重，迫使消费者寻求立法上的支持。尤其是在20世纪五六十年代，西方国家爆发的"消费者权利运动",对消费者权益保护法律制度的发展起了巨大的推动作用,从而使各国在消费者权益保护方面的专门立法得以产生。对消费者权益保护进行专门立法,是在西方国家进入垄断阶段以后,特别是在第二次世界大战以后开始的。这些专门立法构成了新型的现代法。

19世纪末期,资本主义开始进入垄断时期,资本主义社会的基本矛盾进一步尖锐化,连续不断的经济危机宣告了古典自由经济理论的破产。"看不见的手"对资源的自发配置不仅会出现失灵,而且会将社会引向灾难。随着垄断资本主义的形成,市场竞争的秩序遭到了彻底的破坏,垄断资本家集团利用自己的优势地位,操纵市场,人为控制市场的供求关系,决定着市场的价格形成。一些不法商人为了避免在竞争中两败俱伤,相互联合、统一口径,形成各种形式的价格卡特尔,共同对付广大消费者。垄断的形成,使得垄断资本家可以利用其支配地位,自由地决定商品的价格,从中轻易地谋取超额的剩余价值,而无须通过提高商品和服务质量使自己在竞争中一直保持优势地位,从而严重地阻碍了经济的正常发展。另外,垄断的形成也彻底改变了消费者与经营者交易中的力量对比,消费者所面对的不再是一般的经营者,而是庞大的垄断组织。它们垄断了消费品的供应,消费者不得不购买它们的商品,因而传统消费者所享有的自由选择交易对象的权利实际上已名存实亡。消费者迫于生活需要,不得不违心地接受,交易公平原则也失去保障。

因此,在垄断资本主义条件下,所谓的"契约自由",对消费者来说仅仅是形式而已,他们既不能根据自己的意愿自由地选择交易对象,也不能在平等基础上与交易对方当事人协商决定交易的内容。

伴随着各种经济和社会问题的出现,资产阶级政府越来越感到,听任"看不见的手"自发地调节经济生活,不仅不能给其带来更多的利益,而且会动摇其统治的基础。于是,资产阶级政府一改过去"仲裁人"的面目,开始对社会经济生活进行适度的介入,通过各种法律、法规的颁布和执行,对各种市场主体的行为进行规制和引导,从而导致作为国家用以干预市场、矫治市场失灵和外部负面效应的经济法这一新的法域的出现。消费者问题涉及每一个人的利益,对于消费领域中出现的各种损害消费者利益的现象,若听任其存在,必然会影响经济的发展和社会的稳定,与资产阶级政权的巩固关系极大。随着消费者问题的日益普遍和严重,以及消费者由此而进行的争取权利的抗争,资产阶级政府明确地意识到再也不能放任自流、不闻不问了。于是,便颁布一系列旨在保护消费者权益的法律规范。

一般认为,以体现国家对消费关系的适度干预为特征的现代消费者保护法是与现代经济法同时产生的。1890年美国国会通过的《保护贸易和商业不受非法限制和垄断损害法》(《谢尔曼法》)是最早的现代消费者保护法。尽管该法主要以规制市场垄断行为为宗旨,但由于垄断行为不仅会破坏市场的竞争、损害市场经营者的利益,而且会严重地损害消费者的利益,因此,该法也被认为是第一部现代意义的保护消费者利益的法律。

进入20世纪,由于经济发展而导致消费者问题日益恶化,加上消费者运动的兴起和不断高涨,资产阶级政府更深切地认识到消费者问题的严重性。一方面,继续通过传统私法的修正而对消费领域的社会关系重新进行调整;另一方面,又开始更直接地干预经济,制定各种消费者保护方面的管理规范,在对传统私法不断进行有利于消费者的修订的同时,资产阶级国家还直接介入消费领域,运用国家公权强化对消费领域的管理,颁布了各种管理性法规。自1906年美国的《联邦食品和药品法》在这方面开了先河之后,美国和其他国家都相继颁布了大量的旨在保护消费者利益的管理性法律规范。其涉及的领域,从一开始的食物和药品逐渐扩展到化妆品等一般日用消费品,以及汽车、家用电器等高科技消费品和服务。到目前为止,各发达资本主义国家都形成了结构严密、内容完善的庞大的消费者保护法律体系。

从现代消费者保护的发展轨迹中,我们可以看出,现代消费者保护法与传统法律体系中偶尔出现的涉及消费者利益保护的零星规定根本不可同日而语。与后者相比,它具有以下特点:

第一,现代消费者保护法是商品经济发展到一定阶段的产物,是国家通过法律干预经济生活的重要体现。商品经济的发展经历了不同的时期。在早期的简单商品经济时代,市场对社会资源的配置只能起到非常有限的作用。在这种条件下,虽然也存在涉及消费者利益保护的法律,但由于消费者问题并未普遍化,因而这类法律规范大多以与其他法律合体的形式而存在。在我国古代,它主要存在于古代刑法体系中,而在古代罗马社会,则分散存在于罗马公法与私法规范中。这些规定与其他法律规范一起,形成简单商品生产条件下对经济关系进行调整的法律规范。进入资本主义社会,商品经济迈入市场经济阶段,市场在社会资源的配置过程中逐渐取得支配地位。早期的资本主义经济,属于自由竞争的市场经济,在这种商品经济条件下,国家的职能极度萎缩,经济关系主要由基于平等观念而制定的民商法进行调整。消费者保护法律规范的存在遇到了难以克服的制度上的障碍,在数量上极其贫乏。这些零碎的规范只不过是资本家任意胡来的最低界限,是政府对资本家胡作非为的最大容忍限度,因而,它们的存在不可能发挥对市场矫治作用。资本主义进入垄断阶段以后,随着资产阶级国家公权对经济的介入,资本主义经济进入现代市场经济阶段。在现代市场经济条件下,国家制定了各种保护消费者利益的法律,这些法律不仅在数量上急剧增加,而且在性质上也发生了变化,它体现了国家对市场的干预,是对市场配置资源而产生的负面效应的有效救治。因此,现代消费者保护法与体现在传统民法中涉及消费者的规定在性质上是不同的。

第二,现代消费者保护立法是在充分认识到消费者的弱者地位的基础上对消费者利益的特殊保护。传统法律体系中的各种保护消费者利益的规定,一般是基于双方地位平等的观念,将经营者和消费者同视为交易双方当事人,给予同等的保护。而现代消费者保护法则基于对消费者的具体人格识别,在充分认识到消费者弱者处境的前提下,站在消费者的立场,对经营者一方设置更多的义务,经营者与消费者的权利与义务并不对等。因此,它往往对于消费者一方规定更多的权利,消费者保护法具有与传统法律中涉及消费者的规定完全不同的价值取向。

第三,现代消费者保护立法已在形式和内容上获得了充分的发展,形成了完整、有机的法律体系。随着经济、社会的发展,各国消费者保护法逐步形成了相当完善的法律体系。许多国家都制定了保护消费者利益的基本法,它们与各种保护消费者利益的具体法律制度相配套,形成庞大的消费者保护法律系统。在内容方面,它们涉及消费生活的各个领域,从一般日用品到高档消费品,直到服务领域,都有相应的消费者保护法律。从其保护的利益来看,它不仅涉及消费者的人身安全与健康,而且也涉及消费交易的公平、消费环境的改善以及消费者的社会角色等各个方面。这更是散见于其他法律法规、适用范围极为有限的传统消费者保护规范所无法比拟的。

第二节　美国、英国、日本消费者保护立法概况

一、美国的消费者保护立法

美国的消费者保护法律制度建立较早且比较完善。从20世纪初开始,经过60年代高涨的消费者运动的推动,美国已形成了成文法与判例法并重,联邦立法与州立法相结合,综合运用民事、刑事、行政法律手段,覆盖所有消费领域的相当发达的消费者保护法律制度。美国是消费者权益保护立法比较完备的国家之一。虽然美国并没有一部专门保护消费者权益的基本法,但有食品、药品、产品质量、虚假广告、儿童玩具、信息公开、商品修理等方面的单项法律,形成了比较完整的消费者权益保护法律体系。从内容上看,这些法律主要包括以下几个方面:

1. 反垄断法

美国最早的消费者保护立法,可以追溯到1890的《保护贸易和商业不受非法限制和垄断损害法》(即《谢尔曼法》),以及1914年的《克莱顿法》和《联邦贸易委员会法》。当时,这一系列立法的主要目的是限制垄断和维护公平交易,该法体现了国家适度干预经济、限制市场垄断行为、反对不正当竞争等观念。其中,《谢尔曼法》对垄断行为进行了界定,并对其规定了严厉的制裁。它规定,任何以托拉斯或其他形式,或以相互勾结的形式签订协议或联合以限制州际贸易和对外贸易的行为均属违法。垄断或企图垄断贸易或与他人联合、共谋以垄断州际或对外贸易与商业的行为均属犯罪,对行为人要处以罚款或监禁。《克莱顿法》对价格歧视、独家交易及搭售兼并、连锁董事会等限制竞争行为做出了规定。

为了实施《谢尔曼法》和《克莱顿法》,美国国会通过了《联邦贸易委员会法》。这部法第一至第四条,创设了联邦贸易委员会,规定了委员会的人员编制,经费直接由国会拨付,并直接赋予其独立调查权,保证其调查范围遍及美国全境。从整部法律的框架结构来看,它主要是创设了联邦贸易委员会这么一个机构,并对它的职责进行了授权。而何为不正当贸易行为以及虚假广告,只用了很小的篇幅,进行了一般性的定义,这样为委员会留下了很大的自由裁量空间。但这种自由裁量空间是受到法定程序的制约,使得在实体上也受到美国国会和司法机构的制约。

所以,联邦贸易委员会有着广泛的权力。在实践中,它可以直接受理消费者的控告;可以依法禁止某些商品进入市场,令其停止生产、取消订货;可以销毁或没收违禁商品并对违禁者处以3倍于商品价值的赔偿金,可以向违法者征收罚金。它还通过出版消费者资讯、消费者教育等方法保护消费者。

2. 消费品安全、卫生管理法

早在19世纪，美国（美国食品药品管理局）就着手制定食品安全法律。如1897年通过了《茶叶进口法》，1902年通过了《生物制品控制法》，1906年通过了第一部《联邦食品和药品法》。此后，《食品添加剂修正案》《色素添加剂修正案》《药物滥用控制修正案》和《婴儿食品配方法》等也相继出台，使食品安全的法律日趋完善。

1906年《联邦食品和药品法》是美国食品药品管理局行使职能的直接法源。它是美国关于食品和药品的基本法。经过无数次修改后，该法已成为世界同类法中较全面的一部法律。该法禁止销售未经食品和药品管理局（FDA）批准的食品，以及未获得相应报告的物品和拒绝对规定设施进行检查的厂家生产的产品。这些法律法规涵盖了所有食品，为食品安全制定了非常具体的标准以及监管程序。1938年对其进行修订，改名为《联邦食品、药品和化妆品法》。该法规定了重要的食品、药品和化妆品的质量标准，禁止对食品、药品掺杂使假、使用不实说明，并规定设立食品和药品管理局（隶属健康教育福利部），具体负责食品、药品和化妆品的管理工作，以确保食品安全、洁净、卫生，药品安全有效和化妆品无毒无害。目前，它隶属于美国卫生教育福利部，负责全国药品、食品、生物制品、化妆品、兽药、医疗器械以及诊断用品等的管理。FDA下设药品局、食品局、兽药局、放射卫生局、生物制品局、医疗器械及诊断用品局和国家毒理研究中心、区域工作管理机构。

1972年颁布了《消费产品安全法案》。根据该法设立了消费品安全委员会，对具有潜在危险的消费品的生产、销售进行管理，协助消费者，对消费品的安全性进行鉴定，并制定统一的消费品安全标准。

3. 信贷消费保护法

自20世纪60年代以后，随着消费信贷逐渐普及，联邦议会在信贷消费者交易规则的制定方面进一步加强。1968年议会制定了《消费信贷保护法》，它是美国消费者保护法的重要组成部分，其主要的部分是《借贷诚实法》。该法要求向消费者提供信贷的债权人在提供信贷以前公开信贷的主要条件，特别是信贷的费用。《借贷诚实法》还要求在广告中以及在个人之间的交易中公开交易条件，并用通俗易懂的语言订立消费信贷协议；规定了信用卡的使用问题，并限制以扣付工资的手段来收回消费信贷等。《消费信贷保护法》第105条授权联邦储备委员会（FRS）理事会规定实施《借贷诚实法》目标的各种条例。《消费信贷保护法》生效后经过多次修改，在修改过程中还增加《公平信贷报告法》《公平信贷结账法》《信贷机会均等法》《消费者租借法》等法律。其中，《公平信贷报告法》规定了"信用报告机构"提供信用报告的内容和规则以及信用报告机构违反该规则的法律责任。《信贷机会均等法》禁止在提供信贷时因性别或婚姻状况予以歧视。

4. 信息公开与保护、商品标识法

正确客观地对商品进行标识可以帮助消费者选择商品，并进行正确的消费。为此，在美国亦颁布了一系列的法律。比如1911年的《普令泰因克广告法草案》，以及20世纪六七十年代的《商品包装和标识法》《香烟标识法》《绒毛产品标识法》《汽车信息披露法》等都是出于强制生产商公开真实信息的目的。其中，1965年制定的《正确包装和标识法》规定了消费品包装和标示标准，要求商品应标明特性、制造商的名称、地址等事项。1966年制定的

《香烟标识法》，要求厂商标明"吸烟危害健康"的字样。1989年对酒类商品标识做了规定，要求对各种含酒精饮料必须标明政府规定的健康忠告。除此之外，还有《绒毛产品标识法》《汽车信息披露法》等。在商标管理方面，1870年美国就制定了第一部《商标法》，1946年对商标法进行了修订，增加了商标管理的规定。

20世纪90年代后，美国进入信息社会，信息技术给整个社会带来了巨大的变化，信息成了重要的生产资料和牟利对象。信息不对称现象从垄断者隐匿、扭曲信息，发展到生产商为了获得利润在消费者不知情的情况下任意搜集消费者信息。美国国会顺应这种变化，又制定了《电话保护法》《电话用户保护法》《电话服务公开和争议处理法》《公平信贷报告法》等一系列与信息相关的法案，力求在生产者和消费者之间达成一定的信息平衡。

二、英国的消费者保护立法

20世纪五六十年代，西方社会逐渐兴起消费者权益保护运动，在其推动下，大量的消费者权益保护法律应运而生。20世纪初，美国、欧洲等消费者维权思想萌发较早的国家和地区，已初步形成较为完备的消费者权益保护法律体系。英国作为西方社会的主要国家，尤为注重对消费者权益的保护，近年来也在不断完善其消费者权益保护制度。

与美国不同的是，英国于1987年制定了一部消费者保护基本法，即《1987年消费者利益保护法》。该法是参照欧洲经济共同体有关产品责任方面的政策而制定的，于1988年3月1日施行。除此之外，在消费者生活的各种具体方面，英国也有相当完善的法律规范。

2015年3月，随着最新的《消费者权益法》的颁布，英国已经形成以《消费者权益法》为核心，以《货物买卖法》《不公平合同条款法》《食品法》《食品安全法》等为辅助的消费者权益保护体系。

2015年10月1日，《消费者权益法》正式生效，该法对现行的消费者权益法律法规作出许多重大补充。《消费者权益法》旨在通过整合各项单独的消费者权益立法，制定一部统一的消费者权益保护法典，纠正英国传统消费者权益保护立法中存在的复杂性、多样性、适用的困难性等问题。

该法案分为3编，共计101条，第1编共5章，主要规定普通商品、数字产品与服务等内容；第2编未进行章节划分，但对涉及不公平条款的各项内容进行了详细规定；第3编共6章，包括执行、竞争法、竞争上诉法院等杂项与其他一般规定。

本次修订主要包括以下变化：(1)普通商品与数字产品质量缺陷的救济方式；(2)合同的不公平条款；(3)经营者违反竞争法的法律后果；(4)公共执法者在面临消费者权益法尚未明确规定的问题时，执法行为将具有更大的弹性空间，例如，执法者可为合法权益遭受侵害的消费者寻求更佳的救济途径。

此外，值得关注的是，《消费者权益法》的上述变化还覆盖了两大新领域：(1)《消费者权益法》第3章，以专章的方式规定了以计算机或手机应用软件、电影、电视节目、电子书等在内的数字产品为标的的合同责任，明确规定数字产品(如在线电影、游戏、电子书)存在缺陷时，消费者具有要求经营者进行修复或更换的权利；(2)明确规定经营者应当如何使自己的商品或服务与合同规定的条款相适应,以及在其未尽到合理的关照和注意义务时应承担何种责任。例如,当经营者承诺提供的商品或服务与实际交付不符之时,消费者有权主张维修、更换、降价或拒绝接收。

在消费品安全、卫生管理方面,英国亦非常重视,并在食品、药品、汽车及一般日用品等方面颁布了大量的法律。其中属于食品、药品管理的主要有:1933年的《制药与毒品法》,1936年的《公共卫生法》,1941年的《制药与制剂法》,1955年的《食品与药品法》,1966年的《食品卫生条例》,1968年的《医药法》,1970年的《食品卫生总条例》。有关车辆、电器等有较大危险的消费品管理性法律主要有:1968年的《机动车辆(检测)条例》,1973年的《机动车辆构造与使用条例》,1977年的《液化气贩卖机条例》,1969年的《电器用具条例》和《电动设备条例》。属于一般危险性消费品管理方面的法律有:1967年的《睡衣安全条例》,1972年的《炊事用具(安全)条例》,1974年的《玩具(安全)条例》,1978年的《化妆品条例》及《接触食品的工具和物品条例》等。

在商标及消费品宣传管理方面,为了制止假冒商标、欺骗消费者的行为,保证消费者正确判断、选择商品,英国也颁布了大量的法律。其中有1938年的《商标法》,1970年的《不当广告法》,1969年的《乳品(特别指示)条款》,1970年的《食品标签条例》,1977年的《商业广告(揭示)令》,1988年的《危险品包装与标签条例》等。

英国的消费者立法与美国有很多相似之处,在判例法方面由于相互影响、彼此吸收,因而与美国呈相同的发展趋势。在制定法方面,英国消费者保护立法亦与美国大致相同。但是,与美国不同的是,英国就消费者保护问题专门制定了一部消费者保护基本法。而且由于美国在经济上竭力倡导自由竞争,因而在价格及契约法方面,英国制定法较美国为多。

三、日本的消费者保护立法

日本的消费者保护立法较英、美为晚。第二次世界大战以后,日本作为战败国,经济全面瘫痪,发展经济成为第二次世界大战后日本政府面临的最急迫的任务,因此,在第二次世界大战后较长的一段时间内,企业优先一直作为日本政府的一项基本政策。第二次世界大战后日本在20世纪50年代后期至60年代进入经济高速发展期,随着资本的高度积累、企业垄断和市场竞争的加剧,单纯追求经济利益而严重损害消费者权益的事件层出不穷。如假牛肉罐头事件(1960年)、安眠药药害事件(1962年)等,直接推动了《药品法》(1960)、《分期付款销售法》(1961)、《不当赠品类及不当标识防止法》(1962)的制定。1965年以后,在迅速崛起的汽车行业存在大量缺陷汽车问题,引发了众多的消费者投诉。为维护正常的社会经济秩序、保护消费者权益,相关法律大量出台。

1. 1968年制定《消费者保护基本法》。日本的消费者政策的基本框架是由《消费者保护基本法》形成的。该法如"基本法"之名,对其具体的权利、义务及程序没有规定,而只列举了政府为保护消费者而应采取的政策与措施的规定。第一章"总则"规定了该法的目的、国家及地方公共团体的职责、企业的义务、消费者的权利及法制上的措施等内容。第二章"关于消费者保护之措施"规定国家为了防止消费者利益受到危害,应制定必要的标准,以确保商品及服务的适当度量;应订立商品及服务的适当标准并推广;应对商品及服务中有关其品质及其他内容标示准则的订立、虚伪或夸大标示的管理采取必要的对策；为确保商品及服务价格的公正及维护自由竞争所必须采取的对策；在对消费品及服务的价格形成进行必要的干预时，应充分考虑其对消费者生活的影响；国家应加强消费者教育及启发、普及消费知识，提供消费情报，以使消费者提高自我保护能力；国家为保护消费者的意见能得到尊重，应设立各种试验和调查机构，并将试验调查的结果即时公布；企业及国家应设立机构以确保消费者的申诉能够得到迅速处理。第三章"行政机关"对行政机关及消费者组织做了规定，它要求对消费者保护事项应设立行政机关，改善行政运作；国家应鼓励推动消费者组织的工作。第四章"消费者保护会议和国民生活审议会"规定，总理府应设立消费者保护会议，审议消费者保护政策，并推进其实施。另在经济企划厅设立国民生活审议会，负责消费者保护基本事项的调查、审议工作。日本于 2004 年修订了 1968 年 5 月 30 日颁布并实施的《消费者保护基本法》，其中一项重要变化是将原来的《消费者保护基本法》名称变更为《消费者基本法》，"保护"一词被删除，从而完成了从依赖于法律的保护到帮助消费者自身独立的立法政策的转变。新法确立消费者立法政策的基本原则为：在充分尊重消费者的前提下帮助消费者自身独立和强大，同时兼顾了增强消费者选择与自身的消费需求相适应的辨别能力、提升消费者面对信息技术高速发展的适应能力、拓展消费者进行消费选择的国际化视野等内容，以确保消费者在"自立"的同时能够获得全面、充分的保护。

2. 日本的《产品责任法》规定，缺陷产品造成人的生命、身体或财产受到损失，受害者可以对制造公司等请求损害赔偿，有效防止损害消费者及救助受害的消费者，旨在提高国民生活的水平，促进国民经济的健全发展；实施包括健全替代争议处理程序、强化收集与提供产品瑕疵信息以及产品安全教育的改进等多项措施；使消费者、政府、商家三者之间的权利和义务关系变为消费者和商家之间的关系，体现了私权自治原则，简化了索赔程序，提高了商家的责任。

3. 日本的《无限连锁链防止法》是为了规制日本的直销活动设立的。所谓"无限连锁链"，就是传销，是指贡献金钱物品的参加者无限地增加，最初加入的成员的位次在先，之后参加者以两倍以上的倍率连锁式和阶段式地递增，后来参加者的位次根据其参加的顺序排在后面。位次在先的成员从位次在后的成员所缴纳的金钱中得到高于自己所贡献的金额或数量的金钱物品。"无限连锁链"是指上述内容的金钱物品的分配组织。由于 1965 年日本内村健一在熊本市成立的"天下一家会"进行金字塔式传销活动，造成了恶劣影响，促进了该法的出台。

4. 日本在 2009 年通过了消费者厅相关三法案，包括《消费者安全法》《消费者厅及消费者委员会设置法》《消费者厅设置法案的实施相关的法律整合法》（简称《相关的法律整合法》）。《消费者厅及消费者委员会设置法》属于组织法，主要规定了消费者厅作为内阁府设置机构的主要任务、掌管事务，并设置了消费者委员会，作为政府的监督、咨询机构。《消费者安全法》和《相关的法律整合法》属于作用法。《相关的法律整合法》将过去由各省、厅管理的标识、交易、安全等相关法律改为由消费者厅移管、共管，包括与标识有关的法律如《赠品标识法》《日本农业标准法》《食品卫生法》等，与交易有关的法律如《特定商业交易法》《特定电子邮件法》《贷款业法》《分期付款销售法》《住宅建设业法》《旅游业法》等，与安全有关的法律如《消费者生活用品安全法》等。《消费者安全法》规定各都道府县必须设置消费生活中心，明确了基本方针的制定、地方自治体的事务（意见咨询、调解等）、消费者事故相关信息的收集、消费者受害的防止措施。

第三节　消费者保护的国际立法

20世纪70年代以来，随着经济全球化的发展，消费者保护法的发展还呈现出国际化的趋势。一方面各国消费者保护立法日益趋同；另一方面，在此领域还出现了一批国际规范。这种国际化趋势，是国际贸易的发展及国际统一市场形成的必然结果。目前，消费者保护方面的国际立法包括：1972年海牙国际私法会议通过的《关于产品责任法律适用的公约》（《海牙公约》），1973年《消费者保护宪章》，1985年联合国《保护消费者准则》，1998年联合国《消费者保护和可持续保护准则》，1985年欧共体《产品责任指令》，等等。

1. 1972年《海牙公约》

由于各国在关于产品责任的实体法和法律适用上存在差异，对同一纠纷，各国的处理结果可能不一致，国际社会通过制定统一适用的冲突规范——1972年《海牙公约》，试图解决这一问题。1972年《海牙公约》以产品责任为主题，规定选择适用准据法时需考虑的四个联结点：(1)损害事实的发生地；(2)直接受害人惯常居住地；(3)赔偿义务人主营业务所在地；(4)直接受害人取得产品所在地。该公约以受害人惯常居所地法为首先适用的准据法，并且赋予被害人对准据法的自由选择权，有效地保护了消费者选择有利的准据法，体现国际私法层面的消费者基于其特殊地位获得的特别保护。

2. 1973年《消费者保护宪章》

《消费者保护宪章》（以下简称《宪章》）是由欧洲理事会于1973年制定的，共分5个部分，分别对消费者要求保护和援助的权利、要求损害赔偿的权利、获得信息的权利、接受教育的权利和成立代表机构获得咨询的权利做了规定。

(1) 各国政府应制定商品和服务安全标准；禁止销售或提供可能危害消费者的商品和服务；必须保护消费者免遭经营者滥用实力的损害；各国立法应规定各种广告不得欺骗消费者，标识和广告应提供必要准确的信息；应对现行不合理的法律进行修改。

(2) 各国政府应保证消费者能够方便而无代价地利用有关法律程序和公正的小额索赔仲裁方式；在因产品、服务的错误说明而致消费者损害的表面证据确凿时，应由业者承担举证责任。

(3)《宪章》规定，商品或服务的购买者应有权获得包括提供者身份在内的足够信息，以便其能够在竞争的产品和服务之间做出适当的选择；购买者有权获得保证其安全满意地使用产品和服务的各种信息和通知；政府必须制定有关质量、使用方法、价格等方面的强制性规定。

(4) 政府应当赞助消费者自愿组织，并在立法、司法、消费者的管理和咨询服务等方面征求其意见;各国应建立独立、有效、代表消费者利益的权力机构,对产品成分、性能、标识、用途和服务效能等事项进行调查研究,并公布其结果;尽可能向消费者提供咨询服务,实施消费者保护方面的法律。

此外,《宪章》还要求在西欧应一致地共同促使行业团体制定高标准的行为规则,并提交国内消费者保护权力机构批准。

3. 1985年联合国《保护消费者准则》

在20世纪六七十年代,跨国公司开始在全世界销售产品,例如衣服、婴儿食品和农药,国际消费关系日益复杂。在这种情况下,国际消费者组织做出了积极回应,建议联合国经济及社会理事会起草一部全球性消费者保护准则。该理事会于1981年7月23日通过关于消费者保护的国际合作建议草案,各国在1985年一致接受了联合国《保护消费者准则》。

《保护消费者准则》是一部具有世界意义的保护消费者的纲领性文件。主体内容主要围绕消费者需要保护的具体方面,对承担保护消费者利益的义务主体——各国政府及企业所应采取的措施做了规定。确保消费者的身体安全,对消费者来说是最重要的一项权益。此外,该准则的第三部分中三、四两款,还对消费品和服务的安全和质量标准、基本消费品和服务的分配措施提出了要求。第六款专门对粮食、饮水、药品、农药等具体领域保护消费者的措施提出了办法。总之,该准则从大原则着眼,对保护消费者利益的各个方面规定得颇为详尽、具体、得当,对各国开展保护消费者利益的工作有很重要的指导意义。《保护消费者准则》要求各国政府应当考虑本准则的要求,拟订、加强或保持有力的保护消费者政策,以确保消费者的健康与安全,促进和保护消费者的经济利益,使消费者获得充足的信息,实现良好的消费教育,使消费者获得有效的赔偿办法,享有能成立影响国家决策过程的消费者组织的自由。《保护消费者准则》还强调各国政府制定政策时应特别注意确保执行保护消费者的措施,并要求所有企业应当遵守其所在国的法律与政策。

4. 1998年联合国《消费者保护和可持续保护准则》

各国努力将环境与贸易问题结合起来,注重环境保护与经济发展的相互作用,因为各国及其企业在以环境为代价获取收益的同时也牺牲了他们的长远竞争力,使未来世代必须为同样的商品或服务支付更高昂的代价或费用。而且,联合国准则并非固定性文件,它需要根据社会政治经济等制度的变化而不断修订。将联合国准则扩充至可持续消费模式则是这个方面的重要一环。因此,《消费者保护和可持续保护准则》自然呼之欲出了。《消费者保护和可持续保护准则》的主要内容:一是消费者权利的授予。消费者应被授予的权利包括具备充分信息的选择权以及损害赔偿补救机制等,例如关于欺诈的损害赔偿和补偿。主要包括消费者教育、消费者需求和消费者损害赔偿机制三个方面。二是健康产品的产业和实践。促进健康产品及其生产流程,减少对环境和不可再生资源的影响,是消费者利益的保护中不可分割的部分。可持续产业实践要求商业生产必须更多地与环境保护中的产品质量目标紧密联系起来。三是可持续消费的关键。可持续消费既能满足现存人类基本生活需要,又不过度开采地球的能源以满足将来人类的需要。四是有关可持续消费的国际合作。各国政府应改进资源利用效率的技术与实践,并推动其发展、转让与传播,以调节并缓和人类行为对环境的不利影响。

5. 1985年欧共体《产品责任指令》

欧洲经济共同体《产品责任指令》(以下简称欧共体《产品责任指令》)是欧洲经济共同体(以下简称欧共体)理事会于1985年发布的第374号指令,它是欧共体统一产品责任法律制度的重要内容之一。

欧共体《产品责任指令》所调整的产品是指除初级农产品和狩猎产品以外的所有动产产品,产品亦包括"电"。

欧共体《产品责任指令》规定,生产者应当对其产品存在缺陷造成的损害承担责任。生产者是指成品的制造者、原材料的制造者、零部件的制造者以及将其名称、商标或其他识别特征标示于产品之上,表明其是该产品的生产者的任何人。在不影响生产者产品责任的前提下,进口产品的进口者被视为生产者并承担相应责任。而在无法确认生产者的情况下,产品的供应者被视为生产者并承担相应责任。依据欧共体《产品责任指令》的规定,两个或两个以上对同一损害负责的人承担连带责任。

欧共体《产品责任指令》在为生产者设定严格的产品责任的同时,亦赋予生产者相当的免责事由。欧共体《产品责任指令》对产品责任因果关系中的损害要件做出了规定,即损害是指人身伤亡或缺陷产品本身以外的任何财产的损害或灭失,并且该财产是价值不低于500欧洲货币单位的用于个人使用或消费的财产,该指令并不影响欧共体成员国有关非物质损害(如精神损害)的规定。

欧共体《产品责任指令》规定,成员国应在本国法律中做出产品责任诉讼时效为3年的规定。诉讼时效期间从原告知道或应当被合理地认为已经知道损害、缺陷和被告身份时起计算。成员国对时效中止和中断的规定不受该指令的影响。该指令还规定,成员国应当在其法律中规定,指令赋予受害人的索赔权利从造成损害的产品投入流通满10年后丧失,但受害人在此期间对生产者提起诉讼的除外。

第四节 我国消费者保护立法概况

《中华人民共和国消费者权益保护法》于1993年10月31日获得通过,1994年1月1日正式实施,标志着中国消费者保护的法律制度进入了一个历史性阶段,以《消费者权益保护法》为中心的消费者保护法律体系初步形成。

目前,中国关于消费者保护的立法主要包括以下方面:

1.《民法典》第四章"产品责任"第1202条至第1206条对产品质量不合格造成他人财产、人身损害的,从"无过错责任"角度规定了产品的制造者、销售者应当依法承担民事责任。

2.《民法典》典型合同编中对有消费者合同性质的买卖合同、借款合同、租赁合同、融资租赁合同、客运合同等做了规定。

3. 1993年2月22日颁布的《中华人民共和国产品质量法》共6章51条,是关于产品质量的基本法律,旨在加强对产品质量的监督与管理,提高产品质量水平,明确产品质量责任,保护消费者的合法权益,维护社会经济秩序。在实施初期,该法发挥了依法规范产品质量、追究产品质量责任的重要作用。随着改革开放步伐的不断加快,《产品质量法》的立法内容显得相对简单,难以适应社会主义市场经济快速发展的需要,缺陷日益暴露出来。2000年7月8日,全国人大常委会通过了对《产品质量法》的修改,自同年9月1日起施行。修改后的《产品质量法》对政府在产品质量的监督与管理方面做了较为全面、具体的规定。强化了产品质量行政监督部门的职权和制度建设,增加了关于产品质量检验、认证机构的规定。修改后的《产品质量法》,强化了法律责任方面的内容,较为全面地规定了对产品质量负有义务的市场主体及行使管理与监督职责的地方政府、行政监督部门违反该法时所应承担的法律责任,以及与产品质量有关的其他社会组织的法律责任。根据2018年12月29日第十三届全国人民代表大会常务委员会第七次会议《关于修改〈中华人民共和国产品质量法〉等五部法律的决定》进行第三次修正,并于2018年12月29日起实施。

4. 1993年10月31日颁布的《中华人民共和国消费者权益保护法》共8章55条,该法的主要内容包括:消费者权益保护法的立法目的、适用范围以及应当遵循的原则;消费者在交易过程中每个环节所享有的各种权利;经营者的义务;国家对消费者权益的保护;消费者组织的名称、性质及其职责;消费者与经营者发生争议的解决途径和具体办法;违反消费者权益保护法应承担的责任、法律依据和条件,以及具体责任形式等。

《消费者权益保护法》颁布后历经了两次修订。其中,第一次修订是由全国人大常委会通过决定的方式进行的。2009年8月27日第十一届全国人民代表大会常务委员会第十次会议做出《关于修改部分法律的决定》,对一系列现行立法中因形势发展而显得过时或不当的法律条文进行集中修订,其中,第68条规定,将《消费者权益保护法》第52条原文中使用的"治安管理处罚条例"修改为"治安管理处罚法"。因为,2005年8月28日全国人大常委会已经审议通过了《治安管理处罚法》,并通过该法同时废止了《治安管理处罚条例》,原有条文的表述已与实际情况不符,故应予以修改。通过本次修订,使《消费者权益保护法》与其他法律更加协调。但本次修订仅涉及其中的个别条文的表述问题,内容上没有进行实质性的改动。

经过20年的发展,经济、社会发生了翻天覆地的变化,人们的消费观念和消费方式也随着经济的发展而不断地更新。例如,网络技术的发展,使通过网络而进行的消费逐渐成为一种普遍的消费形式。但网络消费在为消费者带来极大便利并空前拓展其消费选择范围的同时,也带来了一些可能损害消费者利益的新的问题,需要在消费者保护法中做出及时的回应。又如,随着中国经济的飞速发展,金融在经济生活中的地位日益凸显,金融产品与金融服务消费也逐渐成为人们消费的重要内容,金融消费中损害消费者利益的现象也不断发生。由于金融产品与服务的特殊性,对金融消费者的权益保护也应有特殊的规定。此外,近年来,环境问题逐渐成为社会普遍关注的焦点,文明、健康、节约资源与保护环境的消费理念逐渐形成并成为社会主流的消费意识,这种消费理念的变化,也应当在消费者保护法中充分体现。为适应新的经济社会发展形势要求,2013年10月25日,第12届全国人民代表大会常务委员会第 5 次会议通过了《关于修改中华人民共和国消费者权益保护法的决定》,对该法进行第二次修订。本次修订补充、修改了大量条文,修订内容涉及消费者保护制度的各个方面。经本次修订后,《消费者权益保护法》的条文也从原有的 55 条增加到 63 条。2014 年 3 月 15 日,新版《消费者权益保护法》(简称"新消法")施行。新消法以专章规定消费者的权利,表明该法以保护消费者权益为宗旨。此次修改主要涉及以下六个方面的内容:(1)加强社会诚信建设;(2)充实、细化消费者权利;(3)强化经营者义务与责任;(4)规范网络购物等新的消费方式;(5)进一步发挥消费者协会的作用;(6)进一步明确行政部门的监管职责。如将第二十三条、第四十五条合并,作为第二十四条,修改为:"经营者提供的商品或者服务不符合质量要求的,消费者可以依照国家规定、当事人约定退货,或者要求经营者履行更换、修理等义务。没有国家规定和当事人约定的,消费者可以自收到商品之日起七日内退货;七日后符合法定解除合同条件的,消费者可以及时退货,不符合法定解除合同条件的,可以要求经营者履行更换、修理等义务。""依照前款规定进行退货、更换、修理的,经营者应当承担运输等必要费用。"

5. 对产品质量进行监督与管理的行政法规数量繁多,主要包括:《食品卫生法》《价格法》《广告法》《反不正当竞争法》《药品管理法》《进出口商品检验法》《商品质量监督管理办法》等。

6. 标准化及计量法规中,关于消费者保护的法律规定也较多。主要有:《标准化法》,《计量法》及其实施细则,《企业标准化管理办法》,《采用国际标准管理办法》,《计量基准管理办法》,《计量器具新产品管理办法》,《进口计量器具管理办法》,等等。

随着我国市场经济法制建设的发展,我国消费者保护法将逐步完善,消费者权益也将会得到更加严密、充分的法律保护。

本章习题

一、填空题

1. 英国于 1987 年制定了一部消费者保护基本法,即_____。

2. 《中华人民共和国消费者权益保护法》于_____正式实施,标志着中国消费者保护的法律制度进入了一个历史性阶段。

3. 由于各国在关于产品责任的实体法和法律适用上存在差异,对同一纠纷,各国的处理结果可能不一致,国际社会通过制定统一适用的冲突规范_____试图解决这一问题。

4. 经过 20 世纪 60 年代高涨的消费者运动的推动,美国已形成了_____并重,联邦立法与州立法相结合,综合运用民事、刑事、行政法律手段,覆盖所有消费领域的相当发达的消费者保护法律制度。

二、简答题

1. 简述日本消费者立法概况。
2. 简述新版《中华人民共和国消费者权益保护法》修改的主要内容。
3. 简述美国的消费者保护立法概况。
4. 简述英国的消费者保护立法概况。
5. 简述消费者保护的国际立法概况。

第二章
消费者保护法基本理论

教学重点

消费者保护法的含义和基本特征,消费者保护法的价值取向,消费者保护法的基本原则,消费者保护法的体系。

教学要求

通过本章的学习,要求学生了解消费者保护法的价值取向和体系,重点掌握并理解消费者保护法的含义、特征和基本原则。

知识难点

消费者保护法的价值取向、消费者保护法的基本原则,对消费者权益保护法的价值取向和基本原则要做到充分理解、记忆、掌握,能灵活运用。

第一节 消费者保护法概述

一、消费者保护法的含义

消费者权益保护,离不开消费者保护法的制定。法是国家制定并用强制力保障的行为规范。通过法的形式规定人们的权利与义务,可以使有关社会关系具有法律关系的性质,从而使国家的方针、政策得到有效贯彻。用法律手段来保护消费者权益,就必须明确消费者保护法的概念、它所调整的社会关系的特点、这种调整的作用和规律性,以及消费者保护法规范的组成体系和内容。

消费者保护法有广义和狭义之分,狭义的消费者保护法仅指消费者保护基本法,即1993年10月31日通过的《中华人民共和国消费者权益保护法》。广义的消费者保护法,是指由国家制定、颁布的具有保护消费者功能的法律规范。这部法律对于维护广大消费者的根本利益、保障社会经济稳定发展、推动市场经济不断进步等方面有着十分关键的作用,它为打击假冒产品、提升产品品质给了一定的法律保证,其还是确保市场稳定发展的主要方式,《消费者权益保护法》是维护广大人民消费权益的重要武器,《消费者权益保护法》的颁布与实施,加强了人们的权利认知与自我保护认知,意味着国内以消费者为主的市场经济朝着法制化方向不断进步。

消费者保护法是指通过调整生产者、销售者(经营者)与消费者之间的关系以保护消费者合法权益的法律规范的总称。消费者保护法的调整对象是经营者和消费者之间的关系,其目的是保护消费者合法权益。消费者保护法与其他法律制度相比,具有以下特征:(1)消费者保护法是以消费者利益为保护对象的法律,凡是以消费者利益作为保护对象的法律就是消费者保护法,而与消费者利益没有直接联系的法律就不是消费者保护法。消费者利益既包括人身利益,又包括财产利益。(2)消费者保护法是具有预防和救治功能的法律。消费者保护法为达到保护消费者合法权益的目的,主要通过事前预防和事后救济两种途径做出规定,前者如制定质量标准、安全卫生标准,后者如规定消费者索赔的权利及实现途径等。(3)消费者保护法的法律渊源非常广泛,从法律渊源上看,消费者保护法的规范广泛分布于宪法、法律、行政法规、地方性法规、规章等诸多法律规范之中。

二、消费者保护法的基本特征

消费者权益保护法,实质是使各种消费者保护措施规范化,所以同样具有广泛性、综合性和强制性的特点。它将包含保护消费者权益内容的法律规范统一在一起,对上至有国家参与的管理关系,下至具体、琐细的消费关系,进行广泛的调整。当然,消费者权益保护法的规范数量,同其他法律部门相比是很少的。如日本的民法典有1 044个条文,其中消费者保护基本法则只有20条,加上它所统率的所有其他法律规范,也只能算作一个小的法律部门。造成这种情况的原因,一是消费者权益保护法的目的单一,它不像民法那样具有一般地保护所有权、债权、继承权和人身权等种种目的,二是因为它是位于基本法律部门之下的较低层次的综合性法律部门。但这并不降低消费者权益保护法在现代社会中的重要作用与意义。具体而言,消费者保护法的基本特征有以下方面:

1. 消费者保护法以消费者权益为特定保护对象

消费者保护法给予消费者以特别保护,对生产经营者规定了许多限制,这是消费者保护法最根本的特征,也是消费者保护法区别于其他法律、法规的标志。凡以消费者权益作为保护对象的立法均可归入消费者保护法的范畴。消费者保护法所保护的消费者权益包括两种:一是人身利益,即消费者的生命、健康、名誉、安全等不受经营者非法侵害的权利;二是财产权利,即消费者所享有的财产在交易过程中不受非法侵害的权利。对消费者权益的明确规范,充分反映了社会主义的根本要求。人们消费权益范围如何,代表着我国对消费者权益的维护情况。法律条款中明确的消费者权益内容较为广泛。我国法规通过9个条款明确了人们在采购、使用产品与接受服务方面享有的基本权利,主要包含以下权利:生命财产安全不受侵害权,掌握所咨询产品与服务的实际状况权,购买产品或者服务的自由权,平等交易权、损害赔偿权,按照法律建立消费者团体权,得到消费与消费者权益保护权,等等。另外,还在其中明确了人们对我国出台的关于消费者权利的法律规定的意见权,从上述条文能够发现,消费者权益的范围不只是包含其最为本质的生存权与生命安全权,也包含人们的自身尊严与名誉权;不只是涉及了经济方面的权益,还涉及了他们的团体权、监督权与立法参与等权利,充分体现了国内消费者权利具有的广泛性。这不只是对"民众是经济发展的重要源泉,商业发展的前提条件"的普通认知的反映,更加关键的是,达到了人民是国家的主人、保障民众根本权利的社会主义法治的根本要求。维护人们生存权的范围,不仅是保障人们在世界上生存的权利,还保障人们的发展权,只有这样,人们的健康、幸福、富裕等才能得到充分体现,为消费者人格受到广泛尊重提供基础条件。

2. 消费者权益保护法大多为强制性、禁止性规范

强制性规范是指法律规范所确定的权利、义务具有绝对肯定的形式,不允许当事人之间相互协议和任何一方予以变更。禁止性规范是指规定不得为一定行为的规范。强制性和禁止性规范体现了国家对某种法律关系的固定化和对破坏这种法律关系的禁止。消费者保护法以保护消费者利益为己任,必然会采用强制性和禁止性规范的形式来体现这种倾向。

3. 消费者保护法的法律规范具有综合性

其一,消费者保护法调整多种社会关系,包括消费者与生产经营者之间的关系、国家与消费者之间的关系、国家与生产经营者之间的关系等。

其二,消费者保护法中既包括消费者权利、经营者义务这些实体性规范,又包含如消费纠纷处理等程序性规范,是实体法与程序法的有机统一。为了确保消费者的合法权益,立法明确了生产经营者在销售产品或者服务方面的义务,与不落实义务需担负的法律责任,其中除了第 16 条是明确了经营者应履行义务的根据以外,其他 9 条均是和消费者权益完全对应的。必须指出的是,最近几年,因为一些服务工作者态度不佳,对人们存在侮辱情况,法律按照名誉受损状况明确了"经营主体不允许侵害人们的人身自由",有助于推动精神文明的发展,对于维护优良的商业道德有着十分关键的效用。从民事赔偿责任角度进行分析,相对于同种社会关系的法规来说,有着全面性的特征,充分反映了对消费者的保障。比如经营主体销售产品或者服务造成消费者出现残疾情况的,其中要求应当支付残障人士生活自助费用、赔偿金和抚养金;导致消费者或者其他人出现死亡后果的,应该支付相应的赔偿费用。残疾赔偿金与死亡赔偿金在国内立法中是首次出现的。从财产侵害角度进行分析,明确了加重赔偿这一准则,就是根据消费者的需求增加赔偿数额,基本是人们购买产品成本的一倍有余。这也反映了对消费者权利的保障。与此同时,我国出台的《消费者权益保护法》对生产经营主体在何种状况下承担何种责任、如何担责等方面都要求得较为详尽,比如对于并非那么普遍的以邮寄形式提供产品、以预付款形式提供产品或者服务的责任进行了明确规范,所以有着一定的可行性,这是为了促进人们与司法部门对这部法规的贯彻与落实。

其三,消费者保护法规定的法律规范具有综合性。由于侵犯消费者权益的行为具有多种形式,在程度上也表现出轻重不一,所以一般民事责任、行政责任和刑事责任兼备。

4. 消费者保护法具有预防和救助的功能

消费者保护法对消费者权益的保护主要通过以下两种途径解决：一是通过对各种商品质量标准、安全卫生标准、计量、商品标识、广告等的规范，预防损害消费者权益行为的发生，如国家发布的各种计量标准、质量标准等。二是通过法律为消费者提供救济，在损害发生时尽可能弥补损失，如《消费者权益保护法》中对消费争议解决途径的规定。可见，消费者保护法具有预防和救助双重功能。

第二节　消费者保护法的价值取向

传统民商法的价值取向主要有自由、平等、责任等，但这些价值取向并不适用于消费者保护法。因为价值既取决于该法律制度的性能，又取决于一定主体对该法律制度的需要，取决于该法律制度能否满足一定主体的需要及满足的程度，需要的变化就是价值变化的基础。因此，消费者保护法的性质、内容、原则和特征决定了其价值取向主要有安全价值、交易公平价值、福利价值。

一、安全价值

安全是指人类对居住、工作、生态等环境作用于身心健康的一种心理状态，它包括人身安全和财产安全。安全价值是国际消费者保护法最基本的价值追求，其中人身安全主要包括避免遭受不合理危险、不卫生因素的损害，避免人身安全遭受损害，具体是指消费者在使用所购买的商品或接受服务时，其身体健康不致因制造商、销售商的缺陷产品或服务设施及用料的不合理危险而受到损害。消费者保护法主要以产品及服务的基本安全要求、市场管理制度、消费教育和消费信息提供制度、产品责任制度、消费者争议解决制度等方面实现安全价值这一基本价值。

《消费者权益保护法》第七条规定："消费者在购买、使用商品和接受服务时享有人身、财产安全不受损害的权利。消费者有权要求经营者提供的商品和服务，符合保障人身、财产安全的要求。"

消费者享有的交易安全价值表现在两个方面：一是享有人身、财产安全不受损害的权利。消费者有权在通过支付等价的货币后，购买的应当是合格的商品和享受到优良的服务。二是有权要求经营者提供的商品和服务，符合保障人身、财产安全的要求。为经营者设定安全保障义务，其正当性或法理依据在于：收益与风险相一致原理的要求、危险控制理论的要求、节省社会总成本的要求、公司社会责任的要求、实质平等理念的要求及国际民商事立法和比较法上的启示。本书认为，消费者所享有的安全保障权包括以下几个方面。

（一）经营者应当提供符合保障人身、财产安全要求的商品与服务

消费者有权要求经营者提供的商品和服务，符合保障人身、财产安全的要求。即消费者在消费过程中享有生命权、健康权和财产权受到安全保障的权利。消费者的生命安全权，是指消费者在消费过程中享有生命不受侵犯的权利。消费者的健康安全权，是指消费者在消费过程中享有的身体健康不受损害的权利。消费者的财产安全权,是指消费者在消费过程中享有的财产不受损害的权利。财产损害包括财产在外观上的损毁和内在价值的减少。

这就要求经营者必须做到以下方面:(1)提供的商品和服务应当符合人体健康和人身财产安全的国家标准或者行业标准;(2)提供的商品和服务没有国家标准或者行业标准的,应当保证符合人身健康、财产安全的要求;(3)对可能危及人体健康和安全的商品和服务,要事先向消费者做出真实的说明和明确的警示,并标明或说明正确使用商品和接受服务的方法;(4)发现提供的商品和服务有严重缺陷,即使消费者采用正确使用的方法仍可能导致危害的,应及时告知,并采取切实可行的措施;(5)经营者提供的消费场所和环境必须具有必要的安全保障的措施,使消费者能在安全的环境中进行消费或接受服务。例如,宾馆、商场、银行、车站、娱乐场所等公共场所的管理人或者群众性活动的组织者,未尽到安全保障义务,造成他人损害的,应当承担侵权责任;因第三人的行为造成他人损害的,由第三人承担侵权责任;管理人或者组织者未尽到安全保障义务的,应承担相应的责任。

(二)经营者应当就没有尽到安全义务承担相应责任

如果经营者提供的商品或者服务不符合质量要求,或者经营者提供的消费场所和环境不符合安全标准造成消费者损害的,消费者有权请求经营者就自己所受到的损失进行赔偿。而本次《消费者权益保护法》的修改也增加了经营者因没有尽到安全义务而承担责任的条款。具体有以下几条:

(1)经营者有召回缺陷产品的义务。《消费者权益保护法》规定:"经营者发现其提供的商品或者服务存在缺陷,有危及人身、财产安全危险的,应当立即向有关行政部门报告和告知消费者,并采取停止销售、警示、召回、无害化处理、销毁、停止生产或者服务等措施。采取召回措施的,经营者应当承担消费者因商品被召回支出的必要费用。经营者明知商品或者服务存在缺陷,仍然向消费者提供,造成消费者或者其他受害人死亡或者健康严重损害的,受害人有权要求经营者依照本法第四十九条、第五十一条等法律规定赔偿损失,并有权要求所受损失两倍以下的惩罚性赔偿。"此次新消法规定召回的范围适用所有商品或者服务,并将法律位阶由行政法规、规章提升至基本法律。新消法删除了"严重"这一限制词,明确只要经营者发现其提供的商品或者服务存在缺陷,有危及人身、财产安全危险的,经营者就应当召回并报告。并且规定了经营者拒绝或者拖延有关行政部门责令其采取消除危险措施的行政责任;规定了违法提供商品或者服务、侵害消费者权益的相应刑事责任,为保护消费者权益提供了坚强后盾。

(2)经营者负有保护消费者个人信息的义务。《消费者权益保护法》第29条为新增法条,"经营者收集、使用消费者个人信息,应当遵循合法、正当、必要的原则,明示收集、使用信息的目的、方式和范围,并经消费者同意。经营者收集、使用消费者个人信息,应当公开其收集、使用规则,不得违反法律、法规的规定和双方的约定收集、使用信息。经营者及其工作人员对收集的消费者个人信息必须严格保密,不得泄露、出售或者非法向他人提供。经营者应当采取技术措施和其他必要措施,确保信息安全,防止消费者个人信息泄露、丢失。在发生或者可能发生信息泄露、丢失的情况时,应当立即采取补救措施。经营者未经消费者同意或者请求,或者消费者明确表示拒绝的,不得向其发送商业性信息"。

(3) 经营者负有安全保障义务。《民法典》第1198条将安全保障义务界定为:"宾馆、商场、银行、车站、机场、体育场馆、娱乐场所等经营场所、公共场所的经营者、管理者或者群众性活动的组织者,未尽到安全保障义务,造成他人损害的,应当承担侵权责任。因第三人的行为造成他人损害的,由第三人承担侵权责任;经营者、管理者或者组织者未尽到安全保障义务的,承担相应的补充责任。经营者、管理者或者组织者承担补充责任后,可以向第三人追偿。"《最高人民法院关于审理人身损害赔偿案件适用法律若干问题的解释》中第六条规定:"从事住宿、餐饮、娱乐等经营活动或者其他社会活动的自然人、法人、其他组织,未尽合理限度范围内的安全保障义务致使他人遭受人身损害,赔偿权利人请求其承担相应赔偿责任的,人民法院应予支持。"《消费者权益保护法》第18条第2款规定:"宾馆、商场、餐馆、银行、机场、车站、港口、影剧院等经营场所的经营者,应当对消费者尽到安全保障义务。"

二、交易公平价值

公平与正义、公正、公道这些词虽然不同,但都表达了人类所追求的一种理想状态,具有相同的内涵。正如"正义具有一张普洛透斯似的脸,变幻无常,随时可呈不同形状,并且有极不相同的面貌"一样,公平是随着时代、人的阶层的变化而变化的。因为"公平"是个过于宽泛的概念,需要对其进行界定。在商业交易中,消费者与制造商、销售商之间存在着一个"交易公平"的概念,但对该概念不能从形式上而必须从实质上进行理解。由于民商事交往的错综复杂、市场的垄断及不正当竞争、信息的不适当分布、现代消费交易形式的变化等原因,消费者的"经济弱势"日益加深。因此必须正视这种现实差异,通过立法使消费者与制造商、销售商之间的交易公平由"形式"公平转向"实质公平",正是消费者保护法的基本价值所在。《消费者权益保护法》第10条规定:"消费者享有公平交易的权利。消费者在购买商品或者接受服务时,有权获得质量保障、价格合理、计量正确等公平交易条件,有权拒绝经营者的强制交易行为。"这是《消费者权益保护法》对公平交易的直接表述。

为什么要规定公平交易?主要是基于消费者的弱势地位以及契约正义的考量。下面,就公平交易价值展开论述。

(一) 消费者在交易中处于弱势地位,应当受到倾斜保护

与处于强势地位的经营者相比,消费者在以下几个方面处于劣势。基于此,《消费者权益保护法》应当对消费者进行倾斜保护。

(1) 双方经济实力不对等。随着消费者阶层的形成,市场机制运行中的消费者问题成为世界性问题。经营者在商品交易中获得了主动性地位;更可怕的是,他们中的一部分人借助法人、公司等组织形式,通过股票上市、放贷、兼并等工具使自己成为庞然大物。因此,在经济实力差距巨大的情况下,会出现一些经营者"店大欺客"的行为。

(2) 双方信息占有不对称。北京一中院对辖区内近年来审理的消费者维权案件进行调研后发现,消费者维权案件涉及社会生活的各个领域,消费者举证能力的高低直接影响了诉讼结果。且实践中,有愈来愈多的消费者在消费维权案件中主张认定"霸王条款"无效,是否认定为"霸王条款"对消费者、经营者的责任承担有重大影响,同时小额消费案件的数量在急剧增长,有相当比例的消费案件当事人的打官司"斗气"意图明显。造成此类纠纷的原因首先是商家诚信观念缺失,此外随着商品与服务经营者专业化程度的不断提高,经营者与消费者对于商品或服务的信息不对称也成为此类纠纷产生的客观原因。

(3) 维权成本过高,维权意识弱。中国消费者协会投诉部主任做客中新网视频访谈时表示,消费者维权成本高,有时为了追一只鸡付出一头牛的代价。电商公司在注册服务协议中,一般会对纠纷管辖法院进行约定。消费者在网络购物平台初次消费时,必须同意电商公司事先拟定的服务协议,才可完成注册。这可能给网购消费者维权造成一定障碍。而如果发生纠纷,消费者极有可能因为诉讼成本过高而放弃维权。

而对于此,《消费者权益保护法》第二十六条规定:"经营者在经营活动中使用格式条款的,应当以显著方式提请消费者注意商品或者服务的数量和质量、价款或者费用、履行期限和方式、安全注意事项和风险警示、售后服务、民事责任等与消费者有重大利害关系的内容,并按照消费者的要求予以说明。"可见,《消费者权益保护法》在修改中也意识到由于格式条款的存在以及提示不足导致的对消费者不公平的局面。

而正是由于经济实力的差距以及信息不对称,导致众多消费者在面对经营者的不公平的对待时往往忍气吞声,维权意识弱,不能不说是现存的不公平局面所导致。

2012年8月31日修订的《民事诉讼法》第五十五条规定:"对污染环境、侵害众多消费者合法权益等损害社会公共利益的行为,法律规定的机关和有关组织可以向人民法院提出诉讼。"这被认为是我国建立消费者公益诉讼的一个良好的开端。然而,由于《民事诉讼法》对于提起公益诉讼的主体规定过于模糊,导致了实践中消费者公益诉讼难以实施。为了解决消费者公益诉讼中主体不明确的问题,2013年修订的《消费者权益保护法》第四十七条明确规定:"对侵害众多消费者合法权益的行为,中国消费者协会以及在省、自治区、直辖市设立的消费者协会,可以向人民法院提起诉讼。"该法首次明确了消费者协会的公益诉讼原告资格,这不仅对保护消费者合法权益提供了保障,也为其他公益诉讼制度中原告资格的确立打下了坚实的基础。

(二) 追求契约正义契合保护消费者的需要

在民法领域,合同正义(契约正义)被视为合同自由的补充和发展。合同(契约)正义原则是对合同自由原则的补正,它约束合同当事人行使权利的范围与边界,而且目的是为了达到实质正义,而不是形式正义。而作为保护消费者这一特定弱势群体的《消费者权益保护法》,更应该注重合同(契约)正义的实现。

消费者在商家处购买商品或接受服务的过程,也即是和商家建立合同关系的过程,新《消费者权益保护法》基于消费者处于弱势群体地位的考虑,干预了该类合同缔结、履行的各方面,目的是保护消费者的权益、促使商家诚信经营,从而体现社会公平正义的精神。但归根结底,消费者与商家之间的行为,还是属于缔结和履行合同的范畴。而新《消费者权益保护法》在以下几个方面体现出对合同自由原则的限制和对合同正义原则的追求:

(1) 不公平的格式条款无效。《消费者权益保护法》规定:"经营者在经营活动中使用格式条款的,应当以显著方式提请消费者注意商品或者服务的数量和质量、价款或者费用、履行期限和方式、安全注意事项和风险警示、售后服务、民事责任等与消费者有重大利害关系的内容,并按照消费者的要求予以说明。经营者不得以格式条款、通知、声明、店堂告示等方式,做出排除或者限制消费者权利、减轻或者免除经营者责任、加重消费者责任等对消费者不公平、不合理的规定,不得利用格式条款并借助技术手段强制交易。格式条款、通知、声明、店堂告示等含有前款所列内容的,其内容无效。"

"霸王合同"是广大消费者对显失公平的格式合同深恶痛绝的形象化表述。"霸王合同"之所以泛滥成灾,主要是由于一些经营者、监管者与司法者一叶障目,片面强调了"契约自由",而忽视了契约正义;即使谈及契约自由,也仅强调形式上的契约自由,而忽视了实质上的契约自由。似乎,契约精神的全部内容就是契约自由精神,不包括契约正义精神;而且,契约自由又仅仅意味着形式上的契约自由,尤其是消费者与经营者"签字"的自由。

(2) 提高惩罚性赔偿的数额。《消费者权益保护法》规定:"经营者提供商品或者服务有欺诈行为的,应当按照消费者的要求增加赔偿其受到的损失,增加赔偿的金额为消费者购买商品的价款或者接受服务的费用的三倍;增加赔偿的金额不足五百元的,为五百元。法律另有规定的,依照其规定。经营者明知商品或者服务存在缺陷,仍然向消费者提供,造成消费者或者其他受害人死亡或者健康严重损害的,受害人有权要求经营者依照本法第四十九条、第五十一条等法律规定赔偿损失,并有权要求所受损失二倍以下的惩罚性赔偿。"

根据《民法典》第585条的规定,当事人可以要求法院或仲裁机构根据实际损失的大小来调整违约金的数额,可以看出违约后的损害赔偿是补偿性质的,其赔偿不可以过分高于实际损失。但《消费者权益保护法》分别规定了欺诈造成的财产损失和因故意提供缺陷产品或者服务造成他人人身伤亡损害的惩罚性赔偿标准,实质上突破了《民法典》对违约金的性质的规定。

(3) 规定无理由退货制度。《消费者权益保护法》第25条规定:"经营者采用网络、电视、电话、邮购等方式销售商品,消费者有权自收到商品之日起七日内退货,且无须说明理由,但下列商品除外:(一)消费者定作的;(二)鲜活易腐的;(三)在线下载或者消费者拆封的音像制品、计算机软件等数字化商品;(四)交付的报纸、期刊。"

根据《民法典》严格责任的原则,若出售方没有瑕疵履行等违约行为,则出售方无义务接受购买方的退货。但是,《消费者权益保护法》相对于《民法典》来说,前者是特别法,后者是普通法,根据法律原理,当两法对同一问题规定不一致时,特别法优于普通法。所以当《消费者权益保护法》赋予消费者七天无理由退货的权利时,就冲破了《民法典》的规定,就算货品完好无瑕疵,经营者也应承担接受退货、返还货款的责任。

三、福利价值

福利价值是指消费者的消费需求理应得到合理满足。消费者之所以选择与经营者进行交易,就是为了获得商品或服务的边际效用,此即消费者保护法的福利价值。

第三节 消费者保护法的基本原则

基本原则是与具体原则相对应的原则，基本原则中体现了法律的基本精神，其效力始终贯穿于法律之中，是在价值上比其他原则更为重要、在功能上比其他原则的调整范围更广泛的法律原则。消费者保护法的基本原则是指集中体现消费者保护法的基本价值和调整方法，对消费者保护法的制定、执行和解释具有普遍的指导性意义的法律准则。

一、对消费者特别保护原则

根据《消费者权益保护法》第5条，虽然从法律地位和法理上来看，消费者与经营者应当处于相对平等的法律地位，但是，由于消费者无论在信息上、经济能力上还是在知识技能上，都不能够与相对专业化的经营者相比，仍处于弱者的地位。具体体现如下：

（1）经济实力弱。显然地，与经营者相比，消费者的收入是十分有限的。在消费过程中，消费者都希望用最少的钱买到最多的东西，在效用最大化与支出最小化之间，消费者往往要进行平衡。一旦合法权益受到损害，很多消费者会选择忍气吞声，因为解决纠纷往往会耗时、耗材、耗力，而无论在时间还是金钱上，消费者都耗不起，如此一来，更加助长了经营者的嚣张气焰。特别保护原则的确立，从根本上扭转了这种局势，使得消费者的合法权益得到了根本性的保护。

（2）组织结构弱。一般来讲，消费者大多是自然人，比较分散，难以组织。而经营者则大多是企业法人，其有着严密的组织机构。若遇到纠纷，则会出现一个消费者对抗一个企业组织的不公平现象，消费者的弱势地位显露无遗。即便遇到群体性纠纷，由于消费者难以组织，更有消费者为避免惹是生非选择放弃权利的行使，如此一来，消费者更加难以对抗经营者。经营者与消费者组织结构的差异，也凸显了消费者的弱势地位。

（3）信息不对称。随着社会的发展、科技的进步，经营者提供的商品和服务样式越来越多，种类越来越齐全。这对消费者来说，既有好的一面，也有不好的一面。好的方面是：消费者可以在众多商品和服务中选择最适合自己的，最大程度地满足自己的需求。不好的一面是：消费者对产品的了解大部分是通过经营者或者是生产者发布的广告，这些广告或多或少地含有夸大的成分。一方是完全知情的经营者，而另一方却是毫不知情的消费者，这种交易注定了消费者的弱势地位。

（4）合同格式化。身为消费者的我们肯定遇到过这样一种现象，当我们去购买某种产品或者享受某种服务需要签合同时，该合同早已经由商品或者服务的提供者准备好了，我们只需要签字即可。通常情况下，消费者都只是粗略地阅读一下合同内容，更有甚者，无视合同内容便直接签字，其实合同的许多内容都是不利于消费者的。如果将来真的发生了纠纷，消费者也只能自认倒霉。这种我们经常遇到的合同便是格式合同，所谓格式合同，是指为了方便重复使用，合同中的某些内容或者条款由合同一方当事人提前拟定好，且不容许另一方提出对该内容做出变更的合同。格式合同的出现顺应了市场经济发展的要求，其使得交易变得简单快捷,但其弊端也是显而易见的。很多经营者在格式合同中设立的格式性条款对消费者非常不利,而消费者通常又不会注意到这些条款,因此通常处于交易的弱势地位。

(5)消费风险的提高。随着市场经济的发展、竞争的加剧,许多经营者为了追求利益的最大化而展开了一系列不正当的竞争,将诚实守信等最基本的交易原则抛至脑后。发布虚假广告、销售质量不合格的产品等在交易市场上已司空见惯,不仅损害了正当经营者的利益、破坏了社会正常交易秩序,也大大提高了消费者的交易风险,使得消费者在交易中处于弱势地位。所以,国家对消费者进行了特殊的保护,包括从立法、司法、执法、行政等各个方面担负起了保护消费者的责任。贯彻这一原则,主要包括以下几个方面:(1)要求国家应设立各种保护机构,受理消费者投诉,维护消费者权利,制裁违法经营行为,督促经营者合法经营,支持消费者同不法侵害行为做斗争。(2)通过政府的力量,加强对消费者的法制教育,培养消费者权利意识,推进消费信息的传播,提高消费者的自我保护能力。(3)通过制定专门的法律为消费者维权提供法律依据,通过行政机关、司法机关作为消费者维权最后受理机关,为消费者提供强有力的后盾。

二、消费者保护与经济建设协调发展的原则

如果消费者保护法一味强调对消费者的保护,不考虑社会经济发展的实际状况,那么将损害到经营者的利益,从而也最终损害到消费者的利益。从这个角度看,消费者利益与经营者利益有统一的一面,即统一于整个社会利益。因此,消费者保护水平是一个渐次提高的过程,取决于当时当地的经济发展水平。

三、国家与社会干预原则

消费者保护法的存在本身即是国家对消费者与经营者之间的交易关系的一种干涉,目的是保护弱者,防止恃强凌弱。我国《消费者权益保护法》第6条明确规定,国家鼓励、支持一切组织和个人对损害消费者合法权益的行为进行社会监督。保护消费者权益不仅是国家机关的职责,也是全社会的共同责任。各种社会组织和个人,特别是以消费者保护为本职的消费者保护组织,应当明确地站在消费者的立场,对与消费者的合法权益有关的经济活动和社会活动进行监督。《消费者权益保护法》把调动社会各方面的因素以保护消费者权益作为一条很重要的原则,通过规定消费者组织的地位、职责以及其他社会监督形式的法律地位,如新闻媒介、舆论监督等,确立了全社会共同保护消费者权益的机制。该原则不仅要求报刊、电视、广播等大众传媒应当对侵害消费者利益的行为进行及时地揭露、曝光,使其受到社会的普遍谴责;同时,要通过各种宣传媒介,宣传消费法制知识,提高消费者的保护能力,督促经营者树立"消费者主权""消费者至上"的观念,为消费者提供更多、更好的消费品和服务。

四、综合法律保护原则

综合法律保护的原则又称为全面性保护的原则。消费者的利益不仅有人身安全利益,

而且也有财产方面的经济利益,不论是哪一种,在消费者购买商品或者接受服务时,都有可能受到侵害。所以只要属于消费者的合法权益,法律就应当予以保护;同时,从经营者方面来看,对消费者利益的侵害也表现为多种性质、多种形态,既有严重侵害消费者利益、具有很大社会危害性的犯罪行为,亦有对消费者利益侵害的一般违法行为;既有侵害消费者个人利益而无关社会利益或者关系不大的侵权行为,也有既侵犯消费者利益又严重危害社会利益的行为。所以对于危害消费者利益的行为,不能用"一刀切"的方式进行制裁和对消费者进行救济,必须区别对待之。所以,消费者保护法应当根据不同情形,采用民事的、行政的或者刑事的多种保护手段,对于消费者的利益进行充分的保护。根据这一原则,必须对侵害消费者行为的损害程度进行区分。根据这种区分,分别确定不同的责任。对于一般侵害消费者个人权益的行为,应当按照民事侵权、违约制裁的方式对消费者予以救济。而对于既危害消费者个人利益又侵害社会公共利益的行为,由国家行政机关依职权追究违法经营者的行政责任。对于严重危害社会利益、构成犯罪的行为,应当由国家司法机关追究刑事责任。

五、自愿、平等、公平、诚实信用的原则

这一原则要求经营者与消费者在法律规定的范围内从事交易活动时,应当彼此尊重、平等相待,表示出来的意愿应当真实,符合等价交换和商业惯例的要求;要诚实、守信,以善意的方式履行其义务,不得规避法律规定和合同约定。具体内容如下:

1. 自愿原则

所谓自愿,是指消费者在与生产经营者进行商品或服务的交易活动中,双方均能充分自主地表达自己的真实意愿,一方不得对另一方施加压力,也不允许第三者从中干预。消费者与生产经营者的交易关系以双方的真实意思表示一致为基础,任何采用欺诈、强迫、胁迫等手段进行的交易都应归于无效。自愿原则给予消费者一方充分的自由,这种自由主要表现在以下两个方面:

第一,消费者可以根据自己的意愿决定进行某种交易或不进行某种交易。即交易的进行由消费者的意志决定,生产经营者无权干涉。

第二,消费者有权根据自己的意志选择交易行为的对象和相对人。《消费者权益保护法》第九条规定:"消费者有权自主选择提供商品或者服务的经营者,自主选择商品品种或者服务方式,自主决定购买或者不购买任何一种商品、接受或者不接受任何一项服务。消费者在自主选择商品或者服务时,有权进行比较、鉴别和挑选。"我国《反不正当竞争法》规定,经营者销售商品,不得违背购买者的意愿,搭售商品或者附加其他不合理的条件;政府及其部门不得滥用权力,限定他人购买其指定的经营者的商品等。这就说明消费者在交易过程中有自主选择权。消费者在交易过程中既有权选择生产经营者,又有权选择商品的种类、型号、产地、质量标准等。

2. 平等原则

所谓平等,就是消费者与生产经营者在交易过程中享有独立的法律人格,法律地位平等,互不隶属,任何一方都不得凌驾于另一方之上,双方均能平等地表达自己的意志。平等

原则具体包含以下两层含义:

第一,消费者与生产经营者在进行交易时必须平等协商,双方均有平等的发言权和选择权,不得强买强卖。尽管生产经营者一方的实力远远超过消费者一方,但生产经营者也不得以此抢夺消费者的选择权和其他权利。

第二,消费者和生产经营者在交易活动中必须适用同一法律,具有平等的法律地位,既平等地受到法律保护,又平等地受到法律约束,任何一方都没有免除法律责任的特权。双方一旦进入市场进行交易,就必须遵守民法、消费者权益保护法、产品质量法等市场规制法的约束,依法进行各项活动。任何生产经营者都不能滥用自己的市场优势地位,超脱于法律之上,置消费者于不平等的地位中。

3. 公平原则

所谓公平,就是公道合理,即生产经营者与消费者在市场交易活动中的权利与义务大致相当。"大致相当"不等于完全相等,实践中各国法律往往会对生产经营者特别规定一些义务,而对消费者则会特别强调一些权利。因此,这里对公平不能作机械的理解,要从实质公平的层面来理解。由于消费者弱势地位的客观存在,对消费者的特别保护正是为了避免双方的权利与义务显失公平。公平原则首先是适用法律的原则,它可以用来弥补法律规定的漏洞和不足。现实市场交易活动千头万绪,十分复杂,再完备的法律也不可能事无巨细地对市场交易的方方面面毫无遗漏地做出规定,因此公平原则可以起到平衡和调节的作用。其次,公平原则也是一项重要的执法、司法原则。各行政机关和司法机关在处理消费者纠纷时应本着公平原则,在查清事实、分清责任的基础上,权衡双方利益,做出最符合公平原则的决定。由于公平原则是一项本身弹性很大的原则,它没有确定的标准和可以重复套用的思路,所以给予纠纷处理机关和人员极大的自由裁量权,运用起来应当慎重。

4. 诚实信用原则

所谓诚实信用,是指在商品交易过程中,消费者与生产经营者双方应以诚相待,信守承诺,以善意的方式行使权利、履行义务,不得弄虚作假、恶意欺诈,也不得故意规避双方约定和法律规定。诚实信用原则的核心是诚实劳动、合法经营,它与公平原则一样均是社会公认的商业道德规范在法律上的体现。诚实信用原则包含以下几层含义:

第一,生产经营者与消费者双方坦诚相待、诚而不欺、恪守承诺、讲究信用。生产经营者必须对自己许下的承诺,例如"三包"、送货上门等负责。消费者也应当诚心购买,不得为其他目的假意磋商,无理取闹。

第二,生产经营者和消费者必须以诚实信用的方式行使自己的权利。双方行使权利,均应在法定和约定的范围之内,不得随意超出该范围,否则就是侵犯了对方的权利。双方行使权利,还应尊重国家、集体、他人的利益,遵守社会公共道德,维护社会公共利益,不得滥用权利。

第三,双方必须以诚实信用的方式履行义务。生产经营者在出售或提供商品或服务时必须如实陈述商品的质量、价格、产地、规格、等级及其他应予以陈述的事项,不得隐瞒商品瑕疵,以次充好,以假乱真。消费者也必须按照承诺的价款和付款方式履行付款义务,不得以各种借口拒绝付款。此外,诚实信用原则还给生产经营者和消费者添加了许多附随义

务,主要包括以下四个方面:

一是告知义务,即经营者在向消费者提供商品或服务时,应将商品或服务的真实情况告知对方。

二是协作照顾义务,即经营者和消费者在从事交易的过程中应当互尽忠诚、彼此照顾。

三是保管义务,即消费者和生产经营者对交易中所涉及的商品均有妥善保管的义务。

四是保护义务,即生产经营者和消费者在交易活动中应当采取一定措施以保护对方的人身、财产安全。例如,商场应当保证清理干净地上的积水,以防消费者不小心摔倒,而消费者在进入商场时也应注意自身的状况,以防弄污商场的地面。

第四节　消费者保护法的体系

一、消费者保护法体系的含义

法的体系又称"法律体系"或"法体系",是指由一国现行的全部法律规范按照不同法律部门分类组合而形成的一个成体系化的有机联系的统一整体。所谓"体系",是指由若干事物构成的一个相互联系的有机整体,它和静态意义上的"系统"概念相似。法律体系作为一个"体系",它的内部构成要素是法律部门,并且法律部门也不是七零八落地堆砌在一起的,而是按照一定的标准进行分类组合,呈现为一个体系化、系统化的相互联系的有机整体。这既是法律体系的客观构成,也是法律体系的一种理性化要求。

消费者保护法的体系,系统学认为,它是消费者保护法的理论体系、渊源体系、法律规范内容体系和实施体系所构成的互相联系的、有序的、动态的有机整体。消费者保护法体系分成四部分:(1)消费者保护法的理论体系,是指阐明消费者保护法最一般原理及其相互联系的体系。(2)消费者保护法的渊源体系,是指消费者保护法借以表现的形式,包括宪法中有关消费者利益保护的规定、国家权力机关以及常设机构指定的消费者保护法律、国家最高行政机关颁布的消费者保护法规;地方省级及国家授权的其他重要城市的权力机关颁布的地方性法规;国家最高行政机关直属部门及省级地方政府颁布的行政规章,也起着法律规范的作用。(3)消费者保护法律规范内容体系,是指体现在不同层级的消费者保护法律规范中、对消费者权益进行有效保护的规范体系。主要包括消费者保护的基本法、关于消费者安全的法律规范、关于维护消费者交易公平的法律规范、关于服务质量保障的法律规范以及关于商品、服务标识管理方面的法律。(4)消费者保护法的实施体系,即为保证消费者保护法律法规的贯彻执行而建立的体系,该体系是由民间仲裁、经济行政执法和经济司法所构成的。

二、消费者保护法体系的构成

依照法理学上的法律体系的内涵,消费者保护法体系应当是按照消费者保护法调整对象和调整方法所构成的法律部门而组成的消费者保护的法律体系。该法律体系是由关于消费者保护方面的全国现行生效的全部法律法规所构成的。所以,消费者保护法的体系,应当是按照上述第(2)种和第(3)种情形的内容所构成,即该体系的主要内容是由有关消费者权益保护的实体法所构成的。主要有:

(1) 保护消费者的基本法。它主要规定消费者保护中的一些根本问题,如国家保护消费者的基本方针,消费者保护机构的组织和职责,消费者的权利,申诉程序,对违法行为处理的授权以及对消费者的教育等。我国的《消费者权益保护法》、日本的《保护消费者基本法》(1962)、新加坡的《保护消费者法》(1975)、泰国的《消费者保护法》(1979)、西班牙的《消费者和使用者利益保护法》(1984)等,均属于这类基本法。除此之外,在我国,还有《宪法》中的有关条款、《民法典》的有关规定等,这些法的基本内容主要包括消费者的权利与义务、原则、经营者的义务、消费者组织、争议的解决、法律责任等,是消费者权益保护法的统帅,在整个规范体系中处于中心地位。除了地方法规之外,我国绝大部分省、自治区、直辖市也颁布了本地区的消费者保护条例。

(2) 有关产品质量、医药、卫生、商标、广告等涉及消费者安全的法律。这些法律主要是为了保护消费者的人身和健康安全而对各类产品的质量、标准和其他要求做出的法律规定,包括:一般的规定,例如产品质量管理法、标准管理法、进出口商品检验法等;食品卫生监督管理的规定,如食品卫生法、进口食品卫生管理办法、食品用香料和添加剂管理办法等;药品监督管理的规定,如药品管理法以及麻醉药品、毒性药品、精神药品、放射性药品方面的专门管理办法等;化妆品卫生监督管理的规定;城市燃气安全管理的规定以及其他生活消费品的安全保障规定等。就安全保障方面的法律,以我国现行法来看,主要有:《产品质量法》、《进出口商品检验法》、《进出口商品检验法实施条例》、《产品质量监督实施办法》、《工业产品质量责任条例》、《部分国产家用电器"三包"规定》、《食品卫生法》、《药品管理法》、《药品管理法实施办法》、《国境卫生检疫法》、《化妆品卫生监督条例》、《国务院关于加强医药管理的决定》、《广告管理条例》。

(3) 有关消费交易公平的法律,这是为实现消费者与经营者的交易公平、保护消费者经济利益而制定的法律规范。主要有:物价监督法,主要是为保护消费者的经济利益而对物价实行监督管理的法律规定,包括对商品物价的监督和对服务收费的监督两个方面;计量监督法,主要规定有关计量单位以及计量器具的检查、制造、销售、使用等,用以保障商业计量单位的统一和量值的准确;竞争监督法,包括反垄断法和反不正当竞争法,作为一切社会的起点和终点的消费活动,必然受到竞争的影响,对活动监督得好坏,直接关系到消费者的利益。我国有关这方面的法律主要有《反垄断法》《反不正当竞争法》,关于商品、服务、价格、计量方面的法律,有《价格管理条例》《计量法》《关于价格违法行为的处罚规定》《计量法实施细则》等。

(4) 关于通信、运输、旅游、储蓄、咨询、环保、公用事业服务方面的法律,这是关乎消费者所享受的有关服务方面的法律。主要有:标识监督法,即要求生产经营者通过商标、广告、标签、标志、人员推销等方式,对企业本身的有关情况进行说明,向消费者传递商品或者服务信息,介绍商品或者服务的内容、性质、交易条件以及其他有关事项,以避免消费者因为信息欠缺而遭受经济利益的损失;消费合同法,通过一系列消费合同的规定,规范消费者与经营者之间可能形成的消费关系,以更好地监督、管理经营者的经营活动。主要有:《民法典》《邮政法》《邮政法实施细则》《铁路运输安全服务条例》《国内航空运输旅客身体损害赔偿暂行规定》《旅行社暂行管理规定》《储蓄管理条例》《环境保护法》《海洋环境保护法》等。

(5) 关于农业生产资料方面的法律,主要是为了保护农民的利益而制定的法律规范。这些法律有《种子管理条例》《国务院关于加强化肥、农药、农膜经营管理的通知》等。

(6) 其他程序性的法律法规,主要有《民事诉讼法》《仲裁法》等。

本章习题

1. 简述消费者保护法的含义。
2. 消费者保护法有哪些基本特征?
3. 消费者保护法有哪些基本原则?
4. 消费者保护法的价值取向是什么?
5. 如何理解对消费者特别保护原则?

第三章 消费者及其权利

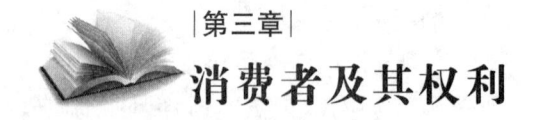

教学重点

(1) 知识重点:知道我国公民作为消费者所依法享有的具体权利内容。

(2) 能力重点:能够运用本章所学的法律知识去分析现实生活中消费者权利受到侵犯的案例,能够给出消费者依法维权及解决权利争议的方式、方法。

教学要求

(1) 充分运用讲授法、案例分析法及讨论法,引导学生深入浅出地学习本章内容。

(2) 在教学过程中,不仅要向学生传授知识,也要培养学生的思考和理解能力,分析消费者权利受到侵犯的情景,能在实践中妥善运用所学法律知识,培养学生的维权意识,做到知法、懂法、守法、用法。

第一节 消 费 者

一、人的需求和消费

一般而言,人既具有生物属性,又具有社会属性,不论是作为生物的人还是作为社会的人,都存在着各种各样的欲望和要求。这些生理的欲望和社会要求需要得到一定程度的满足,唯有如此,人类及人类社会才能生存与发展。

需求具有一定的层次。美国心理学家马斯洛率先提出了人类需求像阶梯一样从低到高按层次分为五种。

第一层次:生理上的需要,如呼吸、水、食物、睡眠等,如果这些需要得不到满足,人类个体的生理机能就无法正常运转。换而言之,人的生命就会因此受到威胁。在这个意义上说,生理需要是推动人们行动首要的动力。

第二层次:安全上的需要,这个层次的需求是在满足生理需求的情况下,主要体现在社会秩序、法律、医疗、教育等各方面的安全和社会保障,人们需要安全感。

第三层次:情感和归属的需要,如亲情、爱情等,人与人之间都希望得到相互的关心和照顾。感情上的需要比生理上的需要更重要,它和一个人的生理特性、经历、教育、宗教信仰都有关系。

第四层次:尊重的需要,如自尊、受到别人尊重、自信等,人们都希望自己有稳定的社会地位,要求个人的能力和成就得到社会的承认。尊重的需要又可分为内部尊重和外部尊重。内部尊重是指一个人希望在各种不同情境中有实力、能胜任、充满信心、能独立自主;外部尊重是指一个人希望有地位、有威信、受到别人的尊重、信赖和高度评价。可以毫不夸张地说,尊重需要如果能得到充分满足,能使人对自己充满信心,对社会满腔热情,体验到自己活着的用处与价值。

第五层次:自我实现的需要,如自我价值、创造力、发挥潜能等,自我实现的需要是最高层次的需要,是指实现个人理想、抱负,发挥个人的能力到最大程度,达到自我实现境界的人,接受自己也接受他人,解决问题能力增强,自觉性提高,完成与自己的能力相称的一切事情的需要。

需求通过各种途径而获得满足,消费则是人类社会出现商品之后满足需求的一种重要途径,但是并不是所有的需求都能够通过消费来实现。在商品经济条件下,需求引发了消费行为。在现代社会,消费者主要是通过各种市场而获得消费资料和消费服务,用于满足个人或家庭社会需要。

消费必须具有消费对象。所谓消费对象,既可以是大自然本身存在的物质资源,也可以是人类生产的物质资源;既可以通过自身劳动和劳动成果来提供,也可以通过他人劳动和劳动成果来提供。

总而言之,本书中的"消费"是指消费者以他人生产经营的消费对象来满足自身生活需求的行为。

二、消费者

《消费者权益保护法》第 2 条规定:"消费者为生活需求购买、使用商品或者接受服务,其权益受本法保护,本法未作规定的,受其他有关法律、法规保护。"根据这一规定,所谓"消费者",是指为满足生活需要而购买或使用经营者提供的商品或服务的人。这一定义包括以下含义:

(一)消费者是购买、使用商品或接受服务的自然人,而不是法人及其他社会组织

从消费者保护法的立法目的看,就是为了保护人们消费过程中的安全和权益,维护他们的经济利益,只有自然人才能成为消费的主体。自然人作为消费者,是不受任何外部条件制约的(比如性别、民族、宗教信仰等)。消费者局限于自然人,并不是否认法人及其他社会组织在其权益受到侵犯时可以通过其他法定手段进行救济,而是消费者保护法的保护对象并非这些社会组织的利益,而是消费者的利益。现代消费者保护法是在对市场经济条件下消费者弱者地位的充分认识的基础上,对于弱势方消费者给予特殊保护的立法。

消费者的范围非常广泛,包括所有为了生活需要而购买商品或服务的人,当某人为了自己或他人的生活需要而购买某种商品或服务时,在交易过程中,他是以消费者身份出现的,消费者保护法中规定的相关权利他都可以享受。消费者不仅包括购买商品、服务的交易当事人,也包括某种消费商品的使用人或服务的接受人,使用他人购买的商品或接受由他人支付费用的服务的人。例如,在网上订购外卖食品的人,他自己是消费者,同时食用外卖食品的子女、亲戚、朋友等也属于消费者。前者是交易过程中消费者的各种权利的享有者,而后者则是使用过程中的各种权利的享有者。当他们因为食品不卫生而受到损害时,都有权依法要求经营者赔偿。

(二)消费者购买、使用的商品和接受的服务是由经营者提供的

消费者是与经营者相对的一种法律主体。当某人为了生活需要而购买或使用他人提供的商品或服务时,他就是这种商品或服务的消费者,而当他以营利为目的向其他人提供某种商品或服务时,他又是经营者。消费者不仅包括购买商品或服务的人,也包括使用商品或接受服务的人。作为消费者所使用的商品,应当是由他人生产或制造的,而不能是其自己生产或制造的。作为消费者,其消费的商品和服务是其自己或其他人通过一定的方式从经营者那里获得的。这里的"一定的方式"既可以是货币购买,也可以是支付任何形式的代价(如等价劳务等)而获得经营者的商品和服务,这种情况下也应当属于消费者的范畴。甚至不支付任何代价而由经营者赠予的商品或服务的使用者也属于消费者的范畴。因此,对消费者的含义,我们必须与经营者的含义结合起来理解。凡是为了满足自己或他人个人需求而购买、使用商品、接受服务的人均属消费者的范畴。

(三)消费者是进行生活性消费而不是生产性消费活动的人

消费者的含义具有严格的时间性限制。这就决定了任何人只有在其进行消费活动时,他才是消费者。消费活动的内容包括:(1)为了生活需要而购买并使用商品;(2)为了生活需要接受他人提供的服务。

消费者是为了个人生活需要而购买或使用商品与接受服务的,这是消费者与经营者的根本区别。经营者也需要购买各种原材料、生产工具等商品;但是,经营者购买这些商品,并不是为了满足其个人的生活需要,而是作为生产资料。有些商品如粮食,既可以作为食品工业的生产原料,也可以作为消费品直接满足消费者的需求。但为了经营需要而购买这些商品的人与直接满足个人需要而购买同一商品的人,其在法律上的地位是不同的,前者仍属于经营者,而后者则属于消费者。

这里特别要说明的是,我国广大农村普遍实行土地承包经营制度,农业经营者一般是以家庭成员为基础的广大农户,他们购买直接用于农业生产的种子、农药、化肥等,虽属生产资料的范围,但广大农民群体普遍弱势,在经济活动中有着与消费者相似的境遇。考虑到我国农业经营者的特殊情况,出于保护其利益和农业发展的目的,《消费者权益保护法》第2条规定,农民购买、使用直接用于农业生产的生产资料,参照本法执行。这一规定具有两层含义:首先,购买、使用农业生产资料的农民不属于消费者;其次,农民在购买、使用农业生产资料时,同消费者一样,享受《消费者权益保护法》规定的消费者所享有的各种权利。近年来,随着种粮大户、家庭农场、农业合作社、农业公司等新兴的农业经营主体的出现,在法律实践中对于仍然以家庭为基础的种粮大户、家庭农场,参照《消费者权益保护法》执行。

第二节　消费者主权与消费者权利

一、消费者主权

消费者主权最初是作为一个经济学概念提出的。近代欧洲启蒙思想家卢梭等人从"天赋人权""人人生而自由平等"的理念出发,认为国家是基于人民之间的契约而成立,国家的一切权力来源于人民,因而,国家政治生活中一切重大问题应由人民直接或间接(选举自己的代表,由代表代位)决定。与政治的民主相对应,在经济领域,经济学家亦提出了"经济民主主义"的思想。他们认为,在经济生活层面,应当由作为广大人民主体的消费者行使最终的决定权,即"消费者主权"。但消费者主权与政治生活中的"人民主权"不同,它不是通过人民直接或间接地投票表决来实现,而是通过一定的经济结构、经济体制来实现。在欧洲古典自由主义经济学看来,要实现消费者主权,就必须实现经济自由主义。

作为一个经济学概念,消费者主权的基本含义是:消费者根据自己的意愿和偏好到市场上选购所需商品和服务,这样消费者意愿和偏好等信息就通过市场传达给了生产者。于是生产者根据消费者的消费行为所反馈回来的信息来安排生产,提供消费者所需的商品和服务。

消费者主权可以用一个比喻来说明,即消费者在市场上每花一元货币就等于一张选票,消费者喜欢某种商品,愿意花钱去买它,就等于向这一商品的生产者投了一票。各个生产者就是通过消费者在市场上"投货币票",了解社会的消费趋势和消费者的动向,从而以此为根据,组织生产适销对路的产品,以满足消费者的要求,从而最终达到利润最大化的目的。因此,消费者主权只有在自由竞争的、有众多买者和卖者的市场经济条件下才可以实现,消费者主权的关键体现在消费者金钱投票权之中的企业产品选择权。在绝对垄断的市场何谈消费者主权?

一般认为,"消费者主权"主要包括以下内容:(1)在生产者与消费者的关系中,生产者应从消费者的需要出发,生产什么、生产多少,要服从消费者的需求与偏好的变化,消费既是生产的出发点,又是其终点和归宿。(2)在销售者与消费者的关系中,销售者的行为受消费者的意愿调节,销售服务应服从"消费者是上帝"的规则。(3)在政府与消费者、生产者的关系中,政府的行为应首先考虑消费者的利益,计划、政策和法律的制定应从消费者的根本利益出发。

从法律的角度来说,消费者权益比较容易受到侵害。在社会再生产中,消费既是起点也是终点,生产的最终目的就是为了消费,所以消费很重要,消费者更重要。可现在,由于生产社会化程度越来越高,科技含量越来越高,人们没有办法再像以前那样仅仅通过感官就能鉴别商品以及服务的好坏,而是变得越来越依赖商家的宣传,有的甚至迷失在媒体广告的汪洋大海里。一个不争的事实就是,企业愈强,消费者愈弱,消费者的主权地位正在丧失。不仅如此,失范的市场竞争秩序也在改变着经营者和消费者的力量对比。比如不正当竞争普遍存在,这对消费者权益的影响很大,比如行业中垄断,它实际上限制合理竞争,联合定价,严重剥夺消费者的选择权。在制度建设方面还有很多没有到位的地方。当前,我们把消费者权益保护的认识提到一个前所未有的高度,因为这关系到人的生命权、健康权等权益。如果市场竞争秩序不好,消费者权益就难以得到保护。一个完善的市场秩序的建立和维护,离不开消费者的参与。通过构建一种激励机制比如奖励消费者打假,可以对不法经营者形成威慑;激励消费者,发动他们同侵权行为作坚决的斗争,让不法经营者承担维权成本。

总之,消费者主权问题不仅仅是经济结构或经济体制问题,而是与各种具体法律制度也密切相关的问题,法学家所面临的是如何通过法律制度保障消费者合理需求与偏好对经营者行为的决定作用。

二、消费者权利

什么是权利?对此主要有资格说、利益说及法力说三种学说。权利一般是指某人或某一群体所享有的从事某种行为的正当或合法资格,这是权利的资格说;权利是受到法律保护的利益,这是权利的利益说;权利的本质是可以享受特定利益的法律上之力,所谓"法律上之力",是由法律所赋予的一种力量,凭借此种力量,既可以支配标的物,亦可以支配他人,这是权利的法力说。本书采用的是权利的利益说,据此,我们可以给消费者的权利作如下定义:消费者的权利就是消费者在购买、使用商品或接受服务时依法享有的受法律保护的利益。

需要指出的是,对于消费者权利,我们不能简单地将其理解为一种民法上的民事权利,因为民事权利是平等当事人之间基于法律的规定或者约定而产生的。在传统民法中,民事主体之间在法律上不存在弱者与强者的区分,民事关系的一方主体对另一方主体造成了损害,通常是按照赔偿实际损失的原则而获得救济的。与一般的民事权利相比,消费者权利具有以下特征:

(1) 消费者的权利是消费者所享有的权利,也就是说,消费者的权利是与消费者的身份联系在一起的。这一方面表现为,只有在以消费者的身份购买、使用商品或接受服务时才能享有这些权利。因此,购买机器设备从事生产经营活动的人,就不能享有消费者保护法所规定的各项权利。消费者的权利是以消费者资格的存在为必要条件的。另一方面,凡消费者在购买、使用商品或接受服务时,都享有这种权利。即消费者的权利又是以消费者身份的存在为充分条件的,一旦人们以消费者的身份出现,他就毫无例外地享有这些权利。

(2) 消费者的权利通常是法定权利。按照权利发生的依据,可以将权利分为法定权利和约定权利。前者是由法律直接规定而产生的,如选举权、诉权、劳动权等;后者则是由当事人依法约定而产生的,如合同中当事人所享有的各项权利等。消费者的权利通常是法定权利,作为法定权,它具有强制性,任何人不得剥夺,经营者以任何方式剥夺消费者权利的行为无效。我国《消费者权益保护法》第24条规定,经营者不得以格式合同、通知、声明、店堂告示等方式作出对消费者不公平、不合理的规定或减轻、免除其损害消费者合法权益时应当承担的民事责任。同时,作为法定权利,其内容是由法律直接规定的,消费者依法享有这些权利,任何人未经消费者同意,都不能对其权利进行限制。

(3) 消费者的权利是法律基于消费者的弱势地位而特别赋予的权利。从历史发展的角度来看,消费者保护法中规定的消费者的各项权利在传统上大多属于交易当事人自治的范围。为了充分保护消费者的利益,现代国家将这些权利法定化,消费者权利充分体现了法律对消费者特殊保护的立场。

三、消费者权利的由来和发展

消费者权利的概念是随着消费者运动的发展而产生并逐步得到认同的。在自由竞争的资本主义阶段,国家对社会经济生活奉行不干预的"守夜人"政策。消费者与经营者之间的关系由基于当事人地位绝对平等而制定的民商法进行调整。消费者作为交易当事人,其享有的权利与义务根据契约自由原则,按照一般交易习惯来确定。有特殊要求的,则由其与经营者协商而确立。在消费者对市场的依赖性不大、产品结构功能不甚复杂、消费者与经营者实力上势均力敌的条件下,按照这一原则,确定当事人的权利和义务,在一般情况下并不会导致损害消费者利益的事件频繁发生。由法律直接规定消费者的权利不仅没有迫切的必要性,而且会造成对契约自由原则的破坏,影响市场的自由竞争,阻碍经济的发展。但是,随着经济的发展,消费者境况日益恶化,引发了消费者运动的兴起。在这一过程中,人们逐步提出对消费者进行特殊保护的"消费者主义"、消费者权利等思想。所谓消费者主义,其基本的主张就是对一切与人类生活有关的事务进行检讨,人类的一切活动都应有利于人类生活的幸福、自由和安全,有利于人类的公共福利。随着消费者运动的高涨,"消费者主义"及"消费者主权"的思想受到普遍的拥护。经营者为了争取更多的"货币选票",以占据竞争中的有利地位,亦常常喊出"消费者是上帝""顾客至上"等口号。消费者的利益保护问题日益引起人们的重视。

回顾历史,"消费者权利"的概念最初是由美国总统肯尼迪提出来的。1962 年 3 月 15 日,肯尼迪总统向美国国会提出了一份"关于保护消费者利益的总统特别国情咨文"。在这篇咨文中,他指出,消费者具有四项权利,即:获得安全商品的权利、正确了解商品的权利、自由选择商品的权利以及就与消费者有关的事务提出意见和建议的权利。由于这篇咨文首次概括了消费者的四大权利,因此在国际消费者运动中具有特别重要的意义。1983 年"国际消费者组织联盟"做出决定,将每年的 3 月 15 日作为"国际消费者权益日"。1969 年美国总统尼克松又提出消费者在其人身或财产遭受损害时具有要求获得适当赔偿的权利,即消费者的索赔权。消费者索赔权的提出,丰富了消费者权利的内容,使消费者权利的体系更加完善。1963 年日本政府在一份题为"关于保护消费者的咨询答复"的文件中提出消费者有三项权利,即:要求商品和服务具有通常人们所期待的质量、内容且安全卫生的权利;要求商品和价格以及其他交易条件必须是由自由、公平竞争决定的权利;要求商品、服务的质量、内容、价格及其他交易条件的表示、广告真实且能为消费者正确认识的权利。1968 年日本首先制定了《保护消费者基本法》,规定了对消费者各种权利进行保护的措施,从而使消费者权利成为受法律保护的、不得为其他任何人随意剥夺的法定权利。此后,1968 年韩国的《消费者保护法》明确规定了消费者享有七项权利,即:要求免遭因物品及劳务产生的生命、身体及财产上的危害的权利;要求提供选择物品及劳务所需知识及情报的权利;在使用或利用物品及劳务时自由选择交易对象、场所、价格、交易条件等的权利;对影响消费生活的国家及地方自治团体的政策和事业者的事业活动等反映意见的权利;对因使用或利用物品及劳务所受到的损害按照迅速而公正的程序得到切实补偿的权利;得到为合理地维持消费生活而受到必要的教育的权利;为保护消费者的自身权益组织团体并通过该团体进行活动的权利。此外,1979年泰国消费者保护法确立了消费者的四项权利,1984年西班牙的消费者和使用者利益保护法规定了消费者有六项权利。继日本之后,许多国家都通过消费者保护法对消费者的权利做了明确的规定。

1985年4月9日,联合国大会通过的《保护消费者准则》规定,要确保消费者下列合理的需要得到满足:消费者的安全与健康不受危害;促进和保护消费者的经济利益;使消费者取得充足的信息以便他们能够按照个人意愿和需要做出具体的选择;获得消费教育;提供有效的消费者赔偿办法;有组织消费者及其他有关团体或组织的自由,这种组织对于可能影响他们利益的决策过程有表达意见的机会。

国际消费者组织联盟则提出了消费者有八项权利:
(1) 产品及服务能满足消费者的基本需求的权利;
(2) 产品及服务符合安全标准的权利;
(3) 消费前有获得足够且正确的信息的权利;
(4) 消费时有选择的权利;
(5) 对产品及服务表达意见的权利;
(6) 对产品或服务不满时获得公正的赔偿的权利;
(7) 接受消费者教育的权利;
(8) 享有可持续发展及健康的环境的权利。

综上所述,自诞生以来,消费者权利的内容不断地得到充实和发展,从一般的保障安全、交易公平等领域逐步扩大到消费者的教育、消费者组织设立、消费环境改善及政府决策参与等各个方面。这种发展趋势表明,消费者问题已不再仅仅是涉及具体消费者与经营者的利益平衡问题,而是一个重要的社会问题。消费者问题正在作为一个社会问题而得到社会各方面的关注。同时,从性质上来看,消费者的权利发展还经历了从民间呼吁到政府的认可,再到由法律明确规定的法权这样一个渐进发展的过程。消费者权利正在以法定权利的形式为越来越多的国家法律所确认。此外,消费者权利的实现保障亦越来越严密,保护消费者利益已被视为国家和有关社会组织的基本职责。

我国1993年颁布的《消费者权益保护法》在广泛吸取各国及国际消费者保护立法经验的基础上,规定消费者享有九项权利,概括地说,这些权利包括安全权、知悉权、选择权、公平交易权、获得赔偿权、结社权、受教育权、受尊重权和监督权。2009年8月27日第十一届全国人民代表大会常务委员会第十次会议《关于修改部分法律的规定》进行第一次修正。2013年10月25日第十二届全国人大常委会第5次会议《关于修改部分法律的决定》进行第二次修正。2014年3月15日,新版《消费者权益保护法》正式实施。2020年5月28日,第十三届全国人大三次会议表决通过了《中华人民共和国民法典》,自2021年1月1日起施行。《婚姻法》《继承法》《民法通则》《收养法》《担保法》《合同法》《物权法》《侵权责任法》《民法总则》同时废止。

第三节　我国消费者的权利

一、消费者的安全权

消费者的安全权,是指消费者在购买、使用商品或接受服务时所享有的人身和财产安全不受侵害的权利。这是消费者最重要的权利。安全权包括以下两个方面的内容,一是人身安全权。它包括:(1)消费者的生命安全权。即消费者的生命不受危害的权利,如因食品有毒而致消费者死亡,即侵犯了消费者的生命权。(2)消费者的健康安全权,即消费者的身体健康状况不受损害的权利。如食物不卫生而使消费者中毒或因电器爆炸致消费者残废等均属侵犯消费者健康安全权。二是财产安全权。即消费者的财产不受损失的权利,财产损失有时表现为财产在外观上发生损毁,有时则表现为价值减少。

保护公民的人身及财产不受侵犯是我国宪法规定的公民的基本权利之一,《民法典》也明确规定公民享有生命、健康权。《消费者权益保护法》第 7 条规定,消费者在购买、使用商品和接受服务时,享有人身、财产安全不受损害的权利。消费者有权要求经营者提供的商品和服务符合保障人身、财产安全的要求。《民法典》第 1198 条规定,宾馆、商场、银行、车站、机场、体育场馆、娱乐场所等经营场所、公共场所的经营者、管理者或者群众性活动的组织者,未尽到安全保障义务,造成他人损害的,应当承担侵权责任。因第三人的行为造成他人损害的,由第三人承担侵权责任;经营者、管理者或者组织者未尽到安全保障义务的,承担相应的补充责任。经营者、管理者或者组织者承担补充责任后,可以向第三人追偿。由此可见,消费者的安全权涉及消费者的生存与健康利益,是消费者所享有的最基本、最重要的权利,如果这一权利都得不到保障,则消费者的其他权利更无从谈起。

消费者在整个消费过程中都享有安全权。这就要求:(1)经营者提供的商品必须具有合理的安全性,不得提供有可能对消费者人身及财产造成损害的不安全、不卫生的产品。(2)经营者向消费者提供的服务必须有可靠的安全保障。(3)经营者提供的消费场所应具有必要的安全保障,使消费者能在安全的环境中选购商品及接受服务。也就是说,要保障消费者在购买商品、接受服务以及使用商品的整个消费过程中的安全。

当前,侵害消费者安全权的现象非常普遍,通常表现在以下几个方面:

(1)在食品中添加有毒、有害物质。例如,2005 年 6 月 5 日,英国食品标准局发现销售的鲑鱼中含有强致癌性的"孔雀石绿",并迅速向欧盟各国进行通报;2005 年 7 月 7 日,农业部办公厅向全国各省、自治区、直辖市下发了《关于组织查处"孔雀石绿"等禁用兽药的紧急通知》,在全国范围内严查违法经营、使用"孔雀石绿"的行为。至此,全国开始打击"孔雀石绿"的非法使用。到目前为止,水产养殖中使用"孔雀石绿"依然屡禁不止,规模越小的养殖单位,使用的概率越高。2006 年 11 月 12 日,央视《每周质量报告》报道,在北京市场上,一些打着白洋淀"红心"旗号的鸭蛋实际上是用"红药"喂出来的,而且"红药"用量越大,鸭蛋黄越红。经过检验,所谓的"红药",本质上是偶氮染料苏丹红Ⅳ号,具有一定的致癌性。原卫生部下发通知,要求各地紧急查处红心鸭蛋。北京、广州、河北等地相继检出苏丹红鸭蛋。2008年的三聚氰胺奶粉事件,是国内食品安全历程中的分水岭,此次事件影响之大、范围之广,无出其右,也直接促使了国家颁布食品安全法。如果说三聚氰胺事件摧毁了国产奶粉;那么从2005年至2011年之间屡禁不止的皮革牛奶事件,则彻底摧毁了国产液态奶。2005年,山东等地爆出牛奶中添加"水解皮革蛋白"事件;2009年3月,浙江、山东、山西、河北等地再次发现同类事件;2011年2月,全国多地再次爆出"水解皮革蛋白"事件,不法商家把皮革废料或动物毛发等物质加以水解提炼成"水解皮革蛋白",再将其掺入奶中,企图以此提高奶里的蛋白质含量,好蒙混过关。2010年调查结果显示,当时我国每年返回餐桌的地沟油有200万至300万吨,很大一部分被销售到了安徽、上海、江苏、重庆等地的一些油脂公司,并最终进入食品领域。这些地沟油主要是销往食品油加工企业,制成食品和火锅底料等。国务院办公厅于2010年7月发布文件,决定组织开展地沟油等城市餐厨废弃物资源化利用和无害化处理试点工作。2011年9月13日,中国警方破获特大利用"地沟油"制售案。

(2)制造、销售假药、劣药。药物本来是用来治病救人的,但是,一些不法分子为了赚钱,则置人们的生命健康于不顾,以非药物冒充药物,病人服用后,根本不能对病情产生缓解及解除作用,并且延误疾病的治疗。有些假药中还掺杂有害成分,不仅耽误治病,而且使病情加剧,例如2016年的四川省假药案,此案涉及新疆、辽宁、吉林、云南、上海、四川、重庆、湖北等15个省、市、自治区,涉案金额达1 100余万元,被四川省食品药品监管局列为"四川省挂牌督办案件";2016年3月18日,山东警方破获案值5.7亿元非法疫苗案,疫苗未经严格冷链存储、运输,销往24个省市。这些非法疫苗中含25种儿童、成人用二类疫苗。这次非法疫苗案件事发后,医药流通领域迎来了一场整顿风暴。

(3)出售过期、变质的食品、药品。对于销售者来说,出售过期、变质的食品以及过期、失效的药品等侵犯消费者安全权的现象也较为普遍。有些商店将已经过期的商品打上新的日期,欺骗消费者。

(4)日常使用及机电产品缺乏安全保障。近些年来,我国曾发生了多起空调、洗衣机、电视机等家用电器事故伤亡的事件。这些都是严重侵害消费者安全权的表现。

(5)化妆品有毒、有害。2015年国家质检总局公布首批进口不合格化妆品黑名单,510批产品上榜。其中不合格化妆品涉及多种消费者熟悉的产品,包括伊丽莎白雅顿啫喱、露华浓唇膏、美宝莲指甲油、花王洗发水、强生婴儿洗发水和沐浴露等。

(6)营业场所不安全。如有些旅馆房屋年久失修、楼梯老化腐朽,有些商店一边装修,一边在没有采取安全措施的情况下又同时营业。有些商店、饭店、旅馆电源外露,极易触电,有些旅馆管理不善,旅客财物经常失窃等,这些也属侵犯消费者人身及财产安全的现象。

(7)服务方式不安全。如理发师使用工具不当或者不消毒致顾客受伤或者传染疾病,浴室热水过热烫伤顾客,等等。近年来,国内发生多起因整容、美容不成而毁容,甚至致人死亡的案件,服务领域的安全问题日益增多,必须引起高度重视。保护消费者人身、财产的安全是消费者保护法的重要任务,除《消费者权益保护法》对消费者的安全权作了一般的规定以外,有关食品卫生、药品管理、产品质量管理等法律制度还对某一方面的消费者安全问题做了具体规定。只有严格遵守这些法律规范,才能使消费者的安全权得到切实的保障。

二、消费者的知悉权

《消费者权益保护法》第 8 条第 1 款规定,消费者享有知悉其购买、使用商品或者接受服务的真实情况的权利。故知悉权是消费者所依法享有的了解与其购买、使用的商品和接受的服务有关的真实情况的权利。

消费者为了满足生活需要而购买商品或接受服务,因而商品或服务只有在能够满足消费者某种需求的情况下才是消费者所需要的,否则,其需求就不能得到满足。而某种商品或服务是否能够满足其需求,只有在对该商品进行适当了解的基础上才能明了。同时,消费者正确地消费,也依赖于其对商品有关真实情况的了解。有些商品具有一定的危险性,有些食品、药品虽然本身不具危险性,但是与其他食物、药物混合后则可能对消费者的健康产生副作用,甚至危及消费者的生命安全。因而,对消费者来说,了解商品或服务的消费方式及特殊的要求,对充分发挥商品、服务的效用,防止损害消费者安全的事故发生都是非常必要的。同时,让消费者了解真实情况,也是消费者正确判断与选择的前提。只有在充分了解商品的功能、效用、外观设计、等级、规格、主要成分、生产日期等有关情况的基础上,消费者才能对其花费某一特定数目的金钱去获得该商品或服务是否值得做出正确的判断,才能对不同商品的孰优孰劣做出正确的判断,从而引导消费者做出让自己满意的选择。

消费者的知悉权具有两方面的基本内涵:(1)消费者有了解商品或服务的真实情况的权利。即经营者向消费者提供的各种情况应为客观的而不是虚假的。虚假的信息不仅不会给消费者带来利益,而且会影响消费者做出正确的判断,导致消费者上当受骗,蒙受损失。(2)消费者有充分了解有关情况的权利。一般来说,对商品和服务中与消费者利益相关的一切信息消费者都有权了解。但是,与消费者利益没有直接联系的信息以及国家法律保护的技术、经营信息除外。例如商品的具体工艺过程、食品饮料的具体配方、经营者的商业秘密等。《消费者权益保护法》第 8 条第 2 款规定,消费者有权了解的信息范围一般包括:商品的价格、产地、生产者、用途、性能、规格、等级、主要成分、生产日期、有效期限、检验合格证明、使用方法说明书、售后服务或服务的内容、规格、费用等有关情况。由于商品、服务的具体形态不同,对有些商品以上各类信息没有必要面面俱到,而对另一些商品和服务其应披露的信息则可能会超出以上范围,其具体内容应当根据不同商品和服务的具体情况决定。

总之,凡与消费者正确地判断、选择、使用商品或服务等有直接联系的信息,消费者都有权了解。在实际生活中,侵犯消费者知情权的情况也相当普遍。通常表现为:对消费者的合理提问不予回答,对商品或服务做虚假夸大的宣传,故意隐瞒商品和服务的瑕疵、危险性或副作用,对应当在商品或其包装上披露的信息未做披露,等等。这些都是严重侵犯消费者权利的行为,必须彻底予以制止。消费者以他人生产的商品和提供的服务为消费对象,经营者控制着与商品和服务有关的信息源。因此,要实现消费者的知悉权,必须要求经营者通力合作,客观、充分地披露与消费者利益相关的信息。国家及消费者保护组织应对此进行监督,通过检查、受理投诉等方式督促经营者披露有关信息,保证消费者的知悉权不受侵犯。

三、消费者的选择权

消费者的选择权是指消费者根据自己的意愿自主地选择其购买的商品及接受的服务的权利。《民法典》第5条规定,民事主体从事民事活动,应当遵循自愿原则,按照自己的意思设立、变更、终止民事法律关系。

消费者购买商品和接受服务是在不同的动机驱动下进行的,他或者是为了满足自己的生理需要,或为满足自己的发展需求,或为满足他人的需要。因此,必须让消费者根据其需要对其意欲购买的商品或接受的服务做出选择。同时,每一个消费者都具有自己的品味、爱好和特殊的要求,如果其不能自主地选择,那么,购买的商品或接受的服务就不能充分地满足消费者的需求。

消费者的选择权具有以下几个方面的内容:

(1) 消费者有权根据自己的意愿和需要选择商品和服务,其他人不得干涉。消费者需要购买何种商品和服务,应由消费者自己决定,不得强迫消费者接受其不需要的商品和服务。

(2) 消费者有权自主地选择作为其交易对象的经营者,购买其商品或接受其服务,任何经营者不得强迫消费者接受其提供的商品和服务。

(3) 消费者对经营者经营的商品和服务有权进行比较、鉴别、挑选,购买自己满意的商品或服务。

(4) 消费者有权自主地做出决定。消费者可以在比较、鉴别的基础上根据自己的意愿决定接受或不接受某种商品或服务。只要在挑选过程中未对经营者的商品造成损害,经营者不得强迫其接受。经营者可以为消费者正确地行使选择权提供各种信息和咨询意见,但不得代替消费者做出决定或以暴力、威胁等手段强迫消费者做出决定。

随着我国经济的发展,商品市场空前繁荣,消费品种类齐全、琳琅满目,过去由于计划经济导致消费者不能自主选择的状况得到了根本的改变。但是,侵犯消费者选择权的现象也经常出现。例如,有一些地方政府、一些政府部门从地区和部门的利益出发,利用行政手段限制市场竞争,由此间接地限制了消费者购买商品、接受服务的选择余地;有些地方由于地方保护主义的影响,以本地生产的实物充抵工资发给职工,这实际上就是将消费者不需要的商品强行卖给他们;一些经营者在出售优质名牌、畅销品时强行搭售劣质滞销产品;近年来,利用网络电商平台、众筹预售、购物返利、有奖销售等形式,向消费者推销假冒伪劣商品的现象也是时有发生;此外,在一些旅游景区,因消费者在挑选后表示不购买该商品而受到导游或营业员辱骂、殴打的现象也是时有发生。这些行为都是对消费者选择权的严重侵犯。

消费者的自由选择是消费者获得满意的商品和服务的基本保证,也是民法中平等自愿原则在消费交易中的具体表现。为了维护消费者的利益,《消费者权益保护法》第9条明确规定,消费者享有自主选择商品或服务的权利,消费者有权自主选择提供商品和服务的经营者,自主选择商品的品种和服务方式,自主地决定购买或不购买任何一种商品,接受或不接受任何一项服务,消费者在自主选择商品时,有权进行比较、鉴别和挑选。《反不正当竞争法》规定,经营者销售商品,不得违背购买者的意愿,搭售商品或有其他不合理条件,不得进行欺骗性的有奖销售或以有奖销售为手段推销质次价高的商品或进行巨奖销售;政府及其部门不得滥用权力,限定他人购买其指定的经营者的商品,限制外地商品进入本地或本地产品流向外地。这些规定都是对消费者选择权的有力保护。除此之外,我国还应该加强对网络电商平台销售、分期付款销售、预售、网络消费、上门推销以及服务业中强行推销商品等行为的管理,并完善这些方面的法律。只有这样,消费者选择权才能获得充分保障。

四、消费者的公平交易权

消费者的公平交易权是消费者在与经营者之间进行的消费交易中所享有的获得公平的交易条件的权利。

公平的交易条件关系到消费者的经济利益,由于消费者以满足生活需求而购买商品或接受服务,当某种消费品不能得到时,其需求就不能满足,甚至危害自己的生命健康。因此出于自己或子女对消费品的强烈需求,他们往往不得不接受不公平的交易条件。同时,在市场经济条件下,由于信息不均衡分布,消费者要依赖经营者提供的信息,正确地判断商品、服务的价值。因而,更容易为经营者所欺骗而进行不公平的交易。所以通过法律对经营者的行为进行规范,并赋予消费者以法定的公平交易权尤为必要。在世界各国的消费者保护法律制度中,保障交易公平都是其最重要的内容之一。

交易公平,一般是指交易各方在交易过程中获得的利益相当。在消费性交易中,就是指消费者获得的商品及服务与其交付的货币价值相当。商品或服务与消费者支付的价款是否相当,要根据社会一般认为合理的价格标准进行判断。公平交易权首先表现在消费者有权要求商品应当具备公众普遍认为其应当具备的功能,即商品应具有使用价值,例如食品应能够安全食用,药品应具有有效成分,日常用品、家庭电器应具有其一般应具备的功能等。不具有使用价值的商品,不能销售。其次,消费者有权要求商品或服务的定价合理。对商品可以根据其质量不同而制订不同的价格,商品的价格应当与质量保持一致,优质高价、劣质低价,不得销售劣质高价商品。商品的价格确定应根据其成本及合理的利润水平来决定,不得漫天要价、牟取暴利。再则,消费者有权要求商品的计量正确,不得克扣、短斤少两。计量不足实质上是以隐蔽的手段抬高商品的价格,是类似于偷盗的非常恶劣的侵权行为,比公开抬高商品价格具有更大的危害性。最后,交易必须在自愿的基础上发生,强制交易行为是违反消费者意愿的交易行为,在自愿交易的条件下,如果经营者提出的交易条件不公平,消费者可以通过拒绝交易而使自己免遭损害。在强制交易的情况下,消费者则要被迫接受不公平的交易条件,这无疑是要求消费者必须接受经营者的非法侵害。因此,《消费者权益保护法》将拒绝强制交易行为作为消费者的公平交易权的一项重要内容。

侵犯公平交易权的行为在实际生活中较为普遍。比如2015年的青岛"天价虾"事件,顾客在青岛市一家海鲜店点菜时就问清楚虾是38元一份，可结账时店家称38元一只，一盘虾要价1 500元。事情结果是"青岛大虾"的店主以涉嫌价格欺诈，被责令停业整顿并吊销营业执照。2016年新年期间，闹得沸沸扬扬的游客在哈尔滨吃鱼被宰上万元的消息，在猴年春节后上班第一天，刷爆了网络。一位自称来自江苏常州、名叫陈岩的网友发微博说，春节去哈尔滨过年，被导游带去一家叫"北岸野生渔村"的饭店，两桌吃了1万多元。同样在2016年，南京市消费者协会秘书长爆料称曾经看到过"天价马"。有一次在一个景区游玩，旁边放着一块牌子"骑马1元"，有游客觉得便宜，就上马骑了几分钟，结果被收了好几百元，因为这马居然是按秒来收费的。

《消费者权益保护法》第10条规定，消费者享有公平交易权，在购买商品或接受服务时，有权获得质量保障、价格合理、计量正确等公平交易条件，有权拒绝经营者的强制交易行为。

《民法典》第6条规定，民事主体从事民事活动，应当遵循公平原则，合理确定各方的权利和义务；第7条规定，民事主体从事民事活动，应当遵循诚信原则，秉持诚实，恪守承诺。

要实现交易公平，首先，必须要求有一个充分竞争的市场环境，只有在充分竞争的市场中，市场的价格调节功能才能得到最充分的发挥。因此，法律必须首先制止垄断，限制竞争及不正当竞争行为。我国目前虽已制定了《反不正当竞争法》和《反垄断法》，但这两部法律的实施情况并不令人满意。特别是，由于地方政府和行业的保护，一些经营者尤其是市政公用企业的不正当竞争行为和垄断行为屡禁不止，消费者公平交易权的保护仍然令人担忧。其次，要加强价格、计量等方面的管理工作，对与人民生活密切相关的产品和服务价格应强化国家的宏观调控，对市场计量器具进行经常性的检查、测试，对违反计量法的行为坚决予以严惩。最后，要加强对消费者的教育，提高消费者的自身保护能力，对经营者的各种不诚实交易伎俩及时予以揭露，避免消费者上当受骗，蒙受损失。

五、消费者的索赔权

消费者的索赔权是消费者对其在购买、使用商品或接受服务过程中受到的人身或财产损害，所享有的依法获得赔偿的权利。

我国《消费者权益保护法》第11条规定，消费者因购买、使用商品或者接受服务受到人身财产损害的，享有依法获得赔偿的权利。

《民法典》第1202条规定，因产品存在缺陷造成他人损害的，生产者应当承担侵权责任。第1203条规定，因产品存在缺陷造成他人损害的，被侵权人可以向产品的生产者请求赔偿，也可以向产品的销售者请求赔偿。产品缺陷由生产者造成的，销售者赔偿后，有权向生产者追偿。因销售者的过错使产品存在缺陷的，生产者赔偿后，有权向销售者追偿。第1204条规定，因运输者、仓储者等第三人的过错使产品存在缺陷，造成他人损害的，产品的生产者、销售者赔偿后，有权向第三人追偿。第1205条规定，因产品缺陷危及他人人身、财产安全的，被侵权人有权请求生产者、销售者承担停止侵害、排除妨碍、消除危险等侵权责任。

消费者在购买、使用商品或接受服务的过程中，若人身及财产遭受损害，且其损害来源于经营者，此时，经营者就负有不可推卸的责任。同时，根据利益衡量原则，经营者销售商品、提供服务,从中获得利益,而消费者却没有得到利益,因而,由经营者依法对消费者的损害予以赔偿,也是理所当然的。

消费者人身及财产损害,通常包括以下类型:(1)由于经营者未采取必要的安全措施或未提供必要的安全设施而使消费者在购买商品时人身受到伤害或财产遭受损失,如游乐场所发生设备故障而导致消费者伤亡;(2)由于经营者采用的服务方式不当而导致消费者人身或财产损害,如技师掏耳时误伤了顾客的耳鼓膜;(3)由于不公平的交易条件而使消费者蒙受经济损失,如短斤少两、价格显失公平;(4)消费者购买商品、接受服务时遭受经营者的侮辱、殴打或其他不公平对待,而导致其人身及财产损害;(5)由于商品缺陷而导致消费者人身、财产遭受损害,如家用电器爆炸而导致人身伤害和财产损失;(6)在解决由于以上原因而发生的消费者与经营者之间的争议过程中的必要费用支出,如误工费、交通费、住宿费等。对于这些损害,消费者都可以通过法定途径要求赔偿。

消费者索赔权的行使可以通过自力救济和公力救济的途径进行。就自力救济而言,消费者在发现其遭受损害时,可以直接告知经营者,要求经营者给予适当赔偿,也可以要求消费者协会协助其与经营者交涉,以获得赔偿。就公力救济而言,主要是通过向有关国家行政机关申诉,而要求其责令经营者赔偿。必要时,可以直接向法院提起诉讼。例如,在消费者发现交易显失公平的情况下,可以向法院提起变更之诉,要求法院撤销或变更显失公平的交易合同。在因有缺陷产品而使其受损害时,可以向法院提起侵权之诉,要求有关经营者承担产品侵权责任。

消费者的索赔权是消费者在其利益受损害时享有的一种救济权。通过索赔权的行使,可以使消费者得到适当的补偿。同时,消费者的索赔权又常常是与国家机关、消费者组织的活动联系在一起的,索赔权的行使会导致经营者承担损害消费者利益的责任及接受制裁。因此,赋予并保障消费者的索赔权是约束经营者、对经营者的行为进行监督的一种最有效的手段。国家、消费者组织及社会舆论应当积极支持消费者行使索赔权,通过法制宣传教育,提高消费者的权利意识,鼓励消费者行使权利,鼓励消费者为维护自己的权利而斗争。同时,要为消费者行使索赔权提供方便。

六、消费者的结社权

消费者的结社权是消费者为了维护自身的合法权益而依法组织社会团体的权利。我国《消费者权益保护法》第12条规定:"消费者享有依法成立维护自身合法权益的社会团体的权利。"

消费者往往是孤立、分散的个体社会成员,其所面对的经营者却时常表现为具有强大的经济实力、庞大的组织机构,拥有各种专门知识与经验的专业人员的企业。因此,尽管法律规定交易当事人地位平等,但由于交易双方的实力悬殊,实际上,很难实现真正的平等。同时,经营者为了垄断市场、获得超额垄断利润,往往相互联合,通过协议、董事兼任、控股等手段,控制市场,一致行动,共同对付消费者。消费者纵有苦情,也只能忍气吞声、自认倒霉。为了与强大的经营者及经营者集团相抗衡,实现与经营者之间的真正平等,消费者除了通过国家支持和社会帮助以外,还应团结起来,进行自我救济、自我教育。通过设立自己的组织壮大自己的力量,提高自身的素质,同不法经营行为做斗争。

消费者享有结社权,首先意味着消费者可以组织社会团体。我国宪法规定,公民有结社自由,消费者保护法中规定的消费者的结社权,正是宪法中这一公民基本权利在特定领域中的具体体现。其次,消费者行使结社权是为了维护自己的利益,通过成立自己的组织对经营者的行为进行监督,对消费者提供各种帮助、支持,代表消费者参与政府决策,反映消费者呼声,加强消费者教育,为消费者提供各种服务等。最后,消费者结社权应依法行使。权利的行使必须合法,这是一条普遍接受的法律原则,对消费者行使结社权而言,也同样如此。也就是说,消费者在设立自己的社团时,必须遵守法定程序。唯有如此,其成立的社团才是合法的社团。同样,消费者社团成立后也只能在法律及其章程规定的范围内进行活动,只有这样,其活动自由才受法律保障。

赋予消费者结社权,使消费者组织起来,并通过自己的组织维护自身的利益,是保护消费者利益的重要组织保障。改革开放以来,各级、各类消费者团体诞生,全国各消费者团体在维护消费者权益方面做了大量的工作。他们积极参与有关部门对各种商品、服务的监督与检查,受理消费者投诉,并认真处理,支持消费者起诉,及时向消费者提供各种消费信息和咨询服务,就有关消费者问题向政府部门反映情况,并提出建议,对侵犯消费者权益的行为通过大众传媒予以揭露批评等,在消费者保护工作中发挥着日益重要的作用。然而,目前我国消费者团体也存在不少问题,比如有些地方的消费者协会对外公开的咨询、投诉电话无人接听,有些消费者协会面对消费者的咨询或投诉"含糊其词、极不专业",应付了事,消费者协会"唱空城计",实质是拒投诉。因此需要加强消费者组织的管理,提高工作人员的职业道德水平和业务素质,唯有如此,消费者保护组织才能真正成为消费者自己的组织,成为消费者利益的"保护神"。

七、消费者的受教育权

消费者的受教育权是消费者享有的获得有关消费和消费者权益保护方面的知识的权利。

《消费者权益保护法》第13条规定,消费者享有获得有关消费和消费者权益保护方面的知识的权利。消费者应当努力掌握所需商品或服务的知识和使用技能,正确使用商品,提高自我保护意识。

在现代社会,消费者是以他人生产、经营的产品及提供的服务作为消费对象的。消费者和经营者的信息是不对称的,现代科技的发展,使商品、服务的种类越来越多,商品的结构与功能日益复杂,危险性越来越大;因此,消费者作为产品的使用者及服务的接受者,所面对的是不断更新、日益复杂的商品和服务。这就使得消费者很难凭经验对商品、服务的价值做出正确的判断,对商品及服务进行安全、合理的消费。这就决定了他们正确选择和使用商品,都要求必须以获得商品的有关真实情况为条件,否则,就难免在进行消费交易及使用消费品或接受服务的过程中受到损害。只有在消费者掌握了充分的消费知识的情况下,他们才能正确地使用商品、接受服务,防止损害事件的发生。同时消费者要保护自己,必须明确其利益是否受到侵害,哪些损害他可以获得救济,可以通过什么途径来维护自己的权利。这就要求消费者应当了解有关消费者保护方面的法律知识,只有这样,才能提高消费者的权利意识,增强自我保护能力,因此,除了及时将有关消费知识传授给消费者外,还必须将有关保护消费者的法律知识传授给消费者,而这些都需要通过实施消费者教育来实现。正因为如此,我国消费者保护法明确规定消费者享有受教育权。

消费者受教育权是消费者运动发展到一定的阶段,随着消费者保护立法的完善而提出的一项新的消费者权利。1968年日本《消费者保护基本法》就消费者启发运动和教育推进问题做了规定。同年,韩国颁布的《消费者保护法》明确规定消费者有权为合理的消费生活而受到必要的教育。1985年联合国《消费者保护准则》也将受教育权作为消费者的一项基本权利。随着经济的发展和消费者的自我觉醒,消费者的受教育权越来越受到各国政府及社会的重视。

消费者受教育权作为一种权利,首先意味着消费者通过适当方式获得有关商品、服务消费知识和消费者保护知识的要求是合理的,消费者可以以一定方式来实现这一要求。其次作为一种权利,它还意味着政府、社会应当努力保证消费者能够有机会接受这种教育。除督促经营者充分客观地披露有关商品、服务的信息外,还必须通过各种制度和措施促进有关知识及时传播、保障消费者受教育的权利能够实现。

消费者教育的内容主要包括两个方面:一是消费知识教育,消费知识包括与消费者正确地选购、公平交易、合理地使用消费品、接受服务有关的知识,如关于选购商品的方法、应当注意的问题、商品的一般价格构成、某种商品的正常功能与效用、使用某种商品应当注意的问题,在发生突发事故时应如何处置等;二是有关消费者保护方面的知识,主要是有关消费者如何保护自己的法律知识,包括消费者权利、经营者的义务、消费者在其权益受侵害时应如何维护、消费者在行使权利过程中应该注意哪些问题等。实现消费者受教育权的方式是多种多样的,可以将有关知识编入国家教育纲要,在学校教学计划中插入适当的消费者教育内容;也可以通过电台、报刊、网络媒介等大众传媒向广大听众、观众、读者、网民传播;经营者还可以专门就某些新产品举办咨询、答疑或培训活动,或通过日常业务活动进行宣传教育。

八、消费者的受尊重权

消费者的受尊重权,是指消费者在购买、使用商品,接受服务时享有的人格尊严、民族风俗习惯受到尊重、个人信息依法得到保护的权利。

《消费者权益保护法》第14条规定,消费者在购买、使用商品和接受服务时,享有人格尊严、民族风俗习惯得到尊重的权利,享有个人信息依法得到保护的权利。

消费者的人格权包括生命健康权、姓名权、肖像权、名誉权、荣誉权等。我国《宪法》第37条规定,公民的人身自由不受侵犯,禁止以非法拘禁和其他方法非法剥夺或限制公民的人身自由,禁止非法搜查公民的身体。公民的人格尊严不受侵犯,禁止以任何方法对公民进行侮辱、诽谤和诬告、陷害。《民法典》第990条规定,人格权是民事主体享有的生命权、身体权、健康权、姓名权、名称权、肖像权、名誉权、荣誉权、隐私权等权利。消费者保护法规定的消费者人格受尊重权正是《宪法》及相关法律规定的各种人身权保护原则和制度在消费生活中的具体体现。

我国是一个多民族的国家,几千年的文明历史,将各个民族融入中华民族的大家庭中,全国各族人民和睦相处、同舟共济,共同为实现中华民族的伟大复兴而奋斗。民族风俗习惯是一个民族历史、文化的长期积淀,它是该民族生活方式、心理状态、宗教、伦理、道德观念的集中反映,在每一个民族成员的心目中都有着极为重要的价值。民族风俗习惯得不到尊重,不仅会使该民族的成员受到精神上的伤害,而且会损害整个民族的利益,形成各族人民之间的对立,影响民族团结。正因为如此,我国《宪法》第4条规定,中华人民共和国各民族一律平等,禁止对任何民族的歧视和压迫,禁止破坏民族团结和制造民族分裂的行为,各民族都有保持或改革自己的风俗习惯的自由。消费者保护法中规定消费者民族风俗习惯受尊重权,体现了宪法这些规定的精神,对预防民族纠纷、促进各民族团结、保护各民族人民,特别是少数民族人民的利益,都具有重大意义。

消费者受尊重权,首先意味着消费者的人格权不受侵犯。非法剥夺他人生命,损害其健康,干涉他人使用或改变姓名,盗用、假冒他人姓名,未经本人同意以营利为目的使用他人肖像,以侮辱、诽谤等方式损害公民的名誉,非法剥夺公民的荣誉称号等,都是侵犯消费者人格权和人格尊严的行为。经营者侵犯消费者的人格权,通常表现为对消费者进行殴打、辱骂、强行搜身、非法拘禁等。其次,消费者受尊重权还意味着消费者的民族风俗习惯应受到尊重。经营者在商品包装、商标及广告中不得使用有损少数民族形象的文字、图画,不得强迫少数民族消费者接受本民族禁忌的食品或其他商品。再次,消费者受尊重权还包括消费者个人信息依法得到保护的权利不受侵害。个人信息是与特定消费者个体身份相关的、对特定消费者个体有识别效果的信息。如消费者姓名、出生日期、身份证号码、户籍、遗传特征、教育背景、职业、健康、身体状况、财务状况等方面的信息。以不法手段获取、存储、利用消费者个人信息,是对消费者合法利益的严重侵害。近年来,随着网络社会的形成,消费者个人信息被侵害的现象非常普遍,一些不法经营者采取不正当的手段非法收集消费者个人信息进行转售,牟取暴利,有些经营者则对业务过程中获得的消费者个人信息不严格管理,造成消费者个人信息非自愿地公开,并被其他不法分子所利用,给消费者安全造成严重威胁,甚至使消费者遭受严重的精神损害。针对这种情况,2013年修订的《消费者权益保护法》增加了消费者"享有个人信息依法得到保护的权利"的规定。《民法典》第1034条规定,自然人的个人信息受法律保护。个人信息是以电子或者其他方式记录的、能够单独或者与其他信息结合识别特定自然人的各种信息,包括自然人的姓名、出生日期、身份证件号码、生物识别信息、住址、电话号码、电子邮箱、健康信息、行踪信息等。个人信息中的私密信息,适用有关隐私权的规定;没有规定的,适用有关个人信息保护的规定。

在实际消费生活中,经营者不尊重消费者的事件经常发生。一些经营者出售假冒伪劣商品,消费者要求退货或赔偿,不仅不能如愿以偿,反而受到殴打、辱骂、讽刺、挖苦等。一些自选商店无端怀疑消费者偷盗商品,强行对消费者实施搜身、拘禁等。还有些经营者在消费者试用后因不合适而不购买时,对其破口大骂,甚至拳脚相加。值得注意的是,消费者受尊重权是法律赋予消费者的一项法定权利,经营者不得以任何方式予以剥夺。一些商店企图通过店堂告示等方法使其侵犯消费者人格权的行为合法化,例如某地某商业综合体就曾在内部高悬"本商场有权搜查顾客携带的包袋"的告示,这种告示不仅不具有法律效力,而且其本身就是对消费者权益的侵害。

九、消费者的监督权

消费者的监督权,是指消费者对于商品和服务以及消费者保护工作进行监察和督导的权利。

《消费者权益保护法》第15条规定,消费者享有对商品和服务以及保护消费者权益工作进行监督的权利。消费者有权检举、控告侵害消费者权益的行为和国家机关及其工作人员在保护消费者权益工作中的违法失职行为,有权对保护消费者权益工作提出批评和建议。

消费者保护法是为了保护消费者利益而制定的法律,消费者保护法的实施关系到每一个消费者的利益。因此,保证消费者保护法能够得到遵守和执行,不仅是国家的重要职责,也是消费者自己的重要任务。消费者是广泛的社会力量,每一个人都可以成为消费者,而且消费者保护工作进行得好坏与每一位消费者都有一定的利害关系,他们对自己的利益最关心,因而,必然会发挥最有效的监督作用。

消费者监督权的内容主要包括两个方面:一是对商品和服务进行监督。任何消费者在日常消费生活中,发现经营者提供的商品或服务不符合国家规定的要求,经营者出售假冒伪劣商品、漫天要价、进行虚假标识、发布欺骗性广告、掺杂使假、短斤少两、侵犯消费者人格等不法行为时,都有权向有关部门反映,并要求处理。二是对消费者保护工作的监督,主要是指对国家机关及其工作人员在消费者保护工作中的违法失职行为进行的监督。在我国还应包括对各种消费者组织的工作进行的监督。如国家工作人员包庇、纵容经营者损害消费者利益,国家机关及其工作人员与经营者勾结,让假冒伪劣商品流入市场,对消费申诉不予处理或无限期拖延甚至徇私舞弊、贪赃枉法、违法处理等,对这些违法失职行为,消费者都有权予以检举、控告。此外,对消费者工作中存在的种种问题,消费者还有权提出批评和建议,以促进消费者保护法的执法工作和消费者保护工作的改善。

十、消费者得到可供商品和服务的权利

一般是指消费者对经营者正在经营且可提供的商品和服务享有按其他一般消费者相当的条件购买或接受的权利。可供商品和服务是指经营者已经投放于市场的商品和服务。这是消费者满足消费需要的最基本的权利之一。

这项权利最基本的含义是,凡是经营者投放于市场的商品和服务,只要消费者接受经营者提出的条件而购买该商品和接受服务,经营者不得拒绝提供。比如有些出租司机,基于行程短或者行车易堵塞,而随意拒载;在国外有经营者基于种族或宗教原因拒绝对某一类群体提供服务。这些都是对消费者得到可供商品和服务的权利的侵害。对于这一权利,现行《消费者权益保护法》中未做明确规定,为了切实保护消费者的利益,在未来的消费者保护立法中,似乎也有规定的必要。

这里需要说明的是,《消费者权益保护法》只规定了消费者的权利而没有规定消费者的义务。这是否意味着消费者没有义务呢?肯定不能做这种理解。例如,消费者有选择商品

的权利,据此,消费者可以对经营者经营的商品进行挑选、比较,但是,消费者在行使这一权利的过程中,也应当爱惜经营者的商品,因消费者的过失而导致经营者的商品损坏,消费者仍然要承担赔偿的责任。但是,由于消费者权益保护法是以消费者为本位、以保护消费者利益为目的而制定的,旨在贯彻向消费者倾斜的政策,因而不适合规定消费者的义务。但这并不意味着消费者只享有消费权利,而不承担消费义务。对消费者的义务可以在其他法律、法规中加以规定,这样做有利于实现将消费者作为弱者进行特殊保护的消费者立法意图。

本章习题

1. 简述消费的概念。
2. 简述消费者的概念。
3. 简述消费者主权的概念。
4. 简述消费者权利的概念。
5. 简述我国消费者依法享有的权利。

第四章 经营者的义务

教学重点

经营者的相关概念,我国消费者权益保护法规定的经营者的各项义务。

教学要求

了解经营者义务的发展趋势,掌握经营者接受消费者监督、安全保障、产品召回、提供真实、全面信息和真实标识、提供票证、质量保证、"三包"、依法使用格式条款、尊重消费者、强制信息披露、保护消费者个人信息等义务的具体内容。

第一节 经营者义务概述

一、消费者权益保护法中的经营者

经营者是指从事商品经营或者营利性服务的法人、其他经济组织和个人。经营者是向消费者提供其生产、销售的商品或者提供服务的公民、法人或者其他经济组织,它是以营利为目的从事生产经营活动并与消费者相对应的另一方当事人。经营者与消费者处于消费关系的两极,经营者处于义务极,消费者处于权利极。消费者权益保护在很大程度上是靠经营者履行义务来保障的。因此可以说,经营者是消费者权益保护最直接和最主要的保护主体。

经营者的法律特征主要包括:(1)经营者包括生产者、销售者和服务者。经营者的经营活动,不单指商品销售,也包括商品的生产和有偿服务活动。(2)经营者是与消费者相对应的另一方当事人。既包括依法注册登记的单位和个人,也包括依法不需登记注册的单位和个人。另外,有一些依法应登记注册而未登记注册的违法经营者,由于其与消费者之间存在市场交易关系,直接关系到消费者的切身利益,实际上也处于与消费者对应的地位,因此,也应视为《消费者权益保护法》中的经营者。(3)经营者提供商品或者服务是以营利为目的的。只要经营者是有偿提供商品或服务，不论其结果是否盈利，都是以营利为目的的经营活动。

二、经营者义务的理解及其种类

经营者义务，是指经营者在向消费者提供商品或者服务的过程中，为了保护消费者的合法权益、维护市场经济秩序，依法应该为或不为一定行为的约束。2013年新修订的《中华人民共和国消费者权益保护法》第16条明确规定："经营者向消费者提供商品或者服务，应该依照本法和其他有关法律、法规的规定履行义务。"

如前所述，经营者义务是与消费者权利相对应的，经营者所负有的义务也是消费者所享有的权利。经营者的义务通常包括以下两个层面：

1. 法定义务，即指相关法律、法规明确规定的、经营者必须为或不为一定的行为，以保障消费者的合法权益。经营者向消费者提供商品或者服务，应当依照法律、法规的规定履行义务。经营者所负有的法定义务既包括《消费者权益保护法》中所规定的义务，也包括《产品质量法》等其他与消费者权益有关的法律、法规中所规定的义务。

2. 约定义务，即消费者与经营者经过协商后确定的各自的义务，这是双方当事人意思自治的结果。《消费者权益保护法》第16条第2款规定："经营者和消费者有约定的，应当按照约定履行义务，但双方的约定不得违背法律法规的规定。"经营者与消费者之间的约定，就是双方的合同。依法成立的合同，受法律保护，对当事人具有法律约束力。经营者所承担的约定义务既可以是消费者提出的要求，也可以是经营者主动做出的承诺，其产生的方式不影响其效力，但这种约定必须符合法律、法规的规定，违反相关法律的约定是无效的。

鉴于经营者因其与消费者的约定或对消费者的承诺所负有的义务形形色色、种类繁多，不可能对其逐一进行分析，我们在此仅对经营者承担的法定义务进行阐述。

三、经营者义务的发展

随着消费者问题不断突出，各国对消费者的保护日益重视，并且加大了保护力度；消费者权益保护工作也面临着更大的挑战。为了更好地保护消费者的合法权益，不仅需要在消费者权益保护法中对经营者的义务进行一般性的规定，也必须加强特殊领域的立法，以具体规定经营者的义务。经营者义务的发展呈现如下趋势：

1. 对经营者传统义务的重视。经营者的传统义务，也可以称作经营者的基本义务。美国前总统肯尼迪提出了消费者应当享有的4项权利，即安全权、知情权、选择权以及表达意见权，这得到了世界各国的普遍认同。一般而言，经营者的基本义务包括安全保障的义务、真实标识的义务、公平交易的义务以及质量保障的义务等。消费者利益受损往往是由于经营者未能履行这些义务引起的。尽管许多国家的消费者权益保护法或者与消费者保护有关的法律、法规经过了多次修改，但对于经营者的这些基本义务的规定并未改变，并且将其置于越来越重要的地位。

2. 经营者义务的范围不断扩大。由于消费者权利受损的情形日益严重，各国都加大了对消费者的保护，如冷静期制度的规定就是为了更好地保护消费者的利益，使经营者对消费者承担更多的义务。随着一些新兴消费领域的出现,对于经营者在这些领域中的特殊义务也进行了规定,而这些特殊的义务,也可以看作经营者义务范围的扩张。

3. 经营者义务的规定越来越具体。在早期,对于经营者义务的规定一般较为原则性,这与当时的立法技术以及消费者保护经验的不足有关。这种原则性的规定虽然留下了自由裁量的空间,但不利于明确消费者与经营者之间的权利与义务关系,这也是引起消费纠纷的重要原因。随着消费者权益保护工作的不断深入,立法者对于消费者与经营者之间的关系把握得更为透彻,因此对于经营者义务的规定也就越来越完备。

第二节 经营者的具体义务

一、接受消费者监督的义务

经营者接受监督的义务在《消费者权益保护法》《价格法》《产品质量法》《反不正当竞争法》等法律法规中都有具体的规定。现实生活中出现的种种损害消费者合法权益的行为通常都是缺乏监督所致。《消费者权益保护法》第17条规定,经营者应当听取消费者对其提供的商品或者接受服务的意见,接受消费者的监督。

就经营者接受消费者监督的形式而言,主要有主动接受监督的方式和被动接受监督的方式。所谓主动接受消费者监督的方式,是指经营者主动敞开监督渠道,以不同方式听取消费者的意见和建议的监督方式。与主动接受消费者的监督不同,被动监督往往是对"可能出现问题"的监督,针对所有的经营者,例如设立复称台、投诉台、举报箱等。

经营者接受消费者监督的义务主要表现为:(1)经营者应当允许消费者对商品和服务提出不同的看法。经营者必须虚心听取和接受消费者有关商品质量、服务态度、计量标准、售后服务、价格状态等方面的意见和监督。(2)经营者应当为消费者反映自己的意见和监督提供便利的渠道,以便消费者的意见和监督能够顺利到达经营者的决策层,对经营者的行为发生影响。(3)经营者应当正确对待消费者的意见和监督。经营者应当在对消费者的意见和监督进行鉴别的基础上,视不同情况进行认真处理。对其工作人员态度恶劣、损害消费者利益的行为应坚决予以制止;对于有关产品、服务质量等的合理意见亦应认真听取,并采取措施,提高商品、服务的质量水平。(4)除了直接接受消费者的监督外,经营者还应当认真对待和接受消费者组织技术监督部门和工商行政部门以及物价监督部门等的监督。

消费者对经营者的监督是全方位的。消费者既可以就经营者提供商品或者服务的合法性进行监督,也可以就商品或者服务的价格是否合理等问题提出意见。消费者可以就经营者提供商品或者服务的某一方面进行监督,也可以就经营者提供商品或者服务全方位进行监督,总的来说,可以分为以下三类:一是商品或者服务本身存在的问题,包括商品或者服务是否符合国家规定或者双方约定的质量要求,是否存在价格违法行为等。对可能危及人身、财产安全的商品和服务,是否有明确的警示,是否标明正确的使用方法、防止危害发生的方法等。二是经营者在提供商品或者服务过程中的行为,包括经营者是否尽到信息提供义务,提供的商品或者服务的质量、性能、用途、有效期限等信息,是否真实、全面,是否存在虚假宣传行为;宾馆、商场、餐馆、银行、机场、车站、港口、影剧院等经营场所的经营者,是否对消费者尽到安全保障义务;是否存在侵害消费者人格尊严或者限制消费者人身自由的行为;是否有侵害消费者个人信息的行为等。三是后续义务履行或者民事责任承担问题,包括经营者是否拒绝或者拖延对缺陷商品或者服务采取停止销售、警示、召回、无害化处理、销毁、停止生产或者服务等措施,对消费者提出的修理、重作、更换、退货、补足商品数量、退还货款和服务费用或者赔偿损失的要求,是否故意拖延或者无理拒绝。

经营者接受消费者监督的方式包括以下几类:(1)听取消费者的意见。消费者购买、使用商品或者接受服务时遇到问题,可以直接向经营者进行反映,也可反映给消费者协会等消费者组织,再由消费者组织与经营者进行沟通。经营者对消费者或者消费者组织提出的各种意见,应当认真听取,对消费者提出的合法要求,要积极落实,对消费者提出的其他一些意见,也要耐心地进行解释与说明。(2)通过邀请消费者代表实地参观、组织座谈会等方式接受监督。经营者除了被动听取消费者意见之外,也应当主动创造条件接受消费者的监督。实践中,有的经营者改被动接受消费者监督为主动接受监督,并进行了积极的探索与尝试。例如,对消费者普遍担心的饭店后厨问题,有些餐厅经营者邀请消费者进行店内参观,全面展示厨房的设备、后厨及厨师的清洁卫生管理。又如,有些食品加工企业邀请消费者代表参观食品的整个生产流程,现场对消费者询问做出解答。这些做法在一定程度上拓宽了消费者监督的途径和方式,有利于消费者行使监督权,也展示了企业的自信,使企业更加注重商品质量的提高,有利于消费者和经营者关系的良性健康发展。

二、安全保障的义务

经营者应当保证其提供的商品或者服务符合保障人身、财产安全的要求。商品和服务是满足消费者需求的,但其自身也可能存在着各种潜在的危险。经营者应当严把质量关,切实保障商品和服务的安全,实现消费者的消费安全。

《消费者权益保护法》第18条明确规定,经营者应当保证其提供的商品或者服务符合保障人身、财产安全的要求。对可能危及人身安全、财产安全的商品和服务,应当向消费者做出真实的说明和明确的警示,并说明和标明正确使用商品或者接受服务的方法以及防止危险发生的方法。具体来说,包含以下几个方面:

首先,要符合一定的标准。为了保护消费者的安全,国家制定了相关的标准,一些行业也制定了相关的行业标准,经营者必须确保自己的商品或服务达到规定的标准。我国目前的标准可以分为国家标准、行业标准、地方标准和企业标准,其中,标准又可以分为强制性标准和推荐性标准两类。凡是商品或者服务应当符合有关保障人身、财产安全的强制性国家标准、行业标准和地方标准的,经营者应当保证所提供的商品、服务符合该标准;没有相应标准的,经营者应当保证商品、服务符合安全的要求。

其次,进行说明或警示。对于可能危及人身、财产安全的商品和服务,经营者应当向消费者做出真实的说明和明确的警示,并说明和标明正确使用商品或者接受服务的方法以及防止危害发生的方法。经营者既可以在消费者购买商品或接受服务时进行口头说明,也可以在商品上进行警示性标明。

最后,保障经营场所的安全。宾馆、商场、餐馆、银行、机场、车站、港口、影剧院等经营场所的经营者,应当对消费者尽到安全保障义务。上述经营场所的经营者对其经营场所、服务设施,应当采取相应的保障措施,确保其安全。根据受益与风险相一致原理,上述场所可能成为危险源,而经营者从危险源获取经济利益,因此应当被视为具有制止危险义务的人。

本法仅调整经营者与消费者之间的安全保障义务,经营者与消费者之外的其他人的安全保障法律关系由《民法典》等其他法律调整。对于实践中需要确定义务人应当负有的具体安全保障义务的内容,进而判断安全保障义务人是否已经尽到安全保障义务的,可以参考该安全保障义务人所在行业的普遍情况、所在地区的具体条件、所组织活动的规模等因素,从侵权行为的性质和程度、义务人的保安能力以及发生侵权行为前后所采取的防范、制止侵权行为的状况等方面,根据实际情况综合判断。

《民法典》第1198条第1款规定,宾馆、商场、银行、车站、机场、体育场馆、娱乐场所等经营场所、公共场所的经营者、管理者或者群众性活动的组织者,未尽到安全保障义务,造成他人损害的,应当承担侵权责任。《消费者权益保护法》第18条第2款规定,宾馆、商场、餐馆、银行、机场、车站、港口、影剧院等经营场所的经营者,应当对消费者尽到安全保障义务。与《民法典》侵权责任编相比,《消费者权益保护法》中违反安全保障义务的责任人限于经营场所的经营者,受害人限于消费者,实际上是侵权责任编的规定在消费者权益保护领域的具体体现。

根据《消费者权益保护法》和《民法典》侵权责任编的相关规定,经营者违反对消费者的安全保障义务,应当承担侵权责任的情形具体有两种:第一,经营者自身造成危险导致消费者受损害。例如,消费者某甲在经营者某乙的购物大厦一楼肉类和蛋类柜台欲购买商品时,遭柜台上的金属设备电击,造成左上肢电击伤。后经调查,是柜台所附带的冷冻系统年久失修,发生漏电。后双方因赔偿问题发生争议,消费者某甲诉至人民法院。法院认为,经营者某乙的购物大厦未能及时发现自己的经营设施存在的危险,对消费者未尽到在合理限度内的安全保障义务,致使消费者遭受损害,对消费者某甲的损失应予全额赔偿。最终判令经营者某乙赔偿消费者某甲的医疗费、误工费、住院伙食补助费、住宿费、护理费等各项费用。第二,第三人引发危险导致消费者受损害。例如,消费者某甲在某银行取款时,现金被犯罪分子抢走,当时在场的银行工作人员没有实施任何保护行动。在尚不能由犯罪分子承担责任前,该银行被判决先向消费者某甲承担与其过错相应的赔偿责任。第三人引发危险导致消费者受损害的情况,往往是第三人的侵权行为和经营者未尽到安全保障义务两个因素结合在一起而造成的。对于这种情况,根据法律规定,因第三人的行为造成他人损害的,由第三人承担侵权责任;经营者未尽到安全保障义务的,承担相应的补充责任。这里经营者所承担的侵权责任有两个特点:一是责任份额要与经营者的过错程度相当,二是承担责任是为了补充直接责任人的缺位。在这个案例中,如果犯罪分子已经承担全部赔偿责任,银行就不需要再做赔偿。

三、产品召回义务

产品召回制度,是指经营者发现其提供的商品或者服务存在可能引发消费者健康、安全问题的缺陷时,依法向职能部门报告,及时通知消费者,并采取停止销售、警示、召回、无害化处理、销毁、停止生产或服务等措施。

缺陷产品召回制度诞生于20世纪中后期,它的产生与科技的飞速发展和市场竞争压力的加剧有着最直接的联系。20世纪中后期,市场竞争越来越激烈,为了抢占市场,制造商甚至明知技术缺陷也将不成熟的商品匆忙推向市场,大量的缺陷产品投放市场造成了严重的社会问题。如美国制造商生产的妇女避孕用品的产品缺陷,造成20多万名妇女感染。日本的森永奶粉中毒事件,11 891人受害,其中113人死亡。缺陷产品致人损害事故的频频发生也使得产生于20世纪初的经营者社会责任学说重新受到重视。经营者社会责任倡导者认为,企业的目标是二元的,除实现股东利润最大化外,还应尽可能地维护和增进社会利益。企业的社会责任包括企业对劳动者的责任、企业对环境保护的责任、企业对被侵权人之责任及对消费者的责任。20世纪中后期,社会责任学说被许多国家的立法者接受,并通过诸多法律如消费者权益保护法、产品责任法、劳动法、产品召回法等得以实现。

《消费者权益保护法》第19条规定,经营者发现其提供的商品或者服务存在缺陷,有危及人身、财产安全危险的,应当立即向有关行政部门报告和告知消费者,并采取停止销售、警示、召回、无害化处理、销毁、停止生产或者服务等措施。采取召回措施的,经营者应当承担消费者因商品被召回而支出的必要费用。它是产品召回法律制度的基础性规定。作为保护消费者权益的一部法律,通过直接规定或援引其他相关规定,在一定程度上为缺陷产品管理提供了法律依据和方向。

本条规定的主要目的是明确经营者对其提供的商品或者服务的后续跟踪服务,要求经营者对投入流通后的商品不能撒手不管,应当跟踪服务,发现缺陷的,应当及时采取措施,最大可能地避免消费者人身、财产损失,保护消费者的合法权益。

商品和服务的缺陷,是指商品和服务中所存在的不合理的危险。这种风险是商品和服务所固有的,因此,即使是消费者正确使用商品或接受服务,并尽到一个理性人所应当具备的谨慎、注意义务,仍然无法避免。

从广义上讲,产品召回的义务也是经营者的一种安全保障义务。经营者对于自己提供的商品和服务的安全保障义务并非止于经营者向消费者交付商品之时,在消费者购买商品或服务以后,在使用商品或者接受服务的过程中,经营者也必须保障自己提供的商品或服务在正确使用的情况下不会损害消费者的人身、财产安全,或者具有这种危险,否则,应当立即采取相关产品召回措施。采取召回措施的,经营者应当承担消费者因商品被召回而支出的必要费用。由于缺陷产品是经营者提供的,它不仅给消费者带来了潜在的和现实的危险,也使得消费者遭受了一定的损失。这都是由于产品缺陷造成的,因此理应由经营者支付消费者为此而支出的必要费用。但需要注意的是,消费者为此支出的必须是必要的费用,如果费用超出了一定的范围,经营者有权拒绝支付。

我国缺陷产品召回制度存在着一定的缺陷。首先,立法层次低。在缺陷产品召回制度比较成熟的国家,缺陷产品召回制度往往是以国家法律的形式表现出来,从而具有较高的权威性和较强的约束力。在美国对食品、药品和化妆品实施召回的法律是《食品、药品及化妆品法》《肉类产品保护法》,对一般产品实施召回的是《消费者产品安全法》。法规授权某一特定政府部门制定和实行各种具体规定与办法并据以进行管理。而我国缺乏这样一系列权威而稳定的法律、法规,新公布的《缺陷汽车产品召回管理规定》《食品召回管理规定》《药品召回管理办法》《儿童玩具召回管理规定》从立法层次上看仅属于部门规章,而非严格意义上的法律,无法对其他部门产生法律效力,也使得相关的认证制度缺乏法律基础。缺陷产品召回立法层次低、适用范围小,不能解决各种缺陷产品的召回问题。其次,罚则标准过低,无法使经营者产生召回动力。《缺陷汽车产品召回管理规定》表明,具有下列情况之一的,处以1万元以上、3万元以下罚款:制造商故意隐瞒缺陷的严重性的;试图利用本规定的缺陷汽车产品主动召回程序规避主管部门监督的;由于制造商的过错致使召回缺陷产品未达到预期目的。而国外在违反缺陷产品召回制度规定义务的处罚上,各国都规定了严重的处罚,例如2004年4月,日本国土交通部向国会递交了道路运输车辆修正案,对违反者的处罚金额由原先的100万日元上升到不超过2亿日元。可见,在追求利润最大化的制造商看来,我国只规定区区3万元罚款,根本无召回之必要,因为3万元罚款有时甚至不到一辆车的利润。再次,没有关于环保问题的任何规定。缺陷产品召回制度针对的是已经投入市场的产品存在系统性缺陷而采取的措施,召回的目的在于消除缺陷,消除危及人身、财产安全的不合理危险,人的生存与发展离不开环境的保护,从这个意义上说,危及环境保护的产品也应该属于产品召回的范围,因为环境遭到破坏,人类失去了生存的条件。因此环境问题召回是安全问题召回的扩展和自然延伸。保护环境已成为企业必须承担的社会责任之一,因此,产品召回应当包括环境保护的内容。虽然因环保问题而召回在《缺陷汽车产品召回管理规定》中回避了,但从长远来看,环保召回问题是回避不了的。

四、提供真实、全面信息的义务

消费领域中存在信息不对称这一固有问题。一般而言,作为商品、服务提供方的经营者,对于有关自身商品、服务的信息有着全面而真实的了解,而消费者对于这类信息的了解主要依靠经营者的披露。

《消费者权益保护法》第20条第1款规定,经营者向消费者提供有关商品或者服务的质量、性能、用途、有效期限等信息,应当真实、全面,不得作虚假或者引人误解的宣传。经营者提供的信息应当是全面的。信息全面,是指经营者向消费者提供的信息应当是可能影响消费者选择权的所有重要信息。规定信息全面义务,主要考虑到实践中有的经营者虽然向消费者提供的信息是真实的,但存在故意隐瞒一些可能影响消费者选择权的重要信息的情况,因此在提供信息真实的义务外又增加提供信息必须全面的规定。值得注意的是,本条规定经营者向消费者提供信息应当全面并不是要求经营者应当提供商品或者服务的全部信息,而是可能影响消费者安全权、选择权等的全部重要信息。有些经营者向消费者提供大量的信息,将可能影响消费者选择权的重要信息淹没在大量的信息中,导致消费者无法从众多信息中注意到这些重要信息,这种做法是不对的。

《消费者权益保护法》第8条对消费者的知情权做了规定,消费者享有知悉其购买、使用的商品或者接受的服务的真实情况的权利。消费者有权根据商品或者服务的不同情况,要求经营者提供商品的价格、产地、生产者、用途、性能、规格、等级、主要成分、生产日期、有效期限、检验合格证明、使用方法说明书、售后服务，或者服务的内容、规格、费用等有关情况。信息不对称是在消费生活中产生消费者受侵害的常见原因之一。《消费者权益保护法》第9条规定了消费者的选择权，消费者享有自主选择商品或者服务的权利。

消费者对商品和服务的选择与判断大多依赖于经营者所提供的信息，如果经营者不提供真实、全面的信息，一是消费者的知情权无法得到保障，二是在一定程度上也会影响消费者的自主选择权。因此，《消费者权益保护法》第二十条对经营者提供商品和服务的真实、全面信息义务做了规定。经营者对消费者就其提供的商品或者服务的质量和使用方法等问题提出的询问，应当做出真实、明确的答复。经营者提供商品或者服务，应当明码标价。对于经营者提供真实、全面信息的义务，可以从以下几点进行理解：

首先，经营者提供信息义务包括以下几个方面：一是经营者提供的信息应当是真实的。真实信息，是指有关商品或者服务的真实情况。二是经营者提供的信息应当是全面的。如前所述，并不是要求经营者应当提供商品或者服务的全部信息，而是可能影响消费者安全权、选择权等的全部重要信息，这一点非常重要。三是经营者不得作虚假或者引人误解的宣传。虚假宣传是指宣传内容与商品或者服务的客观事实不符。引人误解的宣传则是指可能使消费者对宣传或者服务的真实信息产生不正确的认识，误导消费者。

其次，经营者对消费者就其提供的商品或者服务的质量和使用方法等问题提出的询问，应当做出真实、明确的答复。经营者对于消费者提出的关于商品或者服务的质量和使用方法等的询问，应当积极回应，做出真实、明确的答复，有助于消费者全面准确地获取商品信息，从而正确地行使选择权。

最后，经营者提供商品或者服务，应当明码标价。商品或者服务价格的真实性和合理性直接关系到消费者合法权益的维护。价格信息是消费者决定是否消费的重要信息，经营者提供商品或者服务，应当明码标价。

五、真实标识义务

经营者的名称和标记代表着经营者的信誉，是体现商品或者服务质量的重要标志。标明真实名称和标记的义务要求经营者不得使用未经核准登记的企业名称；不得假冒他人企业名称和特有的企业标记；也不得仿冒、使用与他人企业名称或营业标记相近似的和容易造成消费者误会的企业名称和营业标记；在租赁柜台或者场地进行交易活动时，经营者不得以柜台和场地出租者的名称和标记从事经营活动。

在现实生活中，许多经营者通过各种方式傍名牌，以混视听，欺骗消费者。如市场上出现许多仿冒"康师傅"的产品，包括"庚帅传""康帅博""廉师传"，仿冒"脉动"的"脉劫""脉劲"，仿冒"营养快线"的"营养决线"，仿冒"耐克"NIKE 的"HIKE"，仿冒"adidas"的"adibas"，仿冒"可口可乐"的"可日可乐"，仿冒"百事可乐"的"自事可乐"，仿冒"洽洽"香瓜子的"浴治"香瓜子、"治治"香瓜子，仿冒"蒙牛"的"豪牛"……层出不穷，这些仿冒他人商品的经营者采用诸如此类混淆手段，故意误导消费者，不仅侵害了消费者的利益，而且损害了被仿冒商标持有人的利益。

关于经营者标明名称和标记的义务，我国《消费者权益保护法》第21条做出了明确的规定,经营者应当标明其真实名称和标记。租赁他人柜台或者场所的经营者,应当标明其真实的名称和标记。

该条中的名称,是指经营者依法确定的名称,包括企业名称、从事经营活动的事业单位和科技性社会团体的名称、个体工商户和个人合伙的名称(字号)等。一般来讲,企业名称由行政区划、字号(商号)、行业或者经营特点、组织形式构成,其中商号是区分不同企业的主要标志,是企业名称中最显著的部分。没有字号的个体工商户和个人合伙在市场交易中使用的个人姓名,也视为经营者的名称。

标记,是指一些经营者在经营活动中使用的除名称之外的特殊标识。

企业的名称和标记,是体现商品或者服务质量的重要标志。经营者真实地标明其名称和标记,也是消费者购买商品或接受服务的重要依据。这项义务要求经营者不得使用未经核准登记的企业名称,不得假冒他人的企业名称和特有的企业标记;也不得仿冒、使用与他人企业名称或营业标记相近似的和容易造成消费者误会的企业名称和营业标记;在租赁柜台或场地进行交易活动时,经营者不得以柜台和场地出租者的名称和标记从事经营活动。只有这样,才能保证消费者依据企业名称或标记正确地判断商品和服务的来源,从而做出正确的选择。同时,在发生侵害消费者合法权益的行为时,消费者也能够准确地认定经营者,以承担法律责任。

租赁他人柜台或者场地的经营者,应当标明其真实名称和标记。有的经营者租赁其他经营者的柜台或者场地进行经营,出租者可能是具有一定知名度的大企业,此时为了借用出租者的商业信誉等方面的优势,承租者往往不标明自己的真实名称,使消费者误认为该经营者是知名度较高、信誉较好的企业而与之进行交易,这事实上是一种误导,侵犯了消费者的知情权,必须予以禁止。

产品或者其包装上的标识必须真实,并符合下列要求:(1)有产品质量检验合格证明;(2)有中文标明的产品名称、生产厂名和厂址;(3)根据产品的特点和适用要求,需要标明产品规格、等级、主要成分的名称和含量的,用中文相应予以标明,需要事先让消费者知晓的,应当在外包装上标明,或者预先向消费者提供有关资料;(4)限期使用的产品,应当在显著位置清晰地标明生产日期和安全使用期或者失效日期;(5)使用不当,容易造成产品本身损坏或者可能危及人身、财产安全的产品,应当有警示标志或者中文警示说明;(6)裸装的食品和其他根据产品的特点难以附加标识的裸装产品,可以不附加产品标识;(7)易碎、易燃、易爆、有毒、有腐蚀性、有放射性的危险物品以及储运中不能倒置和其他有特殊要求的产品,其包装质量必须符合相应要求,依照国家有关规定做出警示标志或者中文警示说明,标明储运注意事项。

由于经营同一种商品或提供同类型服务的经营者很多,如果经营者不准确标明其名称,则往往会引起消费者的误解,而消费者有权知道自己的交易对象。在现实生活中,一些企业冒充其他企业的名称或者故意进行混淆,造成消费者的误解,从而与其进行交易。这不仅侵害了其他经营者的商标权,损害了其他经营者的利益,而且对消费者也构成了欺诈。经营者不标明其真实名称,也使得消费者在利益受损以后难以实现救济。为了保护消费者的利益,经营者应当标明其真实名称和标记。

六、提供票证的义务

经营者提供商品或者服务,应当按照国家有关规定或者商业惯例向消费者出具发票等购货凭证或者服务单据;消费者索要发票等购货凭证或者服务单据的,经营者必须出具。关于购货凭证或服务单据的提供,我国《消费者权益保护法》和《发票管理办法》都做出了明确的规定。

1.《消费者权益保护法》的规定

关于购货凭证或服务单据的提供,我国《消费者权益保护法》第22条规定,经营者提供商品或者服务,应当按照国家有关规定或者商业惯例向消费者出具发票等购货凭证或者服务单据;消费者索要发票等购货凭证或者服务单据的,经营者必须出具。

2.《发票管理办法》的规定

关于购货凭证或服务单据的提供,我国《发票管理办法》做出了如下规定:

(1)"销售商品、提供服务以及从事其他经营活动的单位和个人,对外发生经营业务收取款项,收款方应向付款方开具发票;特殊情况下由付款方向收款方开具发票。"(第19条)

(2)"开具发票应当按照规定的时限、顺序、栏目、全部联次一次性如实开具,并加盖发票专用章"。(第2条)

(3)"安装税控装置的单位和个人,应当按照规定使用税控装置开具发票,并按期向主管税务机关报送开具发票的数据"。(第23条)

(4)"除国务院税务主管部门规定的特殊情形外,发票限于领购单位和个人在本省、自治区、直辖市内开具"。(第25条)

(5)"开具发票的单位和个人应当建立发票使用登记制度,设置发票登记簿,并定期向主管税务机关报告发票使用情况。"(第27条)

(6)"开具发票的单位和个人应当在办理变更或者注销税务登记的同时,办理发票和发票领购簿的变更、缴销手续。"(第28条)

发票等购货凭证、服务单据的作用主要表现在以下两个方面:

一是证明作用。经营者出具这种票证,也就证明了双方成立了合同,作为合同双方当事人的经营者和消费者,都享有合同权利并履行相应的义务。由于这种票证往往是在消费者付款以后由经营者出具的,因此这种票证主要证明经营者应当向消费者承担一定的合同义务。这种票证上应写明经营者的名称、价款、商品的数量等信息。

二是这种票证是消费者向经营者主张权利的依据。当消费者购买的商品出现质量问题时,可以向经营者要求修理、更换或者退货。但只有当消费者向经营者出示由该经营者所出具的购货凭证等单据时,才能确定该商品是由该经营者提供的,因而该经营者才有义务承担有关的责任。

消费者在购买商品、接受服务的过程中需要注意索要相关凭证,以维护自身的利益。另外,发票还具有一定的特殊性:发票不仅是一种购物凭证,也是纳税凭证,如果经营者不向消费者出具发票,则不仅意味着消费者的利益得不到保障,而且还会使国家税源流失。

经营者不得拒绝消费者索要发票等购货凭证或者服务单据的要求。消费者索要发票的,经营者不得以收据、购货卡、保修证等代替。有正当理由不能即时出具的,经营者应当按照与消费者协商的时间、地点送交或者约消费者到指定地点索取。经营者约消费者到指定地点索取的,应当向消费者支付合理的交通费用。

在日常生活中,消费者对有关凭证和单据的重要性认识不足,在购买商品或者接受服务后,主动索要发票等购物凭证或者服务单据的情况并不普遍,但是如果消费者向经营者索要发票等购物凭证或者服务单据的,经营者有义务出具。消费者权益保护部门也应当加强宣传,让更多的消费者认识到索要发票等购货凭证或者服务单据的重要性。

七、质量保证义务

《消费者权益保护法》第23条规定,经营者应当保证在正常使用商品或者接受服务的情况下其提供的商品或者服务应当具有的质量、性能、用途和有效期限;但消费者在购买该商品或者接受该服务前已经知道其存在瑕疵,且存在该瑕疵不违反法律强制性规定的除外。经营者以广告、产品说明、实物样品或者其他方式表明商品或者服务的质量状况的,应当保证其提供的商品或者服务的实际质量与表明的质量状况相符。经营者提供的机动车、计算机、电视机、电冰箱、空调器、洗衣机等耐用商品或者装饰装修等服务,消费者自接受商品或者服务之日起六个月内发现瑕疵,发生争议的,由经营者承担有关瑕疵的举证责任。

本条第1款、第2款是关于经营者保证商品或者服务质量状况义务的规定。商品或者服务的质量状况包括质量、性能、用途和有效期限。经营者提供的商品或者服务的质量状况应当符合双方约定的要求,如果有强制性标准,应当符合该强制性标准。对于约定的方式,经营者和消费者可以以合同的形式对提供的商品或者服务的质量状况做出约定。经营者以广告、产品说明、实物样品或者其他方式表明商品或者服务的质量状况,应当视为经营者承诺,经营者应当按照以广告等形式表明的质量状况提供商品或者服务,不得拒绝或者不适当履行。

因此,经营者的质量保证义务应该包括以下几个方面的内容:

1. 经营者应当保证商品或服务应有的品质。经营者提供商品或服务,目的是通过让渡该商品或服务的使用价值来实现商品的价值,因此经营者就有义务保证商品或服务的使用价值是能够实现的。只有这样,消费者才能够通过使用商品或者接受服务来达到自己的目的。

2. 特定瑕疵除外。商品或服务的瑕疵,是指商品或者服务在质量方面存在一定的问题,但不存在不合理的危险,未完全丧失其使用价值。如果消费者在购买商品或者接受服务前明知其具有瑕疵而仍然选择购买或接受,则表明该行为是出于其真实意愿的,消费者应当为自己的选择承担一定的风险。当然,这必须是存在瑕疵而不是存在缺陷,并且这种瑕疵不得违反法律的强制性规定,否则,经营者仍然应当承担相应的责任。

3. 真实宣传。经营者以广告、产品说明、实物样品或者其他方式表明商品或者服务的质量状况的,应当保证其提供的商品或者服务的实际质量与表明的质量状况相符。

4. 特殊商品或服务的瑕疵举证责任倒置。对于经营者提供的机动车、计算机、电视机、电冰箱、空调器、洗衣机等耐用商品或者装饰装修等服务,消费者自接受商品或者服务之日起6个月内发现瑕疵,发生争议的,由经营者承担有关瑕疵的举证责任。这些商品或装饰装修等服务较为特殊,其瑕疵可能不会在短期内显现,因此必须延长提供这些商品或服务的经营者的质量保证义务期限。同时,这些商品或服务本身比较复杂,对于一般的消费者而言可能无法举证以证明其存在瑕疵,因此,由对这些商品或服务十分熟悉的经营者承担举证责任,实行举证责任倒置,更能体现公平的要求,以更好地保护消费者的利益。

消费者在接受商品或者服务之日起六个月内发现的"瑕疵",不是对商品或者服务存在质量问题的定性,而是指商品或者服务表面不符合质量要求。对于消费者发现的"瑕疵",发生争议,由经营者承担有关瑕疵的举证责任,主要指经营者应当举证,证明该瑕疵的产生不是由于商品或者服务自身质量问题,否则即承担败诉的风险。经营者可通过证明商品或者服务本身符合质量要求,或者该瑕疵是由于消费者使用不当或者外部环境因素所造成,或者该瑕疵是商品或者服务的正常损耗等,完成自身的举证责任。消费者在接受商品或者服务之日起六个月后发现瑕疵,即按照"谁主张,谁举证"的一般原则承担举证责任。

值得注意的是,经营者提供商品,不具备商品应当具备的使用性能而事先未做说明,应当依法承担民事责任。这里所讲的"不具备商品应当具备的使用性能",是指不具备产品的特定用途和使用价值;"出售时未做说明"是指经营者没有在销售该商品时向消费者事先明确说明该商品不具备的特定用途和使用价值。经营者未做说明,仅在价格上让步,不能免除民事责任。例如,消费者某甲在某商场购得一台打折的"多功能食品加工机",回家试用后发现该产品只有储物部件可以勉强使用,其切削等加工功能已彻底失灵,遂向商场提出退货,商场的答复是:"打这么高的折扣本来就只想卖个碗的价钱,没法加工食品,商场概不负责。"此后经过有关部门和消费者组织的批评、教育,商场才认识到,自己的行为不但违反了《消费者权益保护法》和《产品质量法》的规定,违背了经营者如实告知信息的义务,侵犯了消费者的知情权,还有构成欺诈的嫌疑,可能要加倍赔偿。商场这才承认了错误,进行退货并赔偿损失。如果作为经营者的商场能够事先尽到说明义务,不仅可以从根本上避免消费者的损失和周折,也可以使自己不至于陷入后来的被动局面。

产品的生产者和销售者应当生产、销售合格的产品,生产、销售不合格产品造成公民人身伤亡的,应当承担责任。例如,受害者购买的拖拉机因质量存在问题发生事故,并造成死亡,作为产品销售者的甲公司和生产者的乙公司均应当承担赔偿责任。甲公司提出事故原因是原告驾驶不当的辩称意见,缺乏证据支持,法院不予采纳。虽然双方在协议中认为该事故的发生与产品质量无关,但经专业部门鉴定,该事故发生的直接原因是产品质量存在问题,故不能因双方订立的协议来否认拖拉机存在质量问题的客观事实。

八、"三包"义务

(一) 包修、包换和包退

商品和服务的质量直接关系到消费者的人身、财产安全,消费者投诉案件大多涉及商品和服务的质量。强化经营者的质量保证义务,特别是退货、更换和修理的义务,是确保商品和服务质量的有效举措。在2013年修订过程中,《消费者权益保护法》贯彻了这一理念,进一步完善了经营者的"三包义务"。

根据《消费者权益保护法》第24条的规定,消费者在购买商品或者服务以后,在使用或享受的过程中,如果有任何质量问题,在一定的期限内可以要求经营者采取相应的补救性措施。在我国,经营者采取的这种补救性措施主要是包修、包换和包退,也即"三包"义务。

1. 有国家规定及当事人约定的

经营者提供的商品或者服务不符合质量要求的,消费者可以依照国家规定、当事人约定退货,或者要求经营者履行更换、修理等义务。

2. 无国家规定及当事人约定的

没有国家规定和当事人约定的,消费者可以自收到商品之日起七日内退货;七日后符合法定解除合同条件的,消费者可以及时退货,不符合法定解除合同条件的,可以要求经营者履行更换、修理等义务。

3. 运输等费用的承担

消费者依照《消费者权益保护法》的规定进行退货、更换、修理的,经营者应当承担运输等必要费用。

(二) 七日无理由退货——特殊的"三包"义务

严格来说,7天无理由退货不能称为"三包"义务,因为在这种情况下只存在退货这样一种补救措施。

科学技术的发展使得商品的交易形式发生了深刻的变化,特别是信息产业的发展,使得消费越来越多地通过网络、电信等方式来进行。当今出现了新的销售形式,如网络销售、电视销售、电话销售、邮购等。在这些交易中,消费者只能通过经营者所提供的图片或影像来了解商品,不能像传统交易方式中那样进行鉴别,因而对商品的认识难免会出现偏差,在购买商品以后,可能会发现与自己的预期存在一定的差距。

《消费者权益保护法》第25条规定,经营者采用网络、电视、电话、邮购等方式销售商品,消费者有权自收到商品之日起七日内退货,且无须说明理由,但下列商品除外:(1)消费者定做的;(2)鲜活易腐的;(3)在线下载或者消费者拆封的音像制品、计算机软件等数字化商品;(4)交付的报纸、期刊。除前款所列商品外,其他根据商品性质并经消费者在购买时确认不宜退货的商品,不适用无理由退货。消费者退货的商品应当完好。经营者应当自收到退回商品之日起七日内返还消费者支付的商品价款。退回商品的运费由消费者承担;经营者和消费者另有约定的,按照约定。

本条在消费者有权要求退货的基础上,规定了无理由退货制度。消费者通过网络等方式购买商品后,要求退货的,无须说明理由。该规定对于通过上述方式购买商品的消费者利益提供了全面的、充分的保护。通过引入"无理由退货"原则,最大限度地排除了经营者通过各种方式予以刁难的可能性,从而在根本上保障了消费者退货的权利。对维护消费者权益、增强消费者信心具有积极意义。本条的适用范围应作广义理解,既包括采用网络、电视、电话、邮购等远程方式的销售,也包括上门推销、直销等非固定经营场所的销售。

考虑到网络购物等市场发育程度和对经营者的影响,为防止滥用这种权利,同时规定了不宜退货的情形和退货费用的承担。这样规定,一方面增强了法律适用的确定性和可操作性,另一方面也更好地处理了消费者权益保护与新的消费方式健康发展之间的关系。关于消费者选择退货时需要承担的义务,有两项内容:一是支付退货运费,二是保证商品完好。无理由退货制度赋予消费者的撤销权,并不以缔约时消费者存在重大误解、显失公平或者商品存在瑕疵为前提,这是它与依照合同法一般原则提起撤销权的根本区别,也是被称为"无理由逃货"或者"无逃货"规则的由来。

"七日"期间如何计算?民法所称的期间按照公历年、月、日、小时计算。按照年、月、日计算期间的,开始的当日不计,自次日开始计算。期间的最后一日是法定休假日的,以法定休假日结束的次日为期间的最后一日。期间的最后一日的截止时间为二十四时;有业务时间的,停止业务活动的时间为截止时间。

九、依法使用格式条款的义务

消费作为一种合同关系,既受《消费者权益保护法》的约束,也要遵循《民法典》合同法编的相关规则。

在现实交易中为了降低交易成本,提高交易的效率,经营者往往事先拟定一种类型化的合同,规定交易双方的权利与义务,以及其他一些与交易有关的事项,而在拟定类型化合同的过程中并未与交易对象进行协商。此即格式条款。所谓格式条款,是指当事人为了重复使用而预先拟定,并在订立合同时未与对方协商的条款。在消费领域中,经营者往往借助这种合同来与消费者展开交易。

关于格式化的消费合同,我国的《消费者权益保护法》第 26 条规定,经营者在经营活动中使用格式条款的,应当以显著方式提请消费者注意商品或者服务的数量和质量、价款或者费用、履行期限和方式、安全注意事项和风险警示、售后服务、民事责任等与消费者有重大利害关系的内容,并按照消费者的要求予以说明。经营者不得以格式条款、通知、声明、店堂告示等方式,做出排除或者限制消费者权利、减轻或者免除经营者责任、加重消费者责任等对消费者不公平、不合理的规定,不得利用格式条款并借助技术手段强制交易。格式条款、通知、声明、店堂告示等含有前款所列内容的,其内容无效。

经营者使用格式条款时的具体义务包括提示说明义务和禁止使用对消费者"不公平、不合理"的格式条款的义务。第 26 条第 1 款列举了十项与消费者有重大利害关系的内容,"商品或者服务的数量和质量、价款或者费用、履行期限和方式、安全注意事项和风险警示、售后服务、民事责任"。提示说明义务的范围包括但不限于这十项,实践中可以根据具体的交易类型和合同性质进行判断,只要是与消费者有重大利害关系、对其基本权利可能造成影响的内容,经营者都应以显著方式提请消费者注意并按照其要求予以说明。

经营者对与消费者有重大利害关系的内容必须以"显著方式"提请消费者注意并按照消费者的要求予以说明。对于何种方式构成法律规定的"显著方式",存在一定的客观标准,需要考虑普通消费者的认知能力,必须足以明显引起普通消费者的注意。发生纠纷后,经营者应当对已尽以"显著方式"提示及说明义务承担举证责任。如果经营者违反上述义务,如应该提示说明的未予提示说明,或者未以"显著方式"按照要求提示说明,则视为经营者未就上述内容向消费者履行告知和说明义务,该条款不构成合同内容;但是消费者主张构成合同内容的,应当允许。第 26 条第 2 款规定的不公平、不合理的格式条款主要是指经营者违背诚实信用原则、单方制定的对消费者明显不利的条款,其范围可能涉及合同的缔结、变更、履行及合同的解释方法和争议的处理机制等各个环节。违反第 26 条第 1 款规定与违反第 2 款规定的法律后果不同,经营者违反第 26 条第 1 款提示或者说明义务,仅是视为未履行告知和说明义务,所涉条款不构成合同内容,对消费者不发生法律效力,但消费者主张适用的除外,因此,性质上属于可撤销条款;而违反本条第 2 款,则是因直接违反法律的强制性规范,性质上属于自始无效条款。

经营者使用格式条款,必须严格遵守以下条件:

1. 提请消费者注意格式条款的内容。经营者在经营活动中使用格式条款的,应当以显著方式提请消费者注意商品或者服务的数量和质量、价款或者费用、履行期限和方式、安全注意事项和风险警示、售后服务、民事责任等与消费者有重大利害关系的内容,并按照消费者的要求予以说明。一般而言,消费者并不会仔细阅读经营者所提供的冗长的、复杂的格式合同,为了体现公平,经营者应当提醒消费者注意那些与其利益有重大关系的条款,并向消费者就这些条款进行解释。

2. 格式合同的内容合法。经营者不得以格式合同、通知、声明、店堂告示等方式,作出排除或者限制消费者权利、减轻或者免除经营者责任、加重消费者责任等对消费者不公平、不合理的规定,不得利用格式条款并借助技术手段强制交易。凡是经营者采取以上形式的,都不得含有下列对消费者不公平、不合理的内容:

(1) 排除或限制消费者权利。消费者权利是消费者依据消费者权益保护法及其他有关法律、法规而享有的法定权利,相对于经营者,消费者往往处于弱势地位。经营者如果通过格式条款等排除消费者所享有的权利,将会使其处于极为不利的境况,因此必须予以坚决禁止。

(2) 减轻或免除经营者责任。有的经营者为了减轻、免除自己的责任,往往在格式合同中规定消费者在购买商品以后因商品的质量等问题而造成损害的,经营者概不负责。这严重妨碍了消费者权利的救济,因而是无效的。

(3) 加重消费者责任。有的经营者规定消费者购买商品以后,如果在一段时间内其市场价格上涨的话,则消费者应当补足差价,这实际上是将经营者应当承担的经营风险转嫁给了消费者;有的经营者规定在商品出现质量问题需要维修时,要求消费者承担运输费用;在网络购物中,有的经营者要求消费者先支付价款,后发货,等等。这些规定都加重了消费者的责任,损害了消费者的利益,同样应予以坚决禁止。

格式合同、通知、声明、店堂告示等含有上述所列内容的,其内容无效。

3. 不得利用格式条款并借助技术手段强制交易。有的经营者在向消费者提供商品或服务时,利用格式条款和技术手段强制消费者接受其不合理的条件,否则,拒绝提供商品或服务。例如,有的餐馆设有"最低消费"标准,或者不允许消费者自带酒水,即便允许消费者自带酒水,也强制向消费者收取一定的开瓶费或服务费。这些都严重损害了消费者的利益。因此,在 2013 年修订的《消费者权益保护法》中增加了禁止经营者利用格式条款并借助技术手段强制交易的内容,这有利于更好地保护消费者的权益。

十、尊重消费者的义务

尊重消费者,即尊重消费者的人身权利、自由权利,是经营者重要的法定义务之一。

《消费者权益保护法》第27条规定,经营者不得对消费者进行侮辱、诽谤,不得搜查消费者的身体及其携带的物品,不得侵犯消费者的人身自由。我国《宪法》第37条规定:"中华人民共和国公民的人身自由不受侵犯。""禁止非法拘禁和以其他方法非法剥夺或者限制公民的人身自由,禁止非法搜查公民的身体。"《宪法》第38条规定:"中华人民共和国公民的人格尊严不受侵犯。禁止用任何方法对公民进行侮辱、诽谤和诬告陷害。"公民包括消费者的人格尊严、人身自由是宪法赋予的神圣权利,不容任何人包括经营者侵犯。从实践来看,经营者侵害消费者人格尊严、侵犯消费者人身自由的情形仍时有发生。针对实践中较为突出的问题,专门对几类行为做禁止性规定。

1. 不得对消费者进行侮辱、诽谤

侮辱是指用暴力或其他方式公然侮辱他人人格、破坏他人名誉的行为;诽谤是指故意捏造并散布一些虚构的事实,损害他人人格、破坏他人名誉的行为。

实践中,经营者侵犯消费者人格尊严的现象非常普遍。例如经营者无端怀疑消费者是小偷,当众盘查、羞辱或者无中生有,捏造事实,贬低消费者人格等现象。侵犯消费者人格尊严的行为,是对消费者人格的极大蔑视和侮辱,要视具体情节予以民事制裁,情节严重、构成犯罪的,还要予以刑事处罚。

2. 不得搜查消费者的身体及其携带的物品

搜查是指侦查人员依法对于犯罪嫌疑人以及可能隐藏罪犯或者罪证的人的身体、物品、住处和其他有关地方进行搜寻、检查的一种侦查行为。其意义是侦查人员同犯罪做斗争的一项重要手段,对于侦查机关及时收集证据,查获犯罪嫌疑人,防止其逃跑、毁灭、转移证据,揭露犯罪、证实犯罪,保证诉讼的顺利进行,具有重要的意义。

由于搜查直接关系到公民的人身权利等问题,依照有关法律规定,对该行为只能是由人民法院、人民检察院和公安机关等公权机关做出决定,并由侦查人员、审判人员进行。即使是这些机关及人员,也必须有充足的理由和法律依据,而且必须严格依照法定程序进行。经营者仅仅是维护商场治安、秩序的社会力量,不是公权主体,因此,不具有搜查主体资格,不能搜查消费者的身体及其携带的物品。

经营者如搜查女性消费者的身体或所携带的财物,除构成侵犯消费者人格尊严的行为外,还可能构成性骚扰,因此,经营者在任何情况下都不能搜查消费者,尤其是女性消费者的人身或所携带的财物。但是,由于我国消费者的素质参差不齐,少数素质差的消费者的确存在偷拿经营者货物、商品以及其他物品的行为,在有些地方此类现象还非常严重。这令经营者十分头疼,同时,也使经营者遭受很大的经济损失。碰到这种情况,经营者可以向公安机关报警,请公安机关立案调查。

3. 不得侵犯消费者的人身自由

消费者的人身自由,是指消费者依法享有的人身行动完全受自己自由支配、不受任何非法的强制性限制或剥夺的权利。消费者作为参加社会活动的普通公民,其人身自由权受到我国宪法和法律的保护,任何经营者不得以任何理由、任何手段限制甚至剥夺消费者的人身自由权,这是经营者应当承担的一项重要义务。

如何甄别消费者是否受到尊重?可从以下两个层面进行判断:

(1) 范围层面的判断。所谓范围层面的判断,就是判断经营者的行为是指向所有消费者,还是仅指向部分甚至是单个消费者。有学者认为,凡是针对所有确定消费者的行为都不应当认为是不尊重消费者的行为。依此标准,经营者要求所有消费者必须"存包""锁包",而后方能进入经营场所的行为,经营者要求所有消费者出示"小票""车票"的行为,就不能认定为不尊重消费者的行为。为了方便经营管理,减少经营损失,防范偷盗行为的发生,经营者采取了越来越多的、针对所有消费者的防范与管理行为,所有这些都是经营者维护自身合法权益的正当与合法行为,不能认为是不尊重消费者的行为。

(2) 程度层面的判断。所谓程度层面的判断,就是判断经营者的行为是否具有违法性。只有违反《消费者权益保护法》第27条的行为,才能认定为不尊重消费者的行为。经营者的有些行为,尽管针对部分甚至是单个消费者,但是,如果不违反《消费者权益保护法》第27条的规定,就不能认定为侵犯消费者受尊重权的行为。

侵害消费者的人格尊严、侵犯消费者人身自由的,应当停止侵害、恢复名誉、消除影响、赔礼道歉,并赔偿损失;造成严重精神损害的,还应当赔偿精神损害;除承担相应的民事、刑事责任外,还要依照《消费者权益保护法》或者其他有关法律、法规追究行政责任等。

十一、强制信息披露义务

经营者强制信息披露义务在《消费者权益保护法》第28条中有具体的规定,采用网络、电视、电话、邮购等方式提供商品或者服务的经营者,以及提供证券、保险、银行业务等金融服务的经营者,应当向消费者提供经营地址、联系方式、商品或者服务的数量和质量、价款或者费用、履行期限和方式、安全注意事项和风险警示、售后服务、民事责任等信息。

强制信息披露是市场经济的当然要求。在消费活动中,之所以要求经营者向消费者公开商品或者经营者的信息,主要是因为经营者最了解产品或者服务的情况和自身的信息拥有情况,同时,经营者也能够分散信息收集、整理、发布的成本。

在现实的消费关系中,经营者向消费者披露的信息可以分为两类:一类是法律要求经营者必须提供的信息,即经营者强制披露信息的义务;另一类是经营者自愿向消费者提供的信息,即经营者主动披露信息的义务。在这两种信息披露中,前者是经营者必须履行的法定义务,而后者在很大程度上是基于民事合同关系而产生的义务。一般来说,强制信息披露的内容是主要的和核心的信息,而自愿披露信息则是对强制披露信息的补充、延伸、说明和具体化。

消费者权益保护法之所以要求经营者按照法律规定的内容、要求和程序,向消费者披露与商品和经营者有关的信息,其主要目的就是为了更好地保护消费者的知情权,同时,也为政府部门的市场监管提供便利和条件。

65

根据《消费者权益保护法》第 28 条的规定，负有更高程度信息披露义务的特定经营领域主要分为两类：一类是"采用网络、电视、电话、邮购等方式提供商品或者服务的经营者"，另一类是"提供证券、保险、银行业务等金融服务的经营者"，即金融消费领域。经营者信息披露义务主要包括三个方面：一是有关经营者的真实信息，如经营地址、联系方式；二是有关商品或者服务的基本信息，如价款、数量、质量等；三是有关风险警示、民事责任等信息。

证券公司、保险公司、银行等金融机构在销售金融商品或者提供金融服务时，有关风险警示的信息披露对于金融领域的消费者而言，尤为关键。第 28 条规定的金融机构，包括但不限于列举的"证券公司、保险公司、银行"，只要是向消费者提供金融服务，均属本条调整范围，其他经人民银行批准设立的金融机构也在范围之内；此外，这里的金融服务应采用广义的解释，既包括金融机构向消费者销售基金等金融产品，也包括金融机构提供存款、贷放和保险等金融服务。金融消费的领域，既涵盖金融产品，也包括金融服务。

经营者进行强制信息披露，应当坚持真实性、准确性、完整性和及时性原则。

1. 真实性原则

信息真实是信息披露的最基本原则，也是信息披露最根本的要求。真实性商品经营原则是指披露的内容必须客观、真实、准确地反映商品或服务的有关特征，内容实实在在，言之有据，不弄虚作假、凭空捏造，在表达形式上要清晰准确，不能作欺骗的或者令人误解的披露。

2. 准确性原则

信息披露的准确性原则是指被披露的信息在内容上必须符合完整性、真实性和有效性的要求，不得有重大遗漏、虚假或不可利用性，披露的信息只有同时具备完整性、真实性和有效性，才符合准确性原则。为保证信息披露的准确性，就要求经营者向消费者公开的信息必须尽可能详尽、具体、准确。

3. 完整性原则

经营者在进行信息披露的时候应该提供全面、充分的信息，而不能刻意地隐瞒信息。信息披露完整并非指披露所有的信息，而是指对理性消费者的决策可能产生重要影响的信息，否则，对经营者来说成本负担太重，对消费者而言亦不利于其选择，反而使相关的重要信息湮没在垃圾信息里，主次难分。因此，经营者应当将可能影响理性消费者决策交易的重大信息完整地向消费者披露。

4. 及时性原则

及时性原则是指信息披露义务人在法律、法规、规章及其他规定要求的时间内以指定的方式披露信息，而不能迟延披露信息。法律要求经营者及时披露信息，是因为任何信息的价值都有其时间性，不及时的信息将使其有用性大打折扣，甚至毫无价值。

十二、保护消费者个人信息的义务

21 世纪无疑是属于信息的时代，互联网快速发展推动了个人信息成为最有价值的资源。众所周知，大数据可为企业带来丰厚利润，为政府提供决策依据，个人信息的商业价值被不断挖掘，随之而来的侵害也就愈演愈烈。便捷的支付形式促使消费者个人信息外露，部分不法经营者在未经允许的情况下,把消费者个人信息商业化,进行倒卖以获取经济利益。

为此,2013年修订的《消费者权益保护法》增加1条,作为第29条,以强化经营者对消费者信息的保护义务。该条明确规定,经营者收集、使用消费者个人信息,应当遵循合法、正当、必要的原则,明示收集、使用信息的目的、方式和范围,并经被收集者同意。经营者收集、使用消费者个人信息,应当公开其收集、使用规则,不得违反法律、法规的规定和双方的约定收集、使用信息。经营者及其工作人员对收集的消费者个人信息必须严格保密,不得泄露、出售或者非法向他人提供。经营者应当采取技术措施和其他必要措施,确保信息安全,防止消费者个人信息泄露、丢失。在发生或者可能发生信息泄露、丢失的情况时,应当立即采取补救措施。经营者未经消费者同意或者请求,或者消费者明确表示拒绝的,不得向其发送商业性信息。依据此条规定,经营者不得违法收集、使用、泄露消费者的个人信息,并不得未经消费者同意向其发送商业信息。

对消费者个人信息的保护,应从源头上强化对收集、使用消费者信息的经营者行为的规范,本条从三个方面对经营者在收集、使用消费者个人信息时的应尽义务做了规定。根据《消费者权益保护法》第29条第1款的规定,经营者收集、使用消费者个人信息,应当遵循合法、正当、必要的原则,明示收集、使用信息的目的、方式和范围,并经消费者同意。经营者收集、使用消费者个人信息,应当公开其收集、使用规则,不得违反法律、法规的规定和双方的约定收集、使用信息。

经营者保护消费者信息的义务主要包括以下几方面的内容:

(1)遵循合法、正当、必要的原则。经营者在提供商品或者服务时,可能需要向消费者收集有关的信息,如教育培训机构需要收集消费者的有关学历等方面的信息,从而根据消费者的具体情况来提供教育培训,宾馆需要收集消费者的身份证号码、联系方式等信息,以便加强管理。经营者应依法、正当地收集、使用消费者的个人信息,不得采取任何非法的方式,不得将所收集的信息用于其他与该消费活动无关的方面;所收集和使用的信息必须是必要的,凡是不需要收集的信息,经营者不得要求消费者提供。另外,这种必要信息的收集应当以一种合理的方式进行,即要采用一种通常可以接受的、便捷的方式,不给消费者带来不便和额外的支出。

(2)遵循公开的原则。经营者应当明示收集、使用信息的目的、方式和范围,以确保消费者能够据此决定是否提供个人的信息。应当公开其收集、使用规则,不得违反法律、法规的规定和双方的约定。经营者与消费者可就信息收集、使用的有关事项进行约定,如有约定的,经营者必须遵守。

(3)征得消费者同意。消费者有选择是否提供相关信息的权利,经营者不得强迫消费者提供,也不得在消费者不知情的情况下收集、使用有关信息。收集、使用消费者的个人信息,必须征得消费者同意。

(4)采取措施保护消费者信息。经营者及其工作人员对于收集的消费者的个人信息必须严格保密,不得泄露、出售或者非法向他人提供。经营者应当采取技术措施和其他必要措施,确保信息安全,防止消费者个人信息的泄露、丢失。在发生或者可能发生信息泄露、丢失的情况时,应当立即采取补救措施。

(5) 不得损害消费者的生活安宁权。经营者未经消费者同意或者请求,或者消费者明确表示拒绝的,不得向其发送商业性信息,经营者为了在竞争中争取更多的交易机会,往往通过各种方式向消费者传递信息,最常见的即为广告的方式。经营者有通过广告向消费者介绍自己商品和服务的自由,但消费者也有不接受这些信息的权利。广告已经渗透到生活的各个方面,有的经营者选择直接向特定的消费者进行广告宣传,如向消费者发送电子邮件、短消息或者快件等,这些商业信息很多是未经消费者同意或者在消费者明确拒绝后仍然发送的,这侵犯了消费者的选择权,也影响了消费者的生活安宁。经营者利用互联网和移动网等通信网络以及邮件、快件和电子邮件、短消息服务等方式传播广告或者商业信息,应当符合国家有关规定,并明示拒绝的途径,消费者明确拒绝的,不得继续发送。

经营者的义务和责任与消费者的权益密切相关。针对实践中较频繁发生的消费者的权益受到损害的情形以及维权难的情况,我国在2013年修订《消费者权益保护法》的过程中进一步强化了经营者的义务与责任,例如明确了经营者召回缺陷商品的义务,针对消费者"举证难"问题,明确了经营者的举证责任,等等。从总体上看,2013年修订时认真总结了《消费者权益保护法》的实践经验,进一步强化了经营者的传统义务,同时又针对消费者领域出现的新情况、新问题,相应地对经营者的义务做出了新的规定或者扩展了其范围,从而为消费者权益保护提供了更为完善的法律保障。不过,我们也应注意到,尽管2013年修订时对经营者义务在某些方面做出了新的、更为完善的规定,但是在另外一些方面仍然没有实质性改进,与国外相比还存在着许多不足。例如,在现实中存在着严重的强制交易行为,而2013年修订的《消费者权益保护法》,对此种严重损害消费者利益的行为却仍未能做出切实有效的禁止性规定。此外,对于经营者所使用的格式条款是否合理、对此如何判断等问题,也只能是随着实践的不断发展而予以细化和完善了。

本章习题

1. 经营者的义务包括哪几个层面?
2. 经营者的义务呈现哪些趋势?
3. 经营者接受消费者监督的方式包括哪几类?
4. 安全保障的义务主要包括哪些方面?
5. 《消费者权益保护法》是如何规定产品召回制度的?
6. 如何理解经营者提供真实、全面信息的义务?
7. 产品或者其包装上的标识应符合哪些要求?
8. 购货凭证、服务单据的作用是什么?
9. 《消费者权益保护法》是如何规定经营者的质量保证义务的?
10. "三包"规定包括哪些内容?

11. 为什么经营者使用格式条款必须严格遵守一定的条件？
12. 如何甄别消费者是否受到尊重？
13. 为什么说强制信息披露是市场经济的当然要求？
14.《消费者权益保护法》对经营者在收集、使用消费者个人信息时应尽的义务作了哪些规定？

第五章
消费者权益的国家保护

教学重点

国家保护消费者权益的四种形式,行政机关和司法机关在保护消费者权益中的作用。

教学要求

掌握消费者权益立法保护、消费者权益行政保护、消费者权益司法保护、消费者权益社会保护的基本知识,了解消费者权益司法保护、新闻媒体监督存在的问题与完善方式。

引 言

消费是日常生活中必不可少的一项活动。中华人民共和国成立初期,我国实行的是高度集中的计划经济,由于物资短缺,人民关心的是商品的有无和如何购买、获取商品,却忽略了商品本身的质量和售后服务等问题。改革开放以后,在建立社会主义市场经济的过程中,随着国民生活水平的大幅提高,人们对商品和服务有了进一步的认识和要求。另一方面,部分不法商贩为了追逐利润而损害消费者权益的现象层出不穷。在这种情况下,20世纪80年代初,我国兴起消费者维权意识,并很快形成一种社会力量,对我国消费者权益保护工作及其立法起了极大的推动作用。1984年12月26日,中国消费者协会在北京宣告成立,在其章程中提出,消费者享有以下六项权利:(1)了解商品和服务的权利;(2)选择商品和服务的权利;(3)求得商品和服务安全、卫生的权利;(4)监督价格、质量的权利;(5)对商品和服务提出意见的权利;(6)受到损害时,有索取赔偿的权利。这是中国第一个以维护消费者权益为宗旨的全国性组织。

消费者权益保护机构,是指所有与消费者权益保护有关的机构、组织,既包括国家公权力机关,也包括民间组织,当然还包括那些半官方的组织。消费者权益保护机构保护的对象应当是不特定多数的消费者,因此消费者权益保护机构应当具有公益性。消费者权益保护状况直接关系到消费者的权益能否真正得到实现,也关系到以人为本的理念在消费者权益保护领域能否真正得以贯彻。虽然我国民众的维权意识不断增强，但不可否认的是，受各类因素制约而导致的侵害消费者权益的现象仍然非常严重。为此，消费者权益的保护离不开国家机关的积极介入，这在我国尤为明显，也极其重要，对消费者正当权益的保护是我国机关单位和相关组织不可推卸的职责。

消费者权益保护是指国家通过立法、行政和司法活动，保护消费者在消费领域依法享有的权益。消费者权益保护一般分为立法保护、行政保护、司法保护、社会保护四个方面。

1. 立法保护是指国家通过制定《消费者权益保护法》等有关消费者保护的法律法规和规章，不断建立、健全消费者权益保护的法律制度。

2. 行政保护是指各级人民政府及其所属机构依照《消费者权益保护法》等相关法律法规和规章，通过依法行使行政权力、履行法定职责来保护消费者合法权益。

3. 司法保护是指公安机关、检察院、法院依法惩处经营者在提供商品和服务中侵害消费者合法权益的违法犯罪行为，以及法院依法及时审理涉及消费者权益争议的案件。

4. 社会保护是指组织和个人进行社会监督，大众传播媒介进行舆论监督，消费者组织和行业组织对消费者进行保护。

其中，行政保护在消费者权益保护中具有非常重要的作用，《消费者权益保护法》和国务院"三定方案"赋予工商行政管理机关重要的保护消费者权益的职责，工商行政管理机关所实施的就是行政保护。

第一节 消费者权益立法保护

一、消费者权益保护的立法机构

（一）全国人民代表大会及其常务委员会

在消费者权益保护方面最重要的立法机构是全国人民代表大会及其常务委员会，它们作为我国的立法机关，所制定的法律的效力仅次于宪法。全国人民代表大会负责制定和修改刑事、民事和其他基本法律，而消费者权益保护方面的法律并非基本法，所以由全国人大常委会负责制定。此外，全国人大及其常委会制定的其他一些法律也具有保护消费者权益的功能。

1.《消费者权益保护法》

消费者权益的保护是一个系统的工程，需要建立一个系统的、全面的消费者权益保护法律体系。2013年修订的《消费者权益保护法》要求国家不仅在制定有关消费者权益的法律、法规时，而且在制定有关规章和强制性标准时，必须听取多方意见。将规章和强制性标准也纳入进来，进一步彰显了"开门立法"的理念。而且，2013年的《消费者权益保护法》还增加了听取消费者协会等组织的意见的内容，从而更加有利于强化消费者协会等组织在相关立法中意见的表达。

《消费者权益保护法》的立法工作于1985年正式启动，前后易稿数十次。1993年10月

31日,第八届全国人大常委会第四次会议审议通过了《中华人民共和国消费者权益保护法》(简称《消费者权益保护法》),并于1994年1月1日起施行。这是我国消费者权益保护方面的基本法,为我国消费者权益保护提供了一个明确的、权威性的依据。2009年8月27日,第十一届全国人大常委会第十次会议通过了《关于修改部分法律的决定》,据此对《消费者权益保护法》进行了第一次修订。由于《治安管理处罚法》于2006年3月1日起施行,原《治安管理处罚条例》废止,因此,此次对《消费者权益保护法》的修订也主要是将其第52条引用的《治安管理处罚条例》修改为《治安管理处罚法》,因此未对《消费者权益保护法》的实体部分做出任何修改。2013年10月25日,第十二届全国人大常委会第五次会议做出《关于修改〈中华人民共和国消费者权益保护法〉的决定》,对《消费者权益保护法》进行了较大的调整。2014年3月15日,由全国人大修订的新版《消费者权益保护法》(简称"新消法")正式实施。《消费者权益保护法》分总则、消费者的权利、经营者的义务、国家对消费者合法权益的保护、消费者组织、争议的解决、法律责任、附则,共8章63条。

2. 其他相关法律

除了制定《消费者权益保护法》这一保护消费者权益的基本法律外,全国人大及其常委会制定的其他法律也起着保护消费者权益的作用。如全国人大常委会于1993年9月2日通过、1993年12月1日开始施行的《中华人民共和国反不正当竞争法》,第十一届全国人大常委会第七次会议于2009年2月28日通过的《中华人民共和国食品安全法》(原《中华人民共和国食品卫生法》废止),第九届全国人大常委会于2001年修订的《中华人民共和国商标法》,第八届全国人大常委会第十次会议通过的《中华人民共和国广告法》等,这些法律在不同程度上表明要保护消费者的权益。全国人大及其常委会作为立法机构,在保护消费者权益方面颁布了大量的法律,这不仅体现了国家对消费者的正当利益的高度重视,也表明我国为消费者权益提供了切实的保护。

(二)国务院

在我国,国务院有权根据宪法和法律,制定行政法规。为了保护消费者的权益,国务院有权力,也有义务制定相应的行政法规,由于法律规定的事项一般而言比较抽象、原则,在实践中要真正发挥其作用,必须进一步予以细化。国务院制定的具有保护消费者权益功能的行政法规包括:《电信条例》,《建设工程质量管理条例》,《旅行社条例》,《国内交通卫生检疫条例》,《认证认可条例》,《标准化法实施条例》,《商标法实施条例》,《广告管理条例》,《价格管理条例》,等等。这些行政法规对一些具体领域内的事项进行了规定,明确了相关主体的权利与责任,使得对消费者权益的保护更加具有针对性。

(三)省级人民代表大会及其常务委员会

《消费者权益保护法》是以全国消费者为整体作为保护对象的,由于我国各个地区的发展水平不一,《消费者权益保护法》在制定的过程中没有,也不可能对全国各地的情况都予以考虑,所以就需要各地根据《消费者权益保护法》的基本精神,结合本地的实际情况,依法做出具体的规定。

在《消费者权益保护法》颁布以前,地方的权力机关就已经颁布了有关消费者权益保护的地方性法规,如江西省人大常委会于1989年就颁布了《江西省保护消费者合法权益条例》，浙江省人大常委会于1988年通过了《浙江省保护消费者合法权益条例》，等等。《消费者权益保护法》颁布、施行以后，大多数地方的权力机关废止此前所颁布的相关地方性法规，根据《消费者权益保护法》及其他法律、法规的规定，结合本地的实际，重新制定了保护消费者权益的地方性法规。最早制定消费者权益保护方面的地方性法规的是福建省，福建省人大常委会于1994年通过并于当年施行《福建省实施〈中华人民共和国消费者权益保护法〉办法》，随后其他省市也制定了相关的地方性法规。

（四）国务院各部委

行政机关在执法的过程中，谙熟损害消费者权益的种种行为，也更清楚如何运用行政权力来有针对性地保护消费者的利益。所以，在保护消费者权益方面，给予有关行政机关以制定规章的权力是十分必要的。中央层面颁布了大量与保护消费者权益有关的规章，如国家工商行政管理局与卫生部于1995年颁布了《医疗器械广告审查办法》（已于2009年被废止，由卫生部、国家工商总局、国家食品药品监管局联合颁布《医疗器械广告审查办法》），国家工商局于1996年制定了《欺诈消费者行为处罚办法》，国家发改委、国家旅游局、国家工商总局2010年联合制定了《关于规范酒店客房市场价格的意见》，等等。

（五）地方人民政府

地方层面的规章也较多，如北京市政府于1996年制定了《北京市实施〈食盐加碘消除碘缺乏危害管理条例〉办法》，天津市政府于1994年发布了《关于加强市场管理稳定市场物价的通知》，等等。这些规章对于保护消费者的利益都起到了非常大的作用。

二、消费者权益保护的法律手段

运用民事的、行政的、刑事的法律手段，是维护消费者合法权益的有力手段。

1. 民事法律手段

民事法律手段主要是指运用平等和等价有偿的方法来调整社会关系的一种法律手段。它不是采用惩罚的方法，而是采用给予受害人适当补偿的方法来保护当事人的合法权益。

消费者在购买、使用商品或接受服务时，其权益受到侵犯的，由销售者或服务者承担民事责任，消费者也可以直接要求生产者承担民事责任。如经营者生产、销售伪劣产品对消费者造成经济损失或对人身健康、安全带来危害的，都是对消费者权益的损害，消费者作为权利人，有权利到法院起诉，要求赔偿损失。

民事法律关系是以平等有偿为特点的，这是因为商品交换受价值规律支配，必须等价、有偿。经营者在侵害消费者权益造成损失后，就必须补偿受害消费者实际遭受的损失，在一般情况下，补偿的数量必须与造成损失的大小相当。补偿也包括返还原物、恢复原状、修理、重作、更换、包修、包换、包退、退还商品货款或者服务费用，退还多收的商品货款或者服务费用，补齐商品或者服务数量等。

损害消费者权益，经营者除了依法赔偿消费者的损失外，消费者还可以视情形获得惩罚性赔偿金和抚慰金。

有下列情形之一的，除承担相应的民事责任外，经营者必须向消费者支付惩罚性赔偿金：

（1）强行提供商品和服务的；

（2）有时效的商品，不标明生产日期和有效期限的；

（3）有包装的商品，不附具标签、标志或者说明书的；

（4）不按国家规定或者双方约定的服务标准、项目、内容和方式提供服务的；

（5）提供危及人身健康和安全的商品和服务的；

（6）商品和服务质量不符合国家规定的强制性标准，或者以次充好的；

（7）不按国家规定或者双方约定的价格提供商品和服务的；

（8）提供的商品计量不足的；

（9）提供国家禁止生产或者销售的商品以及明令淘汰和过期失效商品的；

（10）采取假冒他人注册商标、优质标志、认证标志、产地、厂名等虚假方式提供商品的。

有下列情形之一的，经营者应根据不同情况向消费者支付抚慰金：

（1）对消费者因人身伤害所造成精神痛苦的；

（2）侵犯消费者名誉权造成精神损害的；

（3）造成消费者人身死亡的。

造成消费者人身伤害的，经营者应当赔偿医疗费、治理期间的护理费，对完全丧失劳动能力且有人口扶养责任的残废者，还应支付被扶养的人口必需的生活费。如果造成消费者人身死亡的，还应当支付丧葬费、死者生前扶养的人口必需的生活费等费用。

2. 行政法律手段

行政法律手段主要是指运用行政干预的方法来调整社会关系的一种法律手段。

行政干预包括行政措施和行政处罚两个方面，只有国家行政机关才有这种权力，行政干预是国家保护消费者权益的重要手段。有关行政主管机关针对损害消费者权益的一些具体问题，规定并采取某些行政措施，以防止不良后果的产生，对已经损害消费者权益的违法行为则实行行政处罚。对侵犯消费者权益的经营者，除承担民事责任外，需要追究行政责任的，有关行政主管部门依照国家的规定可以追究行政责任。例如，对于生产、经销掺假产品、冒牌产品、以"处理品"冒充合格品的，由工商行政管理机关没收其全部非法收入。

3. 刑事法律手段

刑事法律手段是指采用刑罚的方法来保护国家和人民利益的一种法律手段。在消费领域，民事法律手段和行政法律手段既是保护手段，又是调整手段，而刑事法律手段则是保护手段。对严重侵害消费者权益的犯罪行为，就必须采取刑罚手段进行制裁，否则，消费者的正当权益就得不到保障。

我国《刑法》第一百二十七条、一百六十四条、一百一十七条、一百七十条分别对假冒商标罪、制造贩卖假药罪、投机倒把罪和制作、贩卖淫书、淫画罪做了规定，对这四种犯罪行为要追究刑事责任。《刑法》中的这些条款直接关系到消费者权益。对于制造、贩卖假药猖獗，犯罪分子为了牟取暴利，丧心病狂地坑害消费者，对人民健康造成严重威胁的恶劣行为，对这种犯罪行为必须刑罚制裁，以维护消费者的身心健康。公安机关、检察机关对侵犯消费者权益构成犯罪的案件，应当按照各自权限，积极立案侦查，将犯罪分子绳之以法。

第二节 消费者权益行政保护

消费者权益行政保护是指国家行政机关为保护消费者权益,依法对消费关系进行干预,对经营者的经营活动进行规制,对消费者消费行为进行指导和保护的活动,是国家行政机关为保护消费者权益而采取的各种行动的总称。这是国家对市场经济活动中经营者与消费者之间实质不平等交易的干预,更加侧重于对作为弱势一方的消费者权益的保护。

行政机构的保护,既包括政府作为一个整体来提供的保护,也包括政府的各个部门所提供的保护。在2013年对《消费者权益保护法》的修订过程中,对原第27条第1款进行了修改,作为第31条,增加了各级人民政府"落实保护消费者合法权益的职责"这一内容,从而将保护消费者合法权益确定为各级人民政府的法定职责。这有利于强化各级人民政府对消费者权益保护的责任,加大对消费者权益保护的力度。

各级人民政府应当加强领导,组织、协调、督促有关行政主管部门做好保护消费者合法权益的工作,落实保护消费者合法权益的职责;加强监督,预防危害消费者人身、财产安全行为的发生,及时制止危害消费者人身、财产安全的行为。有关行政主管部门应当听取消费者和消费者协会等组织对经营者的交易行为、商品和服务质量问题的意见,并及时调查与处理。我国保护消费者行政执法的主管部门为国家市场监督管理总局,主要包括工商行政管理、产品质量监督管理、食品和卫生监督管理、价格监督管理、进出口商品检验等部门。

一、工商行政管理

工商行政管理部门主要负责市场监管和行政执法工作,其主要任务是依据《消费者权益保护法》履行保护消费者权益的职责,制止和查处侵犯消费者合法权益的行为。主要具备以下职能:

(1)准入职能。工商行政管理部门依据《公司法》《公司登记管理条例》《企业法人登记管理条例》《私营企业暂行条例》以及有关企业和个体工商户登记管理等法律法规,依法对进入市场的各类经营主体的资格进行审查,确认或注销他们的地位和经营资格。对具备进入市场资格的各类市场主体及时开具"出生证明",确认其合法资格,使其以合法的资格进入市场进行生产和经营。对市场主体资格的确认,可以说是工商行政管理部门在管理大市场过程中的事前监督。工商行政管理部门认真履行准入职能,是建立和维护社会主义市场经济秩序的前提。

(2)监管职能。工商行政管理部门依据有关法律法规,着眼于维护整个市场经济秩序,全方位地监督和管理市场主体的经营活动,以及进入市场的交易行为和竞争行为。发挥经济合同管理、商标管理、广告管理等作用,使市场主体的经济行为符合市场规则的要求,为各类市场主体能在市场中进行竞争创造良好的环境。对市场经济主体经济行为的规范,可以说是工商行政管理部门在社会主义大市场的事中监督。

(3)执法职能。工商行政管理部门代表国家,依据法律法规,对市场主体在交易和竞争中的违法行为进行查处,可以看成是工商行政管理部门管理大市场过程中的事后监督。必须明确工商行政管理部门在履行自己的各项职责时,其核心是行政执法。履职是以行政执法为主要手段来维护市场经济秩序的,能否做到严格执法、依法行政,直接关系到工商行政管理部门权威的树立,关系到生产者、经营者、消费者合法权益的保护,关系到党和政府在人民群众中的形象,关乎统一、开放、竞争有序的社会主义市场经济能否建立起来。

(4)保护职能。工商行政管理部门在市场经济中,通过保护生产者、经营者和消费者的合法权益来达到维护市场经济秩序的目的。商品生产者、经营者和消费者合法权益能否得到有效保护,也是检验市场经济秩序好坏的重要标准。

准入、监管、执法、保护这四项职能是相互关联、相互作用、相互渗透、相互贯通、缺一不可的整体,工商行政管理部门在监管社会主义大市场中,必须全面发挥这四项职能的作用。同时还应抓住重点,就是要以查处各种违法、违章案件为中心环节,以带动其他各项职能的发挥。只有这样,才能更好地完成国家所赋予工商行政管理部门建立和维护公平、公正、公开、竞争有序的社会主义市场经济秩序的任务,更好地为社会主义市场经济体制的完善服务。

工商行政管理部门保护消费者权益的具体内容包括:

(1)通过对市场经营主体的监督与管理,制止违法经营,防止损害消费者权益行为的发生;

(2)通过对各类市场的监督与管理,保护合法经营,查处各种市场违法行为,维护市场交易秩序,为消费者提供公平、安全的消费环境;

(3)通过对流通领域商品质量和流通环节食品安全的监督与管理,保护消费者合法权益;

(4)通过保护名牌商品,打击商标侵权行为,维护商标信誉,为消费者购买优质商品创造条件;

(5)通过对广告的监督与管理,查处虚假广告和引人误解的宣传行为,维护消费者权益;

(6)通过制止各种不正当竞争行为,打击和查处侵害消费者权益的各种违法、违章行为,保障消费者权益。

二、质量监督管理

质量监督管理部门在职责范围内,定期或者不定期地对经营者提供的商品和服务进行抽查检验,并及时向社会公布抽查检验结果。一旦发现并认定经营者提供的商品或者服务存在缺陷,有危及人身、财产安全危险的,应当立即责令经营者采取停止销售、警示、召回、无害化处理、销毁、停止生产或者服务等措施,主要包括以下方面:

(1)实行标准化管理。通过制定保障消费者人身、财产安全的一系列产品质量标准,并监督质量标准的实施,保护消费者的权益。

(2)实施计量监督。计量监督是计量部门对计量单位、计量基准、计量标准、计量器具、计量检定机构及计量管理人员的监督管理行为,以及对计量器具的制造、修理、销售、使用进行监督、管理和对违反计量法规的行为进行查处,保护消费者权益。

(3) 推行企业质量体系认证制度和产品质量认证制度。通过促使企业维护自己的信誉和产品质量口碑,提高产品质量,间接维护消费者的权益。

(4) 对产品质量进行监督。通过产品质量监督活动以及对违反《产品质量法》行为的处罚,保护消费者的合法权益。

三、食品和卫生监督管理

1. 对食品卫生进行监督

县级以上卫生防疫站和食品卫生监督检验所是食品卫生监督机构,其任务是:

(1) 进行食品卫生监测、检验和技术指导;

(2) 协助培训食品生产经营人员,监督食品生产经营人员的健康检查;

(3) 进行食品卫生评价,公布食品卫生情况;

(4) 对食品生产经营企业的新建、改建、扩建工程的选址和设计进行卫生检查并参加验收;

(5) 对食物中毒和食品污染事件进行调查,并采取控制措施;

(6) 进行现场检查,对违反《食品卫生法》的行为予以行政处罚。

2. 对药品的生产经营进行监督与管理

县级以上卫生行政部门行使监督与管理职权,目的是保证药品质量,保障用药安全,维护消费者人身健康。具体任务是:

(1) 对药品的生产、经营和医疗单位的药剂进行监督与管理;

(2) 审批药品,颁布药品标准;

(3) 负责药品的认证工作,提出淘汰药品的品种;

(4) 管理麻醉药品、精神药品、毒性药品和放射性药品;

(5) 取缔假药、劣药;

(6) 监督进出口药品的质量;

(7) 查处违反《药品管理法》的行为。

四、价格监督

商品和服务的价格与消费者息息相关,各种价格违法行为是损害消费者权益的主要方式,价格监督检查与反垄断局对消费者权益的保护主要体现在价格执法方面,其在价格方面的职责主要是拟定价格政策,监督、检查价格政策的执行,负责组织制定和调整少数由国家管理的重要商品价格和重要收费标准,依法查处价格违法行为和价格垄断行为,建立价格违法行为的举报制度,并对举报人的投诉、举报进行分析、调查和处理。价格监督检查与反垄断局内部设有价格管理、价格监督检查与反垄断管理这两个部门。

价格管理部门主要承担以下职责:监测、预测价格总水平波动,提出价格总水平调控目标、政策和价格改革的建议;组织起草有关价格、收费方面的政策和法规草案;提出政府价格管理的范围、原则、办法和修订政府定价目录的建议;组织拟订重要商品的价格、收费政策和调整中央政府管理的商品价格及收费标准;组织重要农产品、重要商品和服务的成本调查。价格司主要是从宏观层面维持价格的总体稳定,防止价格大起大落,以确保消费者享受公平的价格。

价格监督检查与反垄断管理部门主要承担以下职责:起草有关价格监督检查的法规草案和规章,指导价格监督检查工作,组织实施价格检查,依法查处商品定价、服务定价、国家机关收费中的价格违法行为,依法查处价格垄断行为;按规定受理价格处罚的复议案件和申诉案件。价格监督检查与反垄断局主要是从微观层面对各种价格违法行为进行执法,依法保护消费者免受企业价格违法行为的侵害。

五、进出口商品检验管理

2018年3月,国家质量监督检验检疫总局的出入境检验管理职责和队伍划入海关总署,基本职责之一是依法对进出口商品实施检验,保证进出口商品质量。某些进出口商品必须经过商检机构或其指定的检验机构检验,否则不准出售、使用或进出口。实施检验的内容包括:商品的质量、规格、数量、重量、包装以及是否符合安全、卫生的要求。海关总署在口岸检验监管中发现不合格或存在安全隐患的产品,依法实施技术管理、退运、销毁,并向国家市场监督管理总局通报。

第三节 消费者权益司法保护

一、消费者权益司法保护的意义

消费者权益司法保护是指凭借国家的司法力量来维护消费者的合法权益,对侵害消费者权益的各种行为,由国家司法机关通过民事、刑事诉讼的方式追究侵权人的法律责任,同时通过行政诉讼的方式监督行政执法过程的行为。从狭义上讲,司法机构是指各级人民法院和各级人民检察院,在广义上,也包括公安机关,它也行使着一定的司法权。消费者司法保护的意义体现在以下方面:

1. 平等保障人权,实现社会公平正义

"人权概念自其诞生以来便被赋予极其广泛的含义且随着历史不断演进。然而,作为公民基本权利的来源,人权无论被赋予何种内容,其要从应然形态走向实然形态,都离不开司法的最终保障"。消费者的权利是体现人类生存和发展需求的、以生存权为基础的基本人权,在人类发展的历史中,人人都是天生的消费者,消费过程从摇篮直至墓地。消费不仅仅具有人的经济活动的属性,还是人存在的基本条件之一。因此,当消费者的最基本权利被侵犯时,国家司法机关通过民事赔偿、刑事制裁和监督行政执法行为的方式对其提供特别的保护和救济,是保障人权的重要手段。司法机关对经营者违法行为的制裁,对消费者合法权益的保护,确保消费者的生命健康和安全,为消费者权利的救济提供系统、可靠的制度性保障,是国家关注民生问题的重要体现,是实现社会公平正义的有效途径。

2. 化解社会矛盾,维护社会和谐

当前,我国正处于社会发展的重要战略机遇期,同时也处于社会矛盾的凸显期,社会生活的各个领域、各个阶层都在发生深刻的变化,由此派生出的社会关系、价值取向、利益分配在全新的环境中不可避免地产生激烈的碰撞。因此,"各种利益诉求的表达将成为一种需要国家重视的常规性社会现象"。在消费纠纷领域,国家倾听消费者的利益诉求,裁决消费者与经营者之间、消费者与行政管理机关之间的争议,最主要的手段应该是司法审判,通过司法审判给权利受侵害者以司法救济。和谐社会的核心,应当是以人为本,只有为弱势一方的消费者提供真正的、有效的司法保护,才能从根源上防止群体性事件的爆发,有效预防和化解社会矛盾,维护社会的和谐稳定。

3. 合理配置诉讼资源,深化司法审判改革

司法改革的目标是司法公正,判断法院的审判过程和结果是否公正的标准是看当事人的司法保护是否得到了充分行使和实现。当前消费者权益保护领域的司法审判过程面临着民事赔偿数额偏低、原告资格认定范围过窄、诉讼类型单一、具体诉讼程序不完善、消费者举证困难等问题,需要进行一系列的司法审判改革,例如,针对消费者诉讼的特殊性,完善民事赔偿制度,借鉴集团诉讼制度,设立小额诉讼法庭,改革消费者权益诉讼证据制度,从而使诉讼资源的配置更趋合理,最大限度地维护消费者的合法权益。

4. 扩大消费者权益司法救济的国际化视野

在经济全球化、科技现代化、社会信息化加速发展的今天,世界各国在经济、政治、文化等领域的全方位交流与合作得到不断加强,消费者权益保护的环境发生了一些有别于传统模式的明显变化,对我国消费者权益的保护水平提出了新的要求,迫使各国开始重新审视本国消费者权益司法保护的现状与能力,消费者权益司法保护的水平是衡量一国社会文明、法制进步的重要标志。我国要融入经济全球化的进程,必须扩大国际化视野,为消费者权益的司法保护提供有效的制度性保障。

二、消费者权益司法保护机构

(一) 人民法院

在我国由各级人民法院行使审判权,即依照法律对各种案件进行审理并作出判决的权力。人民法院对消费者权益的保护主要是通过行使审判权,对于各种涉及消费的民事案件、行政案件及刑事案件进行审判并做出判决来实现的。

根据《消费者权益保护法》,当消费者和经营者发生消费者权益争议时,消费者可以"向人民法院提起诉讼",维护自身的合法权益。人民法院要为消费者提供便捷的纠纷解决机制,及时化解矛盾。为了切实保障消费者的利益,《消费者权益保护法》第35条规定:"人民法院采取措施,方便消费者提起诉讼。对符合《中华人民共和国民事诉讼法》起诉条件的消费者权益争议,必须受理,及时审理。"由于历史原因及文化传统,我国消费者并不善于通过诉讼来维护自己的利益,因此,只有通过便捷的制度设计,才可能激发消费者提起诉讼的积

极性,这样才能对各种损害消费者权益的违法行为形成一种威慑,进而减少损害消费者权益的现象,形成一种良性的互动。

(二) 检察机关

人民检察院是国家的法律监督机关。人民检察院通过行使检察权,对各级国家机关及其工作人员和公民是否遵守法律和法规实行专门监督,以保障法律、法规的正确实施。在现实生活中,存在大量严重损害消费者权益的犯罪行为:有的生产者、销售者在产品中掺杂、掺假,如往奶制品中添加三聚氰胺,造成了恶劣的影响,损害了消费者的生命、财产安全;有的经营者生产、销售假药,置广大消费者的生命、健康于不顾;有的经营者从事金融犯罪,不仅损害了金融消费者的利益,而且严重破坏了我国的金融秩序。对于这些行为,各级人民检察院应当进行立案、侦查或转交公安机关,认为构成犯罪的,及时提起公诉,追究各种犯罪行为的法律责任,捍卫法律的尊严,维护广大人民群众的利益。

(三) 公安机关

公安机关是人民政府的组成部分,同时也负责刑事案件的侦查工作,因此也行使着一定的司法权。公安机关的职责之一就是预防、制止和侦查违法犯罪活动,各级公安机关对于各种违法犯罪行为,应当积极侦查、严厉打击。对于那些严重损害消费者权益的违法犯罪行为,如生产、销售伪劣产品,利用网络进行欺诈,等等,公安机关也应当加大执法的力度,及时查处各种损害消费者权益的违法犯罪行为。近年来,公安机关治安部门高度重视保护消费者合法权益的工作,涌现出一大批保护消费者权益的先进单位和个人,如2009年中国保护消费者基金会最高奖——"保护消费者杯"的获奖个人就有来自公安系统的人员。除了通过执法保护消费者权益外,公安机关(主要是指公安部)还参与了一些与消费者权益保护有关的规章的制定,如2005年公安部同商务部、国家发改委、国家工商总局、国家税务总局等联合制定了《整治商业零售企业不规范促销行为专项行动工作实施方案》,以规范零售企业的促销行为,创建良好的市场秩序,维护消费者的利益。

三、消费者权益司法保护中存在的问题与完善

(一) 消费者的实际损失难以获得足额赔偿,赔偿数额偏低

据《北京晨报》报道,北京的蒋先生购买了一支9元的净白洁面乳,包装上注明功效包括淡化皮肤色斑等,而具有此功效的化妆品属于特殊用途化妆品,应标注特殊用途化妆品许可证号。蒋先生以此为由诉请法院判决超市退还9元货款并赔偿9元。最终蒋先生胜诉。然而这场官司历时3个多月,蒋先生为18元钱付出的3 000多元交通费和误工费等损失,并未得到法院的支持。当前消费者在要求赔偿时,不仅需要四处奔走,消耗大量的时间、精力和财力,而且一旦诉至法院,还要面对漫长的诉讼过程和高昂的诉讼成本,也要面临可能败诉的风险。即使胜诉,消费者所支付的误工费、交通费、鉴定费、调查取证费、律师费等费用也难获法院的支持,这种难以弥补消费者实际损失的结果,有违司法救济的本意。

(二) 保护消费者诉讼救济机制存在缺陷

诉讼适用条件不明确,适用条件过于严苛,导致消费者难以真正实现提起诉讼的权利。诉讼程序不成熟、不完善,代表人诉讼制度可操作性不强,诉讼过程过于烦琐,消费者在权

益受到侵害、向人民法院提出诉讼后,将面临漫长而复杂的诉讼程序,未能达到简化诉讼、快速解决纠纷的目的。消费者举证同样困难,根据民事诉讼法"谁主张、谁举证"的基本原则,在消费者诉讼维权案件中,通常由作为原告一方的消费者举证,证明经营者存在违约或者侵权行为,并给自己造成了损害。然而现实是,消费者往往因为举证困难而处于不利境地,由于产品和服务都是由生产者和经营者提供,相关的证据难以获取,消费者在取证时得不到有关单位和公民的支持,在证据的取得和掌握上都处于劣势。因此,大量的消费维权诉讼中,消费者一方因为举证困难而最终败诉。

(三)消费者权益司法保护和行政保护未能有效衔接

行政处罚决定对于民事判决影响力不足,对于经营者制假售假、侵犯消费者合法权益的行为,行政机关做出罚款、责令停止侵害、吊销营业执照等处罚决定后,受侵害的消费者又向人民法院提出民事赔偿诉讼的,人民法院在做出判决时往往不会考虑经营者因其恶劣行为受到行政处罚这一因素,也不会因此增加对消费者的赔偿。另外,在消费者提出的民事诉讼中,人民法院经审理,最终判定经营者败诉,应当承担相应的民事赔偿责任;此外,经营者针对某一特定消费者的欺诈行为得到了法律的制裁,消费者的合法权益也得到了及时的保护,然而,在民事判决生效后,经营者如果继续以同样的方式欺诈其他消费者,根据"不告不理"原则,在受欺诈的消费者启动民事诉讼程序之前,司法机关对其同样无能为力。

民事判决对行政管理机关的日常监管行为影响力不足,人民法院针对不同经营者侵害消费者权益的行为做出的要求其赔偿消费者损失的生效判决,似乎与行政管理机关毫无关系。对于民事判决中涉及的不法经营者是否能够合法诚信地经营,行政管理机关没有相应的监督制约机制,如果该经营者存在继续欺诈消费者的行为,行政管理机关也不会因其曾经承担过民事赔偿责任而对其从重处罚,从而导致民事诉讼程序与行政保护未能有效衔接。

为此,完善民事赔偿制度,由败诉方承担对方当事人合理的诉讼成本,完善惩罚性赔偿制度,对于生产者主观故意严重的行为,尤其是给消费者、社会造成恶劣影响的,必须赔偿超出受害人实际损失的数额。另外,建立小额最低赔偿制度,当消费者对小额商品侵权损失难以精确计算或者损失过小时,经营者应给予消费者最低额度以上的赔偿。完善诉讼制度,适用一套程序简易、高效流转的诉讼程序,弥补诉讼时间漫长、成本昂贵的不足。完善司法保护与行政保护的衔接制度,建立民事审判黑名单,将不法经营者纳入黑名单,进行严格监管。只有这样,才能激励国家行政机关对消费者权益的保护,有效解决各种消费者纠纷等问题。

第四节 消费者权益社会保护

一、消费者权益社会保护的形式

消费者社会保护是指权力系统外部的新闻机构、社会团体和普通消费者,对市场经济活动中侵犯消费者合法权益行为的自下而上的非国家性质的监督。社会舆论的干预虽然不具有强制性和约束力，但它的作用是不可缺少的。对侵犯消费者权益的行为，在报纸、杂志、广播、电视等大众传播媒介上进行公开的揭露、批评，将他们的丑行曝光于公众面前，这样当事人会受到社会公众的谴责，被广大消费者所孤立、冷落，使其生产经营活动陷于困境。同时对其他有类似行为或心怀不良的生产经营者是警告、威慑。在实际生活中，许多侵害消费者权益的非法行为是在社会舆论揭露之下才引起有关部门的重视，从而得到妥善的解决。2013年修订的《消费者权益保护法》第六条规定：保护消费者的合法权益是全社会的共同责任。因此，社会舆论可以监督和促进行政与执法机关履行保护消费者权益的职责。

新闻媒体监督是指通过社会舆论对市场经济运行中侵犯消费者合法权益行为的制衡和监督机制。这种监督虽然不具有法律效力，但通过新闻形式的特殊性能够及时地反映问题并督促和纠正，具有反应快、震动大、影响广的特点。主要监督形式有报纸、电视、广播、杂志、书籍、网络等，其中报纸、电视、网络由于传播速度快、覆盖范围广、影响力大，是主要的新闻媒体监督形式。

社会团体监督是指包括消费者权益保护组织和各种行业协会在内的专门机构对侵害消费者权益的行为进行的监督，是通过商品和服务，对经营者实施的一种外部监督。社会团体监督的形式可以分为事前监督、事中监督和事后监督。在对消费者侵权行为发生之前的"消费教育引导和向消费者提供信息咨询服务"，是一种事前监督形式；"开展消费调查、消费体验、商品比较实验，评议商品和服务"是一种事中监督形式；在对消费者侵权行为发生之后的"接受投诉、消费提示、消费警示、公开批评等权利的行使"是一种事后监督形式。《消费者权益保护法》第36条规定，消费者协会和其他消费者组织是依法成立的对商品和服务进行社会监督的保护消费者合法权益的社会组织。尽管本条文对消费者协会和其他消费者组织的性质做了重新认定，但是总体来说他们的监督仍然属于社会团体监督的范畴。

1984年设立的消费者协会挂靠在同级工商行政管理局，其领导机构为理事会，理事会是由有关部门和社会各方面的代表协商组成，名誉会长一般由同级人大常委会或政府的领导人担任，会长一般由同级工商行政管理局领导人兼任，在理事会下设立办事机构，其编制、经费、人员及办公设施等主要由同级工商行政管理局解决。消费者协会的基本职能是维护消费者权益。消费者协会的任务是对商品和服务进行社会监督，保护消费者的权益，指导广大群众的消费，促进社会主义市场经济的发展。因此，消费者协会不仅要争取消费者的正当权益，而且要通过多方面的活动和多种措施抑制和减少损害消费者权益问题的产生，并且正确处理和解决损害消费者权益的有关问题。

互联网维权保护是新时期大数据信息环境下的新型消费者权益保护形式，具有覆盖面广、传播力度持续扩大、受众活跃度强等特点，而且主力人群为年轻人，维权意识普遍更强，能够为维权人提供更全面、更专业、更精准和更及时的信息数据。互联网作为一个开放的平台，能够帮助消费者放大声音，实现政府、企业和消费者之间的对话。一般来说，互联网维权分为五个步骤，即消费者通过互联网将侵权行为曝光、引起网友关注、媒体围观，接着舆论跟进、事态发酵，随后官方介入、企业回应，最后事件平息、消费者维权成功。互联网维权有多种方式,如微博维权、微信维权、网购平台维权等。

图 5-1 黑猫平台维权

二、保护消费者权益的社会监督体系的建设原则

社会监督体系不能游离于社会或自成一体,它的建设原则是必须配合政府管理部门的工作,目的是全社会形成一股合力,更有力地打击违法行为,其建设原则如下:

1. 合法性原则

保护消费者权益社会监督权的行使,必须符合相关法律法规的要求,不能突破法律的界限,毫无限制,肆意妄为。合法性原则是行使社会监督权的前提,如果背离合法性原则,不但无法保护消费者的合法权益,还有可能侵犯其合法权益。

2. 透明性原则

监督机构的职权范围及履行其职权的程序,以及其所监督的内容,都应该完全对社会尤其是被监督对象和所涉利益群体高度公开。同时,对监督的结果也要进行公开评议,让被监督行为影响的利益群体获得信息知情权和充分参与权。

3. 相对独立性与可信性原则

新闻媒体、消费者权益保护组织和行业协会在组织上应当与政府管理部门分离,能够独立地行使监督权而不受主管部门的干涉和妨碍,且要保持客观性、真实性,不能为了制造轰动效应而扭曲事实真相,误导公众,从而损害社会监督体系的可信性。

4. 可问责性原则

可问责性原则应该包括两个方面的内容:一是对社会监督范围内的问题,有权要求具体管理部门进行查处、纠正、说明和管理;二是对失职部门或人员,管理部门应该对其问责,监督部门有了解情况处理结果的权利。

三、新闻媒体监督存在的问题与完善

新闻媒体开展舆论监督,存在报道缺乏纵深的力度问题,舆论监督曝光的案例大多为普通的经营者侵犯消费者权益的报道,涉及大企业、大公司或者有背景的经营者侵权行为的报道甚少。虽然也有《央视 3.15 晚会》《焦点访谈》以及凤凰网等电视栏目、报纸和网站曝光一些侵犯消费者合法权益的典型事件,但由于种种原因,后期没有深入追踪报道,多数不了了之。另一方面,媒体在进行负面报道的时候,容易受到外界压力,这极大损害了消费者的知情权。

对于新闻媒体在监督工作中的困境,应首先增强媒体监督的独立性,让其成为真正意义上的监督主体,在新闻报道的选题、内容、报道方式上,只要不违反法律,即可独立运行,任何单位和部门无权干涉。另一方面,新闻工作者也应提升自身素质,加强自律,明确新闻工作者的职业道德标准,自觉抵制外界的诱惑,不夸大其词,不哗众取宠,不为了利益进行不客观、不公正的报道,做到担使命,坚持新闻正义。

本章习题

1. 我国消费者权益保护包括哪几个方面?
2. 我国消费者权益的立法保护包括哪些方面?
3. 我国消费者权益的行政保护包括哪些方面?
4. 工商行政管理部门在保护消费者权益时具有哪些职能?
5. 我国消费者权益的司法保护包括哪些方面?
6. 什么是消费者权益的社会保护?

第六章 消费者组织

教学重点

消费者组织的简要发展历程,消费者组织如何界定,消费者组织的特征,消费者组织的分类,我国消费者协会的设置、性质及职能,国际消费者组织的发展。

教学要求

对消费者组织的界定有初步认识,了解国际、国内消费者组织发展的历程。掌握消费者组织的概念、法律特征、分类及我国消费者协会的职能与性质。明白消费者组织及其开展的消费者运动,对于消费者权益保护的作用。

第一节 消费者组织概述

一、对消费者组织的界定

消费者组织是为维护消费者合法权益而由消费者自发组织或者由其他社会团体联合组建的社会团体。消费者组织以切实维护消费者权益为宗旨,完全代表消费者的利益,并站在消费者的立场开展活动和进行工作。消费者组织所从事的一切活动都不得以营利为目的,其独立或相对独立地开展活动,不受其他组织及团体的干涉。

消费者协会是由消费者自发组织、对商品和服务进行社会监督、保护消费者合法权益的社会团体。作为消费者组织,它的产生和发展是与消费者运动紧密联系在一起的。消费者运动兴起于19世纪末20世纪初,它是消费者为保护自己的合法权益、改善其经济地位而自发地或有组织地进行的社会运动。自由市场经济的发展和资本主义抽象平等与契约自由精神是消费者保护运动存在和发展的内在要求。

对消费者组织的内涵,理论上主要有三种观点:一是从功能上予以界定,认为任何组织只要具有消费者保护功能,均可被认定为消费者组织,而不论其性质、组建形式、营利与否。

二是从性质上加以概括,认为消费者组织是以保护消费者权益为宗旨的各种民间性社会团体,以此与政府设立的各种消费者保护机构相区别。三是从形成的原始动因出发,认为消费者组织是消费者行使自由结社权、自发形成的社会组织,不同于保护消费者权益的国家机关,也不同于企业建立的协调消费者事务的组织。

笔者认为,上述关于消费者组织的界定中,第三种理解比较符合消费者组织的创立初衷及发展趋势。首先,从成因上看,消费者组织从一开始就是消费者从消费无知逐步走向消费自觉和组织自觉的产物,是消费者在丰富的生活实践中自下而上自发形成的,其所有活动均围绕着消费者利益展开。而政府设立的消费者权益保护机构,其工作的重心是严格履行法律规定的职责,缺乏主动深入消费生活、为"消费者请命"的动力。企业设立的各种消费者权益维护机构,其各项工作的最终目标指向的是企业的利益,消费者权益的保护只是企业发展壮大的工具而非终极目标。其次,从宪政发展的角度讲,消费者组织是消费者行使宪法性权利——结社权的结果,这就决定了其组成人员必须为消费者。从此意义上讲,国家设立的保护消费者权益的机关以及企业创建的消费者的服务机构,虽然具有保护消费者权益的功能,因其权力(权利)来源的规定性,也只能徘徊在消费者组织大门之外。

二、消费者组织的法律特征

消费者组织同其他组织相比较,具有以下特征:

1. 独立性。消费者组织独立于政府与企业,拥有一套健全、完善的治理结构,能够按照章程规定自主选聘工作人员,能够自主管理和使用组织财产,能够按照自己的意志做出决策,并对外独立承担民事责任。独立性是消费者组织保持公正性、权威性的前提和基础。

2. 以维护消费者权益为根本宗旨。消费者组织是消费者集体权利意识觉醒后带来的消费者运动蓬勃发展的产物,自其产生之日起便肩负着站在消费者的立场与政府和企业进行互动、合作,表达消费者的诉求和保护消费者的权益的使命。各国的消费者组织虽然功能各有侧重,但保护消费者权益均是其核心和宗旨。

3. 中介性。消费者组织作为社会中间层主体,架起了政府与经营者、政府与消费者、经营者与消费者之间进行沟通、协调的桥梁。消费者组织可以作为消费者与经营者之间的中介,协调两者间的利益;还可以通过向政府和企业提出意见和表达愿望的形式,使政府和企业充分了解消费状况,从而促进政府决策的科学性、合理性和企业行为的规范性。

4. 非营利性。消费者组织以为消费者提供公共服务为根本宗旨,而不以利润最大化为其追求目标。非营利性是消费者组织实现功能自治的重要前提,一旦受到利益的驱使,消费者组织的活动就难免偏离组织的目标,而更倾向于与政府"合作"分享权力、与企业"合作"分享财富。强调非营利性,并不是说消费者组织不能与"钱"有任何关系。消费者组织仍然可以通过收纳会员会费、发行杂志、接受政府资助及社会捐赠等合法手段获取收入,只是这些收入不能用于组织工作人员的利润分配,必须全部用于组织的进一步发展。

三、消费者组织的分类

根据不同的标准,我们可以对消费者组织进行不同的分类。通常对消费者组织的分类有以下几种：

1. 会员制消费者组织与非会员制消费者组织。根据消费者组织与消费者之间的关系，可分为会员制消费者组织和非会员制消费者组织。会员制消费者组织中，消费者与组织之间的关系相对固定，消费者以一定方式入会后才能成为会员，消费者组织以保护会员利益为宗旨开展活动。有的消费者组织要求消费者缴纳一定会费后才能成为会员，有的消费者组织通过发行消费者保护方面的刊物，吸纳长期订户为会员。非会员制消费者组织没有固定的会员，以保护全体消费者的权益为宗旨开展活动。

2. 综合型消费者组织与单一型消费者组织。根据消费者组织职责的不同，可分为综合型消费者组织和单一型消费者组织。前者承担消费者保护方面的各项工作，为消费者提供全方位的服务。后者仅从事某一方面的消费者保护工作。

3. 保护一般消费者组织与保护特殊消费者组织。根据消费者组织保护对象的不同，可分为保护一般消费者组织和保护特殊消费者组织。前者对消费者不加区分，对所有的消费者都提供保护，后者仅对某一类特殊的消费者提供保护。

4. 国内消费者组织与国际消费者组织。根据消费者组织活动地域范围的不同，可分为国内消费者组织和国际消费者组织。前者只在一国境内活动，并且仅对该国境内的消费者提供保护。后者活动范围不受国境限制，以不同国家的消费者为保护对象。

5. 民间性消费者组织和具有官方背景的消费者组织。根据消费者组织成立背景及方式的不同，可分为民间性消费者组织和具有官方背景的消费者组织。民间性消费者组织是指完全由消费者自发成立，资金主要来源于民间的消费者组织。具有官方背景的消费者组织是指由政府发起成立，并由政府提供大部分资金的消费者组织。

6. 社团法人型消费者组织和财团法人型消费者组织。根据组织形态的不同，可分为社团法人和财团法人。社团法人主要是指各种会员制的消费者协会、消费者联盟等；财团法人主要是指在捐赠财产基础上成立的消费者基金会，典型的有德国的消费品检验基金会、中国内地的消费者保护基金会及中国台湾地区的消费者文教基金会等。

在我国，消费者组织有广义和狭义之分，狭义的消费者组织在我国专指消费者协会，广义的消费者组织包括以下几种：

1. 群众性消费者组织。群众性消费者组织是指由消费者为维护自身合法权益而自发组织起来的消费者团体，如商品房小区的业主委员会、稻农协会等。

2. 政府部门中的保护消费者权益的机构。这里的政府部门是指依法有保护消费者职责的各级政府机关，如市场监督管理局、卫生监督部门等，这些机关中专门设立的保护消费者权益的机构，如市场监督管理局内部设立的消费者权益保护处（科）等，从广义上讲也可以称为消费者组织，但其性质与其他消费者组织是不同的。

3. 经营者为接受消费者监督而成立的自律性组织。经营者为了自身的利益，也是由于来自消费者和政府部门的压力，有的成立了具有自律性质的、为维护消费者合法权益而从事活动的组织，这种组织虽然不是消费者自己的组织，但在保护消费者权益方面也发挥着积极的作用。

4. 由其他社会团体联合组织成立的消费者保护团体。这类团体是站在消费者的立场开展活动,并以保护消费者权益为宗旨,因此是重要的消费者组织。如我国的消费者协会,就是由有关机关领导人员,工会、妇联、共青团、文联等社会团体的代表组成的。它是我国最基本的消费者组织。

第二节 消费者协会

通常所说的消费者协会一般是指中国消费者协会,以下介绍的是中国消费者协会。

一、消费者协会的设置

消费者协会亦称中国消费者协会,是对商品和服务进行社会监督的、保护消费者合法权益的、具有社会团体法人性质的全国性社会组织。中国消费者协会是经国务院批准成立的,其宗旨是对商品和服务进行社会监督,保护消费者的合法权益,引导广大消费者合理、科学消费,促进社会主义市场经济健康发展。

1983年5月,河北省新乐县成立了消费者协会,这是我国成立的第一个消费者组织。1984年8月,广东省广州市成立了消费者委员会,这是我国第一个城市消费者组织。中国消费者协会于1984年12月经国务院批准成立,是对商品和服务进行社会监督的、保护消费者合法权益的、全国性社会团体,成为中国第一个保护消费者权益的协会。中国消费者协会于1987年9月被国际消费者联盟组织接受为正式成员。

中国消费者协会其内部设理事会,为中国消费者协会的最高决策机构,理事会由下列各方面的代表组成:市场监督管理、技术监督、物价、卫生、商业、政法等政府机关的领导人员,工会、妇联、共青团、文联等群众团体的代表,报纸、广播、电视等新闻媒体的代表,以及工人、农民、城镇居民、文艺工作者、律师等各方面的群众代表。理事会设理事长1人,副理事长若干人,秘书长1人,副秘书长若干人。秘书长、副秘书长负责日常事务。理事会每年举行一次会议,理事会闭会期间由常务理事会负责有关决策工作,常务理事会可根据需要随时召开临时会议。

二、消费者协会的职能

消费者组织在消费者保护方面担负着广泛的社会职能。这些职能概括起来主要是:(1)进行商品比较检验,向消费者提供信息和咨询;(2)对消费者进行教育,提高消费者维护自身权益的意识和能力;(3)调解消费者投诉,支持起诉、仲裁或以消费者组织的名义提起诉讼,帮助消费者挽回损失;(4)收集消费者的意见并向企业反馈;(5)大造舆论,宣传消费者的权利,形成舆论压力,以改善消费者的地位;(6)参与国家或政府有关消费者法律和政策的制定,并要求政府建立消费者行政体系,处理消费者问题。

根据各国经济状况的不同,消费者组织的职能与作用也有所侧重。在发达国家,消费者群体受过良好教育并有一定经济基础,因此很多消费者组织的主要任务是进行比较测试以及提供可靠的资讯。而在发展中国家,消费者组织则主要负责一些基本需求,在地区层面上进行消费者教育,使他们意识到自己的权利,同时代表消费者的利益与企业进行谈判,帮助消费者挽回损失,参与法律、政策的制定,改善消费者的地位等。目前在欧美等发达国家和地区,消费者组织的一项具有特色的活动就是广泛开展商品的比较检验,通过发布各种消费信息和进行消费咨询,为消费者提供专家型的专业服务。

世界上最早开展商品比较检验服务的消费者组织是美国消费者联盟,最初只检验一些容易检验的、消费者经常购买的商品,现在则拥有自己建立的、位于纽约州蒙特·威尔的实验室和康涅狄格州伦治的自动检验中心。其检验商品时另有一套符合消费者要求而非与企业要求相同的标准和方法,也不同于政府对商品的标准和要求。美国消费者联盟从1936年成立时起就一直在比较检验产品并通过自己的刊物报道调查结果,从汽车、家用电器到日常生活用品,根据检验结果做出评定,数百万订户愿意买单,许多美国人往往会看了《消费者报道》再去买东西。日本的消费者团体坚持"一品检验",即一个牌子只检验一件,要求企业提供的商品任何一件都没有问题。其检验方法也与工厂不同,采取接近实际使用的方法,这样便会发现许多问题。德国的权威消费者组织——消费品检验基金会还对服务,如消费信贷、养老院等进行评级,提供了很多有价值的调查报告。欧洲的消费者团体对"联合比较检验"特别有兴趣。他们制定了一个合作检验的工作表以进行较昂贵商品的比较检验,每年检验数十种商品。从可口可乐、洗衣粉到家用电器和蒸汽熨斗等,12个国家的消费者团体联合比较检验并分摊检验费用,然后把比较检验报告分别发表在各自的刊物上。规模比较大的消费者组织也时常彼此交换比较检验的成果。缺乏先进检验设备、规模较小的第三世界国家的消费者团体时常委托规模较大的发达国家的消费者组织帮助检验。1975年,新西兰的消费者团体替斐济消费者组织比较检验了12种牌号的煤油炉,结果发现没有一种符合安全标准。1981年,澳大利亚消费者协会替6个亚洲消费者组织进行了一项有关电插头的比较研究。

1985年以来,我国各级消费者组织在开展保护消费者权益的工作中,也很重视商品的比较检验,先后对酸奶、奶粉、月饼、方便面、啤酒、酱油、醋、电风扇、电视机、电冰箱、电热毯、照相机、化妆品、卫生纸、餐巾纸等进行单一或综合检验。为推动这项工作的规范化,中国消费者协会协助政府标准化部门制定了比较检验的国家标准,编制了消费者协会《比较试验工作导则》,与权威机构和科研单位合作,按商品类别建立了十二个商品指定实验室。根据《消费者权益保护法》第37条的规定,我国消费者协会及其他消费者组织具有下列职能:

(1)向消费者提供消费信息和咨询服务,提高消费者维护自身合法权益的能力,引导文明、健康、节约资源和保护环境的消费方式。消费信息包括商品、服务及生产者、销售者的基本情况、现状、发展趋势、表现形式等资料和信息;咨询服务是针对消费者的询问就有关消费及消费者权益保护方面的问题给予解答。消费者协会提供的消费信息及咨询服务是其日常工作的重要内容。消费者协会通过设立热线咨询电话、咨询窗口、网站、公众号、讲座、培训、展览、社会咨询等向消费者解答问题,公布调查及测试结果,引导消费者文明、健康消费。

(2)参与制定有关消费者权益的法律、法规、规章和强制性标准。

（3）参与有关行政部门对商品和服务的监督、检查。

（4）就有关消费者合法权益的问题，向有关部门反映、查询，并提出建议。

（5）受理消费者的投诉，并对投诉事项进行调查、调解。

（6）投诉事项涉及商品和服务质量问题的，可以委托具备资格的鉴定人鉴定，鉴定人应当告知鉴定意见。

（7）就损害消费者合法权益的行为，支持受损害的消费者提起诉讼或者依照本法提起诉讼。

（8）对损害消费者合法权益的行为，通过大众传播媒介予以揭露、批评。

综上，我们可以得出这样的结论：如果没有广泛存在的民间消费者组织及其广泛开展的消费者运动，就不会有今天消费者保护的成就。消费者团体对消费者利益的保护作用始终是根本的、第一位的和最重要的力量。历史清楚地告诉我们，如果没有消费者组织的努力，就不会有今天各国政府、企业对消费者权益保护的重视，也就没有关于消费者保护的政策、法律法规、行政保护措施的纷纷出台及有效实施。今后消费者权益保护及消费者运动要继续深入进行下去，仍离不开消费者组织的活动与作用。一旦离开了消费者组织的活动与作用，消费者权益保护就难免会陷入萎靡甚至倒退。消费者自身及其组织是消费者保护的原动力。

三、中国消费者协会的性质

中国消费者协会是中国广大消费者的组织，是一个具有半官方性质的群众性社会团体。中国消费者协会和地方各级消费者协会，是由同级人民政府批准，经过民政部门核准登记而设立的，具有社会团体法人资格。由于各个地方的消费水平、消费需求、消费纠纷等都不太一样，因此每个地方的消费者协会都具有特殊性。

中国消费者协会作为我国唯一的消费者组织，其性质具有双重性。消费者协会的建立具有法定依据，即《中华人民共和国消费者权益保护法》的直接规定。原中国消费者协会会长曹天玷于1999年就中国消费者协会的性质做出了比较精辟的概括："中国消费者协会不同于一般民间团体，是有法定名称、法定性质、法定职能、法定行为规范的官办社会团体"。尽管消费者协会的产生有其独特的社会机理，并且有其自身的运作逻辑，应当具备社会团体所共有的属性，但可以清晰地看到，中国消费者协会的逻辑起点是一个官办的社会团体，较之于国外的消费者组织和国内的其他社会团体，中国消费者协会表现出诸多不同之处。例如，中国消费者协会的成立是经国务院批准的。中国消费者协会的宗旨意味着其承担着"促进社会主义市场经济健康发展"的特殊任务。因此，从消费者协会的产生来看，它带有明显的政府主导的色彩。

《消费者权益保护法》第36条规定："消费者协会和其他消费者组织是依法成立的对商品和服务进行社会监督的保护消费者合法权益的社会组织。"从字面上看，法律是承认我国消费者组织属于社会团体的。社会团体不是国家组织，不具行政性质，因此消费者组织是不具有行政性质的。然而，从我国消费者组织的形成、设置和人员组成以及功能来看，却无不体现出消费者组织的"行政性质"。但这一性质并不能抹煞我国消费者协会的民间性质，官办仅能表征其产生的母体,而消费者协会的实际运作却又显现出其不同体的性质,它并不代表国家力量,也无行政权力,运作并不受制于官方,具有相当大的自治领域。所以,中国消费者协会从社会性质上来看是一个兼具官方与民间性质的混同体。

虽然我国通过《中华人民共和国消费者权益保护法》明确将消费者组织定位为社会团体法人,但我国的消费者组织并未取得像国外的消费者组织那样独立于政府和企业,按照组织章程自主开展消费者保护活动的独立性、民间化的社会团体的法律地位。在实践中,由于长期受计划经济体制下"全能政府"的影响,我国的消费者组织长期以"二政府"的组织形态出现,消费者组织不仅种类少,而且职能不充分,职能的实现没有走上法制化运作的轨道,这些都严重影响了消费者组织应有功能的发挥。

1. 法律规定的社会团体法人地位

根据《中华人民共和国民法典》第 58 条的规定,法人必须同时具备依法成立、有必要的财产或者经费、有自己的名称、组织机构和场所、能够独立承担民事责任这四个条件。消费者组织满足法人的这四个条件:消费者组织成立的目的和宗旨是保护消费者的合法权益,符合社会公共利益,得到国家和社会的认可;消费者组织都有自己的名称,如消费者利益委员会、消费者协会等,各消费者组织都有自己的机构开展消费者组织的日常工作,都有一定的场所作为为消费者提供服务的固定地点;消费者组织都有一定的经费作为其运作的基础,而且消费者组织可以独立支配其财产和经费,不受政府干预;消费者组织对外能够独立承担民事责任。因此,我国的消费者组织从理论层面上讲应该是独立的社会团体法人。

2. 实践中的行政依附性

(1)消费者组织成立上的行政性

国外的消费者组织成立较自由,登记与否并不是获得组织合法性的前提,政府对消费者组织实行的是"宽进严出"的管理模式。我国对消费者组织进行管理的法律依据主要是《社会团体登记管理条例》,《社会团体登记管理条例》对社会团体规定了严格的准入条件,规定了对消费者组织的"双重管理"模式,即要成立消费者组织,必须先取得业务主管机关的前置许可,之后才能在民政部门登记注册。吴玉章教授将该种社团管理模式称为"政府管理社团"模式,并指出该种模式的弊端主要是"社团的生存和发展都由政府决定"。《社会团体登记管理条例》《民办非企业单位管理暂行条例》等都对社团的成立从人数、资金等方面进行了严格的规定,只有满足法定条件并经业务主管机关和登记管理机关许可后才能取得组织合法性,否则会被有关部门依据《取缔非法民间组织暂行办法》予以取缔。大量的民间消费者组织因不满足严格的成立条件或者找不到业务主管机关而被扼杀在萌芽状态,这增加了消费者组织的准入难度。即使符合法定条件依法登记注册成立的消费者组织,也因为业务主管机关的过多干预难以保持其作为社团本应具有的独立性,难以按照组织的设立宗旨独立开展各项特色性活动。我国的民间消费者组织发育迟缓、数量非常有限,与国外涉及生活方方面面的民间消费者组织织就的消费者权益保护网络相比,我国的消费者组织主要是中央及地方各级消费者协会以及中国保护消费者基金会,其他民间性消费者组织不仅种类十分有限,而且主要分布在经济相对发达的省份。而未登记的消费者组织虽然在实践中发挥着一定的作用,但由于欠缺规范化的组织形式,处于随时可能被取缔的境地,难以在消费者权益保护领域长久发挥作用。

(2) 消费者组织运作中的非独立性

一是消费者协会运作中的非独立性。现阶段,我国的消费者组织主要是中央及地方各级消费者协会、中国保护消费者基金会。我国《消费者权益保护法》将消费者协会定位为"消费者协会和其他消费者组织是依法成立的对商品和服务进行社会监督的保护消费者合法权益的社会组织",《中国消费者协会章程》也规定"中国消费者协会是由国家法律确认、国务院批准成立的保护消费者合法权益的全国性社会团体"。社会团体是指社会成员为实现共同目的、根据个人意愿结合而成的社会组织,具有民间性、独立性、非营利性等特征。因而,从应然层面讲,消费者协会属于社会团体,是典型的民间性组织。我国的消费者协会从其产生之日起即具有一定的官方色彩,其人员组成、经费来源、现实运作状况等都决定了其是一种半官方性质的社会团体。我国的消费者协会是在消费者保护的社会监督力量还未形成时,我国政府为催生、培育消费者的权利意识,尽快形成与企业相抗衡的消费者自我保护团体,便于进行国际交流与合作,采取一种自上而下的模式由政府主导成立的。消费者协会自成立之日起就挂靠在同级工商行政管理部门,接受工商行政管理部门的管理,其人员、经费、办公设施等也主要由工商部门解决。

二是中国保护消费者基金会的非独立性。中国保护消费者基金会是1989年经中国人民银行批准设立的具有官方性质的消费者组织,其在业务上受民政部门和国务院国有资产监督管理委员会的双重管理。中国保护消费者基金会主要通过社会捐赠和其他合法收入募集资金。2000年,经民政部门批准,中国保护消费者基金会成立了专门从事打假工作的打假工作委员会,为政府提供打假活动的信息和技术服务。目前开展的工作主要是基金管理及资产的保值增值等方面,面临着职能单一、筹资渠道不稳定等问题。

第三节 国际消费者保护组织

一、国外消费者组织的发展

消费者组织是伴随着消费者利益的不断受侵害和消费者权利意识的逐步觉醒而产生、发展的。19世纪末,在欧美一些较发达的资本主义国家和地区,垄断盛行,一些企业为了攫取高额利润,垄断了各种消费品的生产和销售,它们无视消费者利益,生产和推销劣质产品,使消费者利益受到严重损害。美国就曾出现过在食品、药品中加入一些有害物质,损害消费者的健康乃至生命的事件。当时芝加哥的肉类食品加工企业的卫生状况非常令人担忧。正是因为如此,有人提出了对食品、药品进行检验的主张。广大消费者逐渐意识到必须与损害消费者利益的行为进行斗争,以维护自身权益;同时也认识到单凭个别消费者的力量无法对抗有组织的企业,必须团结起来,以团体的力量实现与企业的抗衡。美国是最早成立消费者组织并开展消费者保护运动的国家。世界上第一个消费者协会"纽约市消费者协会"于1891年在美国纽约成立,消费者运动也应运而生。1898年美国的地方消费者组织结合为一个全国性联盟,即"全国消费者同盟",它是美国第一个全国性组织。到1903年,该组织已经发展到全美20个州,共有分支机构64个。1928年美国成立了世界上第一个旨在发展消费者教育的消费者组织机构,并出版《消费者纪要》。此外,几本纪实文学作品的出版也深刻揭露了消费者被欺骗、被损害的现实,让美国的消费者意识到了自己的权利被损害的现状并决心要组织起来争取权利、保护自己。随着消费者意识的逐渐觉醒,各种消费者组织纷纷成立。同年,美国成立了第一家消费者研究所。该研究所以商品检验报告的形式不定期公布最佳购物情报。1936年,"美国消费者联盟"从消费者研究所内分离出来成为独立机构,发行刊物《消费者月刊》,1961年又发行杂志《消费者报道》,现在已发展成为世界上最大的为消费者服务的商品检验机构。后来由美国开始并波及全球的消费者运动的第一把火就是由"美国消费者联盟"点燃的。美国消费者联盟的成立缘于1929年纽约股票市场大暴跌引发的经济不景气在全美的迅速蔓延,消费者要求购买更便宜、更齐全、更好的商品,为此进行了有组织的活动。该联盟主张对产品进行公正的检验,并向市民提供情报,得到了广大消费者的支持,其影响力日益增长。其主办的刊物《消费者报道》,每期发行数百万份,这使20世纪中叶以后的美国消费者运动成为燎原之势,并导致美国各级政府中的消费者保护机构的设置及颁布了一些新法律。这一时期的消费者组织的活动主要是收集信息,并制作、提供信息材料。

1983年,国际消费者联盟组织确定每年的3月15日为"国际消费者权益日"。这是基于美国前总统约翰·肯尼迪于1962年3月15日在美国国会发表的《关于保护消费者利益的总统特别咨文》,首次提出了著名的消费者的"四项权利",即:有权获得安全保障,有权获得正确资料,有权自由决定选择,有权提出消费意见。肯尼迪提出的这四项权利,以后逐渐为世界各国消费者组织所公认,并作为最基本的工作目标。1936年,建立了全美的消费者联盟。第二次世界大战后,各种反映消费者利益和要求的组织,在一些发达国家相继出现。在此基础上,1960年,国际消费者联盟组织宣告成立。随着消费者权利保护工作的开展,肯尼迪提出的四项权利和国际消费者协会确定的另外四项权利,即满足基本需求的权利、公正解决纠纷的权利、掌握消费基本知识的权利和在健康环境中生活工作的权利,一并成为全世界保护消费者权益工作的八条准则。1983年,国际消费者协会把每年的3月15日定为国际消费者权益日。此后,每年3月15日,世界各地的消费者及有关组织都要举行各种活动,推动保护消费者权益运动进一步发展。1985年4月9日,联合国大会一致通过了《保护消费者准则》,督促各国采取切实措施,维护消费者的利益。

(一) 美国消费者组织的发展

消费者组织是伴随着消费者运动而产生的。19世纪末和20世纪初的美国,由自由竞争资本主义向垄断资本主义时期过渡,垄断资本家垄断了各种消费品的生产和销售以攫取高额垄断利润。法制的不完善使得消费者利益得不到应有的保护。垄断资本家侵害消费者权益的无耻行径没有得到应有的惩罚,助长了其嚣张气焰。正如马克思所说,当资本家有20%的利润,他就会蠢蠢欲动;当他有50%的利润,他就敢到处活动;而当他有80%的利润,他就敢践踏人间一切法律,甚至冒上绞刑架的危险。消费者基于对自身权利维护的愿望,组织了自发的消费者运动,逐渐发展成为有组织的消费者运动。到1891年,纽约市成立世界上第一个保护消费者利益的组织,到1903年,该组织在全国拥有64个分支机构。经过100多年的发展,美国保护消费者权益非官方的民间组织已经形成消费者利益委员会、消费者联盟、消费者联合会三足鼎立的格局。这三个消费者组织分别成立于1953年、1936年和1968年,其主要职能大致相同,主要工作范围是研究关于消费者利益方面的法律法规,受理消费者投诉,开展相关的消费教育,向消费者提供可靠的消费品信息,对商品性能进行比较检验,并在相关刊物上公布产品评价结果以指导消费,督促生产经营者改进产品的质量,代表消费者向法院提起诉讼。三者的性质均为民间机构,在解决消费纠纷时,往往采取向新闻媒体曝光等手段,而出版各自的刊物,也是三者的主要经费来源。值得一提的是,消费者利益委员会还有权监督法院审判程序,向法官提交备忘录,说明消费问题的重要性等。这三大组织的活动对美国的消费者权益立法起到了极大的推动作用。美国的劳工联盟、广告媒体、合作社和消费者俱乐部、公共利益研究会、地区性的公用事业消费者组织等在消费者保护方面也发挥着巨大的作用。

(二) 法国消费者组织的发展

法国的消费者组织具有一定的特殊性,由于不同的历史起因和激励各派别的政治或哲学思想的分歧,法国的消费者组织存在着合作流派与"保护消费者利益运动"流派之分。合作流派是保护消费者利益的第一种集体形式,消费合作社是其创办的首家消费者组织。它起源于19世纪,并以早期社会主义者——欧文、傅立叶——等人的思想为基础,其创立的目标在于"用一种以消费者集体为目的而不是以营利为目的的组织制度取代目前的资本主义的竞争制度"。消费合作社的服务对象并不面向全国,而只向其成员服务,受众面窄,加之思想体系陈旧,合作社很快就陷入困境。其后,经过对消费合作社的整合,全国消费者合作社联合会成立。该会实力雄厚:拥有300万家庭成员,出版发行的半月刊《法国合作社员》,发行量为140万册,每月可对3 200个有代表性的家庭进行跟踪调查等。该会对保护消费者所做出的最积极的贡献在于投资建造了以分析和研究为目的的合作实验室。"保护消费者利益运动"流派起源于一些保护公用事业用户利益的组织,如电话用户联合会、旅客联合会。1927年消费总联合会诞生,其宗旨是保护、教育、通告全社会的消费者。然而,该会的影响力非常有限,并且,伴随着政治化运动的兴起,"保护消费者利益运动"流派正逐步异化为政治化组织,而非纯粹服务于消费者的团体。

(三) 日本消费者组织的发展

日本的消费者组织成立得较早,消费者运动也开展得较早。1921年设立的"滩购买联盟""神户购买联盟"是日本最早的消费者组织,对消费者进行教育。后来两者合并发展而成的"COOP神户"是现今日本最大的生活协会。第二次世界大战之后,当时作为生活物资的商品奇缺,价格昂贵而且质量极其低劣。日本妇女针对劣质火柴于1948年9月自发召开"清除劣质火柴大会",成立了日本妇协会,这标志着日本消费者运动的开端。从20世纪40年代开始,日本出现了一系列因食品、药品质量问题导致的重大中毒事件。例如,1955年日本森永婴儿奶含砒霜使1 200名日本婴儿中毒和130人死亡的事件,1968年九州大牟田的食用米糠油因有毒物多氯联苯液体致14 000人中毒和53人死亡事件。时至今日,日本的民间消费者组织已经发展到4 000多个,其中影响力最大的当属1961年成立的日本消费者协会,在日本国内有 14 个分支机构,属财团法人性质。其工作范围是:开展有关消费者问题的调查与研究,对商品进行比较试验,向消费者、生产者、经营者提供相关材料,作为中介向官方和企业反映消费者的要求,出版相关刊物,对于问题商品及时向官方通报,督促和指导企业采取适当的措施进行改进。

(四)国外消费者组织运作与发展的特点

从性质上看,由政府组织成立的消费者团体和作为政府机构的保护消费者利益的部门组织占了相当大的比重。按照国际消费者联会的统计标准,可以划为消费者组织的主要包括两类:一类是由消费者自发成立的团体,如各种志愿消费者联盟、消费者协会、主妇协会等,这一类团体是消费者组织的基本组成部分,数量相当多,且一般具有民间性、独立性,具有相当的影响力;另一类是由政府组织成立的消费者团体和作为政府机构保护消费者利益的部门组织,这些组织数量也不少,由于具有官方背景,经费充足,其作用也很大。例如,中国香港消费者委员会、韩国消费者保护院、日本国民生活中心都是由政府投资设立的消费者组织,承担着商品检验、咨询、消费者教育、处理投诉、调解纠纷、参与法律与政策的制定等消费者组织的职能。美、英、日、韩、瑞典、中国香港等经济发达国家和地区的消费者组织现在的模式是政府成立一个能够综合发挥消费者组织职能的行政执法机构,但并不替代民间消费者组织,允许民间自发地成立不同的消费者组织并对民间组织进行支援、指导、联络、反馈意见等。

从经费来源上看,大多数民间消费者组织都接受政府的资助,但一般与企业无关。为了保证消费者组织的公正性和相对独立性的工作特点,欧美消费者组织的经费大体由四部分组成:会员会费、政府拨款、社会公益性基金、出版或其他社会服务性收入,没有企业直接赞助的情况。当然个别具有消费者保护职能的中介组织有例外的情况。国际消费者联会也要求消费者组织必须独立于生产商、供应商,这是国际消费者联会对其会员的基本要求。但发展中国家普遍面临着财政困难,发展中国家消费者组织的发展基金大多来自外界(一些已经成为合作运营伙伴且由此获得资金),这样一来,这些组织就受到一些以特定地区或事务为目标的捐赠机构以及其他没有特定目标的捐赠机构的约束。这对消费者组织的公平性提出了挑战。财政困难的状况也意味着消费者组织必须与企业合作。有些组织因为打破了国际消费者联会的严格规定而被逐出联会。国际消费者联会的章程虽然明确规定消费者组织要独立于企业或政党,但事实上消费者组织已经开始有所行动,它们不是直接与企业合作,而是以下面这些方式进行:(1)建立并监控 ADR 计划;(2)设计培训手册,为培训者提供如何处理投诉的课程,在公司里设立客户服务部门;(3)促使企业履行自身的社会责任,建立再循环机制。

从组织上看,发达国家的消费者组织不仅数量多,而且呈多元化状态。消费者协会和其他消费者组织非常活跃,各种消费者组织之间既有竞争,又有分工,还有合作。政府对消费者组织有经费、政策、法律上的支持,但消费者组织的工作相对独立。消费者组织与政府、媒体、企业保持良好关系,其工作不受其他方面的干扰。发达国家民间消费者组织的形态主要包括:

(1)社团法人,如各种会员制的消费者协会、消费者联盟、消费者联合会、消费者研究会等,它们之间在职能上都有所侧重,如有的专搞商品的比较检验、咨询和信息提供;有的专门从事解决消费者争议的调解、仲裁;有的专门从事汽车、食品、生物工程、药物、法律、教育等某一方面的研究和消费者保护工作,越来越朝着专业化分工的专家支援型组织形态发展。

(2) 财团法人,主要是指以捐赠的财产为成立基础的消费者保护基金,例如,比利时的第三世界消费者基金会、德国的消费品检验基金会、荷兰的比较试验基金会、瑞士的消费者保护基金会、厄瓜多尔的消费者教育与保护基金会以及中国台湾地区的消费者基金会等。

由于民间消费者组织的经费主要来源于会员费、政府拨款、发行刊物等,与企业无关,其组织的独立性、公正性能够得到消费者的认可。其开展的比较检验、法律援助、调解、咨询等活动也具有很强的专业性、权威性,因此深得消费者信任。

二、国际消费者联盟组织

(一) 国际消费者联盟组织的成立及宗旨

国际消费者联盟组织(International Organization of Consumers Unions,缩写为IOCU),是一个独立的、非营利的、非政治性的组织。1960年,由美国、英国、澳大利亚、比利时和荷兰五个国家的消费者组织发起成立,在荷兰登记,总部设在荷兰海牙,亚太地区分部设在马来西亚的槟榔屿,现迁到英国伦敦。它为独立、不以营利为目的、无任何政治倾向的全世界消费者的联合。IOCU现有115个国家和地区的220多个消费者组织成员。1987年9月,中国消费者协会被接纳为该组织的正式成员。

国际消费者联盟组织的宗旨主要包括以下几个方面:

一是在全球范围内协助各国消费者组织及政府做好保护消费者权益的工作,促进产品比较试验方面的国际合作;

二是收集、整理、交换各国有关消费者运动的情报、出版刊物,开展消费者教育;

三是组织各种有关保护消费者问题的研讨;

四是在国际机构中为消费者代言,协助世界不发达地区的消费者组织开展工作。

国际消费者联盟组织(IOCU)为了扩大保护消费者权益运动的宣传,使之在全球范围内得到重视,促进各个国家、地区消费者组织之间的合作和交流,1983年IOCU确定每年的3月15日为"国际消费者权益日"。它规定的消费者"四项权利"是:有权获得安全保障,有权获得正确资料,有权自由决定选择,有权提出消费意见。

(二) 国际消费者联盟组织的结构及主要活动

1. 国际消费者联盟组织的结构

国际消费者联盟组织的主要机构为全体大会、理事会和执行委员会。全体大会,由各个成员组织所推选的代表组成。理事会由全体大会推选的35名成员组成,理事会指定执行委员会。工作人员为十名领薪者。经费来源于会费和出售出版物。在联合国有关机构中具有咨询地位。这些机构是:联合国经社理事会、联合国教科文组织、联合国儿童基金会、联合国工业发展组织、消费者咨询理事会、欧洲保护消费者委员会。同时,在联合国环境规划署、联合国工业发展组织、联合国亚太经济与社会委员会、联合国国内妇女委员会中派有代表。

2. 国际消费者联盟组织的主要活动

国际消费者联盟组织设有小组委员会或工作组,负责检测商品,进行教育、发展、法制、医疗等活动;在亚太地区设立顾问小组委员会,提供信息资料的专门来源。

中央秘书处设有图书馆,以收集和传播与消费者利益有关的立法、技术、教育的资料。

制订拉丁美洲和亚太地区经济与社会委员会管区内区域发展计划,支持并进行有关不完备商品标签、向第三世界倾销危险药品、农药以及婴儿食品的监察等问题的研究。

1981年在槟榔屿成立了一个警告组织,就禁止、限制出售的产品或在世界任何地方应予收回的产品向消费者提出警告。它制订了"公民"宪章,以唤起公民的批评、诉讼意识及社会责任和团结。它召开世界代表大会、区域性或其他专业性讨论会。世界大会每三年召开一次。

本章习题

1. 消费者组织同其他组织相比较,具有哪些特征?
2. 根据不同的标准,对消费者组织的分类通常有哪些?
3. 我国消费者协会及其他消费者组织具有哪些职能?
4. 消费者组织在消费者保护方面担负的社会职能主要有哪些?
5. 国际消费者联盟组织的宗旨主要包括哪几个方面?

第七章 商品与服务质量法律制度

教学重点

经营者的质量义务,商品、服务品质担保责任制度。

教学要求

了解商品和服务质量法律制度的一般内容,掌握经营者的质量义务和商品、服务品质担保责任制度。

第一节 产品质量法概述

一、产品与产品质量

(一)产品

产品本是经济学的一个术语,后来在法学中也使用。广义的产品,是指自然物之外的一切劳动生产物。但法律上所规定的产品,其范围小于广义的产品。而且,不同国家或地区的法律,对产品的范围的界定可能不尽相同。例如,1985年的《欧共体关于对有缺陷的产品的责任指令》规定:"产品是指初级农产品和狩猎物以外的所有动产,即使已被组合在另一动产或不动产之内。初级农产品是指种植业、畜牧业、渔业产品,不包括经过加工的这类产品。产品也包括电。"再如,我国1993年制定、2000年修订的《产品质量法》第2条第2款规定:"本法所称产品是指经过加工、制作,用于销售的产品。"第3款规定:"建设工程不适用本法规定;但是,建设工程使用的建筑材料、建筑构配件和设备,属于前款规定的产品范围的,适用本法规定。"第73条第1款规定:"军工产品质量监督管理办法,由国务院、中央军事委员会另行制定。"因此,我国产品质量法律上所指"产品",排除了初级农产品,未经加工的天然形成的物品,由建筑工程形成的房屋、桥梁、其他建筑物等不动产,以及军工产品。

我们认为,"加工、制作"似应包含采掘、提炼、组装;"销售"似应改为"流通"。这样,煤气、自来水、电、某些出租物和赠送物也就可以纳入产品的范畴,既符合我国社会经济需要,又顺应了国际上对"产品"范围扩大的趋势。

(二) 产品质量

产品质量是产品所应具有的、符合人们需要的各种特性。这里说的"特性"包括适用性、安全性、可靠性、可维修性等。影响产品质量的,既有物质的因素,又有技术的因素,甚至还有社会的因素。在我国,产品质量是指国家有关法律法规、质量标准以及合同规定的对产品适用、安全和其他特性的要求;产品质量责任是指因产品质量不符合规定要求,给消费者造成损失而应承担的责任。

广义地说,质量问题包括产品质量、工程质量、服务质量。21 世纪将是高质量的世纪。国家提出,到 2010 年,我国的产品质量、工程质量、服务质量应该跃上一个新台阶。本章仅讨论产品质量问题,即产品的生产者、销售者对消费者就产品的质量问题如何直接负责。

二、产品质量立法与产品质量法

(一) 产品质量法的理论基础

1. 指导思想

产品质量法立足于"质量第一"的方针和原则。生产的直接目的在于使用、消费,因此产品的质量应摆在优先的位置予以考虑。早在 1975 年,邓小平同志就多次强调:"质量第一是个重大政策。""一定要坚持质量第一。"从"质量第一"这一宗旨出发,产品质量法应当有利于保证产品质量水平,既要保护消费者的合法权益,又要协调生产者、销售者与消费者之间的利益关系;既要制裁违反产品质量法的行为,又要推进经济增长方式的转变,促进社会生产力的发展。

2. 立法体例

我国的《产品质量法》为解决现实问题,同时从上述两个角度做出安排:一方面规范产品质量责任,即产品责任法;另一方面规范产品质量监督管理,即产品监管法。有一种观点认为,不能将这两种法律规范混为一体,只能采用国外的产品责任法的立法体例。我们认为,应该从本国的实际出发,没有固定不变的立法模式。我国的《产品质量法》,既体现出当事人责任自负的原则,又体现出国家协调经济运行的客观要求。

3. 归责原则

生产者、销售者应当保证产品的质量。这种保证可以分为两类:一是明确表示采用的产品质量标准以及通过产品说明、实物样品、广告等方式表明的质量状况;生产者、销售者做出的承诺属于此类。二是产品质量符合国家法律、法规规定的要求,符合安全、卫生的标准,具备应有的使用性能。

产品责任的归责原则,是指据以确定产品的生产者和销售者承担产品责任的基本准则。早期各国的产品责任法确认的是一般过错责任原则,即产品质量事故发生后,生产者和销售者是否承担损害赔偿责任,取决于他们对产品的缺陷有无过错,并且受害人对生产者或销售者的过错负有举证责任,如果他们不能证明生产者或销售者的过错,那么就不能获得赔偿。很显然,这一归责原则限制了受害人获得法律保护的机会。为了保护消费者权益,现代各国产品责任法逐步抛弃了这一传统的归责原则,确立了一些新的归责原则,其中尤为重要的是严格责任原则、过错推定原则和担保原则。《产品质量法》在一定程度上也贯彻了这些原则。

(1) 严格责任原则

严格责任原则的提法主要见诸英美法系国家,在大陆法系国家,严格责任原则一般被称为无过错责任原则或无过失责任原则,是指生产者生产的产品因缺陷造成他人人身和财产损害时,不论生产者是否有过错,均应向受害人赔偿。按照这一原则,生产者产品责任的构成,不以他对其产品存在的缺陷有过错为条件;受害人也无须对生产者的过错承担举证责任。但是,对于产品存在缺陷以及产品缺陷与损害后果之间的因果关系,受害人仍负有证明义务。

(2) 过错推定原则

过错推定原则是指由于生产者或销售者的疏忽,造成产品缺陷,或者由于生产者、销售者应当知道产品有缺陷而没有知道,并把产品投入流通,从而造成他人人身、财产损害的,生产者、销售者在主观上便有过错,应当承担赔偿责任。

过错推定原则包含了两项互相联系的内容:(1)生产者或销售者的过错是承担责任的前提。这里的过错,是指过失或疏忽。生产者或销售者故意致人损害,虽应承担责任,但这是另一种性质的法律责任。(2)免除受害人对生产者或销售者过错的举证责任。主要通过两种方式来免除:一是"举证责任倒置",即生产者或销售者无过失的举证责任主要由其自己证明,在不能证明时,即推定其有过失。二是"事实自证规则",即生产者或销售者的过错仅凭损害事实发生便足以证明,除非他们能提出自己无过错的充足理由及其他法定的免责事由,否则将承担过失责任。过错推定原则的这一层含义,是它与一般过错责任原则的根本区别。

过错推定原则十分接近严格责任原则。不过,过错推定原则由于仍以生产者或销售者的过错作为其承担责任的观念基础,因而它与严格责任原则仍有差异。

(3) 担保原则

担保原则又称违反担保原则,是指产品致他人人身、财产损害后,按照生产者或销售者对产品质量的担保追究其产品责任的一种归责原则。生产者或销售者对产品质量的担保分为默示担保和明示担保。按照目前多数国家产品责任法的规定,作为产品责任的一项归责原则,担保原则中的"担保"主要是指明示担保。对于生产者或销售者违反默示担保,致他人人身、财产损失的情况,一般按产品有缺陷来对待。

(二) 国内外有关产品质量立法概况

产品质量问题在现代各国立法中受到极大的重视。各国产品质量立法模式大致有三种:一是民法(主要是侵权法、合同法)规则的扩展;二是专门的产品责任法,如德国的《产品责任法》、丹麦的《产品责任法》、挪威的《产品责任法》、日本的《制造物责任法》、英国的《消费者保护法》(第一章"产品责任")以及美国的《统一产品责任法》(商务部公布的专家建议文本)等;三是与产品质量相关的立法和特殊产品责任的立法。

我国坚持"以人为本"的理念,对产品质量立法给予了高度的关注。国务院曾于1986年4月5日发布《工业产品质量责任条例》。全国人大常委会于1993年2月22日通过了专门的《产品质量法》,2000年7月8日对该部法律做了修改。此外,还制定了一系列与产品质量相关的或特殊产品质量管理的法律,如《标准化法》《计量法》《消费者权益保护法》《食品卫生法》《药品管理法》等。国务院于2003年9月3日颁布了《认证认可条例》。

随着经济全球化的发展,产品责任立法愈益显示出国际化的趋势。目前已出现的国际性或区域性的公约主要有:1973年的《关于产品责任适用法的公约》(《海牙公约》),1977年的《关于人身伤害产品责任欧洲公约》(《斯特拉斯堡公约》),1985年的《欧共体关于对有缺陷产品的责任指令》(简称《欧共体产品责任指令》)。

(三) 产品质量法的概念

一般地说,产品质量法是调整产品质量关系的法律。在我国,《产品质量法》调整的对象有两个:一是产品质量责任关系——这是属于生产者、销售者与消费者之间进行商品交易所发生的经济关系;二是产品质量监督管理关系——这是属于经济管理机关执行产品质量监督管理职能而发生的经济关系。这两种关系有时交织在一起,但在具体调整经济关系或处理经济纠纷时必须将它们分解开来。

综上所述,我国的产品质量法,是调整在生产、流通以及监督管理过程中,因产品质量而发生的各种经济关系的法律规范的总称。它兼具市场运行和国家监管两个方面的法律规范,其结构为"产品责任法"+"产品质量监管法"。

(四) 产品质量法的适用范围

从空间上说,在中华人民共和国境内从事产品生产、销售活动,包括销售进口商品,必须遵守《产品质量法》。

从客体上说,该法只适用于生产、流通的产品,即各种动产,不包括不动产。

从主体上说,该法适用于生产者、销售者和消费者以及监督管理机构。需要补充的一点是,运输者、仓储者也有可能成为责任主体,不过它们是对产品制造者、销售者或者是收货方、寄存方承担责任,属于合同法的范围,因此《产品质量法》删去了原草案中关于调整范围延伸到产品的运输、仓储活动的条款。

三、产品质量法与相关法的关系

(一)《产品质量法》与《民法典》

《民法典》对商品交易的一般准则做出了规定,与《产品质量法》有着密切的关系。

《民法典》第1203条规定:"因产品存在缺陷造成他人损害的,被侵权人可以向产品的生产者请求赔偿,也可以向产品的销售者请求赔偿。产品缺陷由生产者造成的,销售者赔偿后,有权向生产者追偿。因销售者的过错使产品存在缺陷的,生产者赔偿后,有权向销售者追偿。"这里提出的"质量不合格"的概念,是规定在特殊侵权责任中的,主要指"缺陷"。而在《产品质量法》中,"质量不合格"化为两个名词:"瑕疵"与"缺陷"。处理"产品质量不合格"的问题,经济法的角度、手段与民法的角度、手段亦不尽相同。

《民法典》合同法编中也有涉及或者是专门有关产品质量问题的规定。《民法典》合同法编中因违约而发生的质量问题,与《产品质量法》中因侵权而发生的质量问题,构成追究产品质量责任的整体。《民法典》合同法编只是从保护当事人的个体利益的角度处理质量问题;而《产品质量法》是要全方位地解决质量问题。

（二）《产品质量法》与《计量法》《标准化法》

计量是指计算、测量。准确地计量是产品质量的基础。我国的《计量法》,适用于建立计量基准器具、计量标准器具,进行计量检定,制造、修理、销售、使用计量器具的各项活动;其目的在于,通过加强计量监督管理,保障国家计量单位制的统一和量值的准确可靠,有利于生产、贸易和科学技术的发展。公平交易的基本要求为质量保障、价格合理、计量正确。

标准是指对重复性事物和概念所做的统一性规定。标准化是产品质量的保障。国家提出,对工业产品的品种、规格、质量、等级或者安全、卫生要求,应当制定标准。企业生产的产品,必须执行国家标准、行业标准或者企业标准。我国的《标准化法》,适用于制定标准、组织实施标准和对标准的实施进行监督的各种活动;其目的在于,通过标准化工作,促进技术进步,改进产品质量,提高社会经济效益,维护市场经济秩序。产品质量必须符合标准化要求,特别是对强制性标准必须执行,否则不得生产、销售和进口。

（三）《产品质量法》与《消费者权益保护法》《食品卫生法》《药品管理法》

《消费者权益保护法》立足于保护消费者为生活消费需要购买、使用商品或者接受服务的正当权益,消费者权益的重要内容之一是质量保障。《消费者权益保护法》多处直接做出有关产品质量的规定或者联系《产品质量法》的相关规定。例如,该法第10条规定:"消费者在购买商品或者接受服务时,有权获得质量保障、价格合理、计量正确等公平交易条件。"第16条规定:"经营者向消费者提供商品或者服务,应当依照《中华人民共和国产品质量法》和其他有关法律、法规的规定履行义务。"第40条规定:"经营者提供商品或者服务有下列情形之一者,除本法另有规定外,应当依照《中华人民共和国产品质量法》和其他有关法律、法规的规定,承担民事责任。"可以说,《产品质量法》与《消费者权益保护法》各有分工、互相配合(内容上有一定交叉),共同构成市场经济法律体系的重要组成部分。

食品、药品属于特殊产品,关系到人民群众的身体健康和生命安全。安全、健康地消费,是消费者的起码要求。如果说《产品质量法》为关于产品质量的一般法,那么《食品卫生法》《药品管理法》则为关于产品质量的特别法。

（四）《产品质量法》与《刑法》

《产品质量法》在"罚则"一章中,有多条关于刑事责任的规定,都应具体适用《刑法》。1997年修订的《刑法》第二编"分则",第三章为"破坏社会主义市场经济秩序罪",第三章第一节标题为"生产、销售伪劣商品罪",一共规定了九种罪名:(1)生产、销售伪劣产品罪;(2)生产、销售假药罪;(3)生产、销售劣药罪;(4)生产、销售不符合卫生标准的食品罪;(5)生产、销售有毒、有害食品罪;(6)生产、销售不符合标准的医用器材罪;(7)生产、销售不符合安全标准的产品罪;(8)生产、销售伪劣农药、兽药、化肥、种子罪;(9)生产、销售不符合卫生标准的化妆品罪。依法追究产品质量犯罪,有助于增强《产品质量法》的法律威力,有利于打击成为当今社会公害之一的生产、销售伪劣产品的犯罪活动。

四、产品质量法的作用

（一）引导产品质量工作走上法制化的轨道

产品不能只讲数量，首先要讲质量。要扩大国内市场，打开出口销路，关键是提高产品质量。质量不高，就没有竞争能力。"要提高质量，就必须改革。要立些法，要有一套质量检验标准，而且要有强有力的机构来严格执行"。

依法治国，重要的一个方面是依法管理经济。产品质量应当达到什么标准，消费者对产品质量享有哪些权利，经营者负有哪些义务，质量不合格造成损害时应当如何承担责任，国家怎样加强对产品质量的监督与管理以维护正常的社会经济秩序，这些都需要以立法的形式确认，并加以贯彻。总结我国国内的经验，并借鉴国际上的有益做法，现在制定出了专门的法律——《产品质量法》，还制定了相关的一系列法律、法规、规章等规范性文件。

《产品质量法》第1条指出："为了加强对产品质量的监督管理，提高产品质量水平，明确产品质量责任，保护消费者的合法权益，维护社会经济秩序，制定本法。"由此表明，产品质量工作法制化要求达到两个方面的目标：一是国家（政府）对产品质量实行监督与管理，属于行政行为的范畴；二是生产者、销售者承担保证产品质量的义务和责任，属于市场行为的范畴。

（二）充分运用产品质量法解决经济领域的现实问题

促进企业提高产品质量，坚决打击质量违法、犯罪行为，是现实经济生活中相当突出的两个问题。我们要借助《产品质量法》开展工作，使之发挥更大的作用。

2001年国务院发布《关于整顿和规范市场经济秩序的决定》，在全国范围内开展了包括打击制造、销售假冒伪劣产品在内的多项整治工作，取得明显成效。但是，市场经济秩序中仍存在一些突出问题，如制造、销售假冒伪劣、有毒有害食品的重大案件时有发生。由于市场机制尚不健全，法制和监管体制还不完善，普通群众特别是农民、低收入者往往容易成为假冒伪劣产品的受害者。因此，管好产品质量时刻不能松懈。

对于经营者（生产者、销售者，下同）来说，生产的目的是为了实现交换，产品质量正是企业信誉的体现，是竞争力的保证，说到底，是企业生命力之所在。所以，经营者应当懂得并且善于运用优质优价、以质取胜的原理和规则。

对于消费者来说，他希望得到的是合格的产品（或商品，下同）。产品存在瑕疵、存在缺陷，不仅达不到消费要求，还有可能对人身、财产安全造成损害。如果伪劣产品层出不穷，广大消费者深受其害，势必造成社会经济秩序的混乱。我们应当充分认识当前我国产品质量状况的严重性，通过完善现行质量技术监督法律、法规，加大监督、抽查、曝光、责令整改的力度，落实"打假"工作责任制，认真解决企业的、地区的产品质量违法、犯罪问题，包括严厉打击制造、销售假冒伪劣食品、药品、农资等重点产品的违法、犯罪行为。

第二节　产品质量监督管理制度

一、产品质量监督管理体制

（一）组织体制

《产品质量法》第八条规定："国务院市场监督管理部门主管全国市场监督管理工作。国务院有关部门在各自的职责范围内负责产品质量监督工作。县级以上地方市场监督管理部门主管本行政区域内的产品质量监督工作。县级以上地方人民政府有关部门在各自的职责范围内负责市场监督管理工作。"2018年组建国家市场监督管理总局，实行管理体制改革后，地(市)、县(市)市场监督管理局，作为上一级市场监督管理局的直属机构，各级技术机构作为同级市场监督管理局的直属事业单位，都要按照省以下垂直管理的原则，实行统一管理。

在市场经济条件下，政府管什么？政府首先是实行宏观调控，其次是要把市场、质量管住、管好。有鉴于此，国务院对质量技术机构作了三次改革：1998年3月，将国家质量技术监督局从国家经贸委划出来直属国务院；1999年3月，决定对省以下质量技术监督管理机构实行垂直管理体制；2001年4月，国务院决定将国家质量技术监督局和国家出入境检验检疫总局合并，组建国家质量监督检验检疫总局(简称国家质检总局)。2018年3月13日，根据国务院总理李克强提请第十三届全国人民代表大会第一次会议审议的国务院机构改革方案的议案，组建国家市场监督管理总局。2018年4月10日，国家市场监督管理总局正式挂牌。

（二）职责与权限

改革市场监管体系，实行统一的市场监管，是建立统一开放、竞争有序的现代市场体系的关键环节。为完善市场监管体制，推动实施质量强国战略，营造诚实守信、公平竞争的市场环境，进一步推进市场监管综合执法、加强产品质量安全监管，让人民群众买得放心、用得放心、吃得放心，方案提出，将国家工商行政管理总局的职责、国家质量监督检验检疫总局的职责、国家食品药品监督管理总局的职责、国家发展和改革委员会的价格监督检查与反垄断执法职责、商务部的经营者集中反垄断执法以及国务院反垄断委员会办公室等职责整合，组建国家市场监督管理总局，作为国务院直属机构。

组建国家药品监督管理局，由国家市场监督管理总局管理。市场监管实行分级管理，药品监管机构只设到省一级，药品经营销售等行为的监管，由市县市场监管部门统一承担。

将国家质量监督检验检疫总局的出入境检验检疫管理职责和队伍划入海关总署。保留国务院食品安全委员会、国务院反垄断委员会，具体工作由国家市场监督管理总局承担。国家认证认可监督管理委员会、国家标准化管理委员会的职责划入国家市场监督管理总局，对外保留牌子。

将重新组建国家知识产权局，由国家市场监督管理总局管理。负责市场综合监督管理,统一登记市场主体并建立信息公示和共享机制,组织市场监管综合执法工作,承担反垄断统一执法,规范和维护市场秩序,组织实施质量强国战略,负责工业产品质量安全、食品安全、特种设备安全监管,统一管理计量标准、检验检测、认证认可工作等。

二、产品质量检验制度

产品质量应当检验合格,不得以不合格产品(包括处理品、劣质品)冒充合格产品。产品或者其包装上的标识,要有产品质量检验合格证明。产品质量检验机构必须具备相应的检测条件和能力,经有权考核的部门考核合格后,方可承担产品质量检验工作。产品出厂要检验,商家进货也要检验。对进出口产品,则按照《进出口商品检验法》的规定进行检验。通过检验程序,把好产品质量关。

三、产品质量标准制度

(一)质量标准

产品质量标准可分为以下两种:

第一,统一标准与约定标准。质量是合同的条款之一,当事人对此应有明确的约定。无法达成明确约定的,按照国家标准、行业标准履行;没有国家标准、行业标准的,按照通常标准或者符合合同目的的特定标准履行。

第二,强制性标准与一般性标准。《产品质量法》第13条第1款规定:"可能危及人体健康和人身、财产安全的工业产品,必须符合保障人体健康和人身、财产安全的国家标准、行业标准;未制定国家标准、行业标准的,必须符合保障人体健康和人身、财产安全的要求。"保障安全、健康,这是最基本的要求,所以要实行强制性标准。除此之外,可实行一般性的、非强制性标准。

(二)生产许可证

实行市场经济,其基本规则是公平竞争、公平交易。如果笼统地规定实行生产许可证制度,势必限制市场的自由进入。然而,任何产品都自由进入市场也是不可能的,对少量的直接涉及人身安全、健康的产品发放生产许可证仍有必要。根据《产品质量法》的规定,对那些可能危及人体健康和人身、财产安全的工业产品实行强制性标准(已如上述)。至于许可证,可在有关专项经济法律、法规中分别加以规定。

四、企业质量体系认证和产品质量认证制度

(一)企业质量体系认证

企业质量体系认证,是指通过认证机构的独立评审,对于符合条件的,颁发认证证书,从而证明该企业的质量体系达到相应标准。其认证的对象是企业,即企业的质量管理、质量保证能力的整体水平。国家根据国际通用的质量管理标准,推行企业质量体系认证制度。企业可以自愿提出认证申请。推行企业质量体系认证,引导企业向国际先进水平努力,有利于促进企业改善经营管理,提高企业整体素质,增强市场竞争能力。

(二)产品质量认证

产品质量认证,是指通过认证机构的独立评审,对于符合条件的,颁发认证书和认证标

志,从而证明某一产品达到相应标准。其认证的对象是产品,即产品的质量技术水平。国家根据国际先进的产品标准和技术要求,根据经济和社会发展的需要,推行产品质量认证制度。为此,国务院于1991年颁布了《产品质量认证管理条例》。这一条例现为2016年修订的《中华人民共和国认证认可条例》所取代。所谓"认证",是指由认证机构证明产品、服务、管理体系符合相关技术规范、相关技术规范的强制性要求或者标准的合格评定活动。企业可以自愿提出认证申请。推行产品质量认证,引导企业向国际先进水平看齐,有利于促进企业提高产品质量,提高企业信誉,开拓国内外市场。

五、产品质量监督检查制度

在市场经济条件下,对各种各样的产品,实行分层次的管理。

1. 多数产品放开,依靠市场竞争去调节,一般的结果必然是优胜劣汰。

2. 对少数产品,国家必须管住、管好,即对那些可能危及人体健康和人身、财产安全的工业产品,提出强制性的标准或要求。国家还实行以抽查为主要方式的监督检查制度,并将抽查的结果登报公布。经检查不合格的,质量技术监督部门有权依法做出处理,如警告、罚款、责令停止生产或销售等。对缺陷产品实行召回管理是产品质量监督制度的一项新发展,我国此项工作从缺陷汽车开始。2004年3月12日,国家质检总局、国家发展和改革委员会、商务部、海关总署联合发布《缺陷汽车产品召回规定》,凡在中国境内从事汽车产品生产、进口、销售、租赁、修理活动的,都适用该规定。2018年3月,根据第十三届全国人民代表大会第一次会议批准的国务院机构改革方案,将国家质量监督检验检疫总局的职责整合,组建中华人民共和国国家市场监督管理总局,国家市场监督管理总局设立缺陷产品管理中心,具体负责组织实施缺陷产品召回管理工作。

第三节 生产者、销售者的产品质量义务

一、生产者的产品质量义务

(一) 作为的义务

总的来说,生产者应当对其生产的产品质量负责。具体要求有以下三项:

1. 产品应当符合内在质量的要求

产品质量符合以下三项要求,即为合格产品:(1)不存在危及人体健康和人身、财产安全的不合理的危险;有保障人体健康和人身、财产安全的国家标准、行业标准的,应当符合该标准。(2)具备产品应当具备的使用性能,但是,对产品存在使用性能的瑕疵做出说明的除外。(3)符合在产品或者其包装上注明采用的产品标准,符合以产品说明、实物样品等方式表明的质量状况。前两项为默示担保条件,后一项为明示担保条件。

2. 产品或者其包装上的标识应当符合要求

这包括合格证明,产品名称、厂家和厂址,产品规格,安全使用日期,警示标志等。

3. 特殊产品的包装必须符合特定要求

这是指剧毒、危险、易碎、储运中不能倒置以及有其他特殊要求的产品,其包装应有特殊的要求。

(二) 不作为的义务

生产者不得生产国家明令淘汰的产品;不得伪造产地,伪造或者冒用他人的厂名、厂址;不得伪造或者冒用认证标志等质量标志;生产产品,不得掺杂、掺假,以假充真、以次充好,以不合格产品冒充合格产品。

对以上作为、不作为的要求,《产品质量法》统称为"生产者的产品质量责任和义务"。

二、销售者的产品质量义务

(一) 作为的义务

总的来说,销售者应当对其销售的产品质量负责。具体要求有:销售者应当建立并执行进货检查验收制度,验明产品合格证明和其他标识;在进货之后,销售者应当采取措施,保证销售产品的质量(如防止受潮、腐烂等);销售的产品的标识应当符合有关规定。

(二) 不作为的义务

销售者不得销售国家明令淘汰并停止销售的产品和失效、变质的产品;不得伪造产地,伪造或者冒用他人的厂名、厂址;不得伪造或者冒用认证标志等质量标志;销售产品,不得掺杂、掺假,以假充真、以次充好,以不合格产品冒充合格产品。

对以上作为、不作为的要求,《产品质量法》统称为"销售者的产品质量责任和义务"。

规定并要求生产者、销售者履行产品质量义务,是为了实现消费者的产品质量权利。一个生产环节,一个流通环节,把住这两个关口,将治标与治本结合起来,产品质量才能得到基本的保障。

第四节 违反产品质量法的法律责任判定

一、产品质量责任的依据

(一) 违法与违约

1. 违法

在许多情况下虽没有合同,但也会产生质量问题。《产品质量法》主要针对没有合同关系的产品质量侵权行为,它实行的是国际上通行的严格责任原则。按照严格责任理论,只要产品存在质量问题特别是缺陷问题,对消费者造成损害或损失,不管有无合同关系,该产品的经营者都应对此负责。即是说,质量不合格往往会构成侵权责任。

如前所述,《产品质量法》与其他许多法律相关,质量违法也可能指违反其他法律中有关产品质量问题的规定,如违反了《食品卫生法》《药品管理法》的有关规定。至于触犯《刑法》中的"生产、销售伪劣商品罪"的规定,就不仅仅是一般违法,而是构成了犯罪。

一般违法的实质是侵权,即侵害了消费者的财产权、人身权。

2. 违约

产品质量问题可能是因违反了合同的约定所致。生产者之间,销售者之间,生产者与销售者之间,生产者、销售者与消费者之间订立的产品买卖合同、承揽合同对质量要求另有约定的,按照合同约定执行。此时,质量不合格属于一种违约责任。

在有合同的前提下,质量不符合约定的,应当按照当事人的约定承担违约责任。对违约责任没有约定或者约定不明确的,可以协议补充;协议不成的,受损害方根据标的的性质以及损害的大小,可以合理选择要求对方承担修理、更换、重作、退货、减少价款或者报酬等违约责任。

3. 违约与侵权的竞合

因经营者的违约行为,侵害了消费者的人身、财产权益的,受损害方有权选择依照民法典合同法编要求其承担违约责任,或者依照《产品质量法》要求其承担侵权责任。

(二) 缺陷与瑕疵

1. 两个术语的含义

产品质量责任的发生,以该产品是否存在质量问题为前提条件。这里,又可分为一般性的质量问题和严重的质量问题,反映在法律上,出现了两个基本概念:瑕疵和缺陷。

"瑕疵"一词泛指微小的缺点。实际上,瑕疵也是可大可小的。广义地说,产品不符合其应当具有的质量要求,即构成瑕疵。狭义地说,瑕疵仅指一般性的质量问题,如产品的外观、使用性能等方面。"缺陷"则是针对较为严重的质量问题而言。《产品质量法》第46条规定:"本法所称缺陷,是指产品存在危及人身、他人财产安全的不合理的危险;产品有保障人体健康和人身、财产安全的国家标准、行业标准的,是指不符合该标准。"产品的设计、原材料采用、制造装配、指示等都可能发生缺陷。

学术界对"瑕疵"与"缺陷"两个术语的解释不尽一致,立法上对"瑕疵"亦未做出明确界定。《产品质量法》只在第26条第2款的第2项中使用过"瑕疵"一词,该条款仅表示"产品存在使用性能的瑕疵"。《消费者权益保护法》中所称"瑕疵"的外延则更广,该法第22条第1款规定:"经营者应当保障在正常使用商品或者接受服务的情况下其提供的商品或者服务应当具有的质量、性能、用途和有效期限;但消费者在购买该商品或者接受该服务前已经知道其存在瑕疵的除外。"民法典合同法编中也使用了"瑕疵"这一术语。立法工作者对上述两个术语的解释是:"产品的瑕疵与产品的缺陷有着不同的含义……显著区别是产品是否存在着危及人身、财产安全的不合理的危险。也可以这样说,产品存在除危险之外的其他质量问题,是产品存在瑕疵。"由此看来,日后如再修改《产品质量法》,应该对"瑕疵"做出明确的界定,如同现有立法对"缺陷"做出明确界定一样。

2. 两个术语的同异比较

从狭义上理解瑕疵与缺陷,两者的共同之处在于以下方面:第一,都不符合产品质量要求;第二,都应当承担质量责任(但对瑕疵,经营者做出了明确的说明或者消费者在购买该产品前已经知道的除外)。

瑕疵与缺陷两者的区别在于以下方面:第一,程度不同。前"小"后"大",或前"轻"后

"重"。第二,可否接受。对瑕疵,因尚未丧失产品原有的使用价值,消费者已经知道的,可以自行决定是否接受;对缺陷,因存在不合理的危险,原则上不应接受。第三,向谁索赔。对瑕疵,直接向销售者要求赔偿(该销售者赔偿后,其还可向负有责任的生产者或其他销售者追偿);对缺陷,可以向销售者,也可以向生产者要求赔偿(生产者、销售者之间可以根据实际责任情况向对方追偿)。第四,赔偿的方式和标准。对瑕疵,由销售者依照法律规定或者合同约定,负责修理、更换、退货以至赔偿损失;对缺陷,以损害赔偿为原则。第五,诉讼时效:出售质量不合格的商品未声明的,诉讼时效期间为1年;因产品存在缺陷造成损害要求赔偿的,诉讼时效期间为2年。

由产品质量引发的经济纠纷时而产生。不论是经营者还是消费者,都需要了解什么属于一般产品质量问题,什么属于产品缺陷问题,应当如何提出权利请求,保护消费者的合法权益,同时也应维护经营者的合法权益。

二、损害赔偿

(一) 产品瑕疵责任

《产品质量法》第40条对产品瑕疵担保责任做出了明确、具体的规定。

1. 承担瑕疵责任的条件

售出的产品有下列情形之一的,即构成承担瑕疵责任的条件:(1)不具备产品应当具备的使用性能而事先未作说明的;(2)不符合在产品或者其包装上注明采用的产品标准的;(3)不符合以产品说明、实物样品等方式表明的质量状况的。前一项为默示担保,后两项为明示担保。只要存在上述情形,不论是否造成损害后果,都应当赔偿。

2. 承担瑕疵责任的方式

售出的产品有上述三种情形之一的,销售者应当负责修理、更换、退货;给购买产品的消费者造成损失的,销售者应当赔偿损失。概括地说,是"三包"加"赔偿"。其对象为"售出的产品",已经不仅仅是过去国务院下属八部委联合发布的"三包"规定中的那几种家用电器的主机或者配件。"赔偿"列在"三包"之后,是指消费者在要求销售者进行修理、更换、退货过程中,所发生的运输费、交通费、误工费等损失。

3. 履行瑕疵责任后的损失追偿

销售者依照上述要求负责修理、更换、退货、赔偿损失后,属于生产者的责任或者属于向销售者提供产品的其他销售者(简称供货者)的责任的,销售者有权向生产者、供货者追偿。这种立法安排是合理的,它使责任能够真正落到实处。

(二) 产品缺陷责任

《产品质量法》第41条至第46条对产品缺陷赔偿责任做出了详细的规定。据立法工作者的解释,这几条规定"实际上相当于国外的一部产品责任法"。

1. 生产者承担缺陷责任的条件

狭义的产品责任,即指因产品缺陷而导致的损害赔偿,其性质为侵权责任,现今各国都实行严格责任原则。

承担产品责任的必要条件有三:(1)产品存在缺陷;(2)造成人身、他人财产(指缺陷产品以外的其他财产)损害;(3)缺陷与损害之间存在因果关系。三者同时具备,方为充分条件。这里,无须考虑有无过错。换言之,即使无过错,亦要依法承担责任。《欧共体产品责任指令》中规定:"生产者应当对其产品的缺陷造成的损害负责。""受害人应当对损害、缺陷及两者之间的因果关系负举证责任。"我国的《产品质量法》虽未明文规定如何举证,但按一般法律原则,也应是由受害人举证的。

以上所指的责任主体为产品的生产者。但是,如果生产者能够证明有下列情形之一的,则不承担赔偿责任:(1)未将产品投入流通的;(2)产品投入流通时,引起损害的缺陷尚不存在的;(3)将产品投入流通时的科学技术水平尚不能发现缺陷存在的。在这里,不是由受害方举证而是由生产者举证,这就是一种举证责任倒置的原则。这些法定免责条件,可以看成是严格责任或无过错责任的例外。

2. 销售者承担缺陷责任的条件

一种情况是实行过错责任原则。由于销售者的过错,使产品存在缺陷,造成他人人身、财产损害的,销售者应当承担赔偿责任。

另一种情况是实行过错推定原则。销售者不能指明缺陷产品的生产者,也不能指明缺陷产品的供货者的,销售者应当承担赔偿责任。

上述两种情况的前提仍然是存在缺陷,并且造成损害。

3. 赔偿方式和赔偿标准

(1) 因产品存在缺陷造成受害人人身伤害的,侵害人应当赔偿医疗费、治疗期间的护理费、因误工减少的收入等费用;造成残疾的,还应当支付残疾者生活自助用具费、生活补助费、残疾赔偿金以及由其扶养的人所必需的生活费等费用;造成受害人死亡的,应当支付丧葬费、死亡赔偿金以及由死者生前扶养的人所必需的生活费(此项为间接损失赔偿)等费用。

(2) 因产品存在缺陷造成受害人财产损失的,侵害人应当恢复原状或者折价赔偿。受害人因此遭受其他重大损失的,侵害人应当赔偿损失。"其他重大损失"是指其他经济等方面的损失,包括可以获得的利益的损失。

(3) 关于对受害人由此受到的精神损害的赔偿问题,《产品质量法》未作规定。对精神损害,可以给予精神赔偿,也可以给予物质赔偿。否则,就是对受害人的一种不公正待遇,也是对侵害人的一种责任解脱。但如何规定得既合理又有可行性,值得进一步探讨。

4. 赔偿程序

第一程序是受害人与生产者、销售者的关系。因产品存在缺陷造成人身、他人财产损害的,受害人可以向产品的生产者要求赔偿,也可以向产品的销售者要求赔偿。这样安排,方便消费者选择。

第二程序是生产者、销售者相互之间的关系。属于产品的生产者的责任,产品的销售者赔偿的,产品的销售者有权向产品的生产者追偿。属于产品的销售者的责任,产品的生产者赔偿的,产品的生产者有权向产品的销售者追偿。

5. 诉讼时效

《民法典》规定,下列的诉讼时效期间为1年:(1)身体受到伤害要求赔偿的;(2)出售不合格的商品未声明的。

《产品质量法》规定,因产品存在缺陷造成损害,要求赔偿的诉讼时效期间为2年。

三、行政处罚

(一)承担行政责任的违法行为

根据《产品质量法》,承担行政责任的违法行为有：生产、销售不符合保障人体健康和人身、财产安全的国家标准、行业标准的产品；生产国家明令淘汰的产品；销售失效、变质的产品；在产品中掺杂、掺假,以假充真,以次充好,或者以不合格产品冒充合格产品；伪造产品产地,伪造或者冒用他人的厂名、厂址,伪造或者冒用认证标志等质量标志；产品标识或者有包装的产品标识不符合法律规定；伪造检验数据或者检验结论；法律规定的其他应当承担责任的违法行为。

(二)行政责任的主要形式是行政处罚

市场监督管理部门依照职权,对违反《产品质量法》的行为可以责令纠正,并给予下列行政处罚：警告,罚款,没收违法生产、销售的产品和没收违法所得,责令停止生产、销售,吊销营业执照。

四、刑事责任

违反《产品质量法》的行为,如已触犯《刑法》、构成犯罪的,依照《刑法》的规定追究刑事责任。

根据当前的实际状况,应当突出地解决以下两种问题：一是生产、销售不符合保障人体健康和人身、财产安全的国家标准、行业标准的产品的,责令停止生产、销售,没收违法生产、销售的产品,并处违法生产、销售产品(包括已售出和未售出的产品,下同)货值金额等值以上、3倍以下的罚款；有违法所得的,并处没收违法所得；情节严重的,吊销营业执照；构成犯罪的,依法追究刑事责任。二是在产品中掺杂、掺假,以假充真,以次充好,或者以不合格产品冒充合格产品的,责令停止生产、销售,没收违法生产、销售的产品,并处违法生产、销售产品货值金额50%以上、3倍以下罚款；有违法所得的,并处没收违法所得；情节严重的,吊销营业执照；构成犯罪的,依法追究刑事责任。

根据现行《刑法》的规定,对生产、销售伪劣商品的犯罪行为负有追究责任的国家机关工作人员滥用职权、玩忽职守、徇私舞弊,构成犯罪的,处5年以下有期徒刑或者拘役。此举对强化产品质量管理体制和机制,有着重要的意义。

五、产品质量争议处理

《产品质量法》规定了解决产品质量纠纷的法律方式。因产品质量发生民事纠纷时,当事人可以通过协商或者调解解决。当事人不愿通过协商、调解解决或者协商、调解不成的,可以根据当事人各方的协议向仲裁机构申请仲裁；当事人各方没有达成仲裁协议或者仲裁协议无效的,可以直接向人民法院起诉。

《产品质量法》授权市场监督管理部门对消费者就产品质量问题的申诉"负责处理",主要的形式为行政调解。但这种行政调解没有当然的法律效力,即当事人可能反悔。市场监督管理部门对无须追究刑事、行政责任的产品质量申诉,根据申诉人或被申诉人的请求,可采用调解方式予以处理。

2018年国务院机构改革后,产品质量纠纷的仲裁交给社会中介组织,这是国家市场监督管理总局划出的职能之一。

对产品质量问题的权益争议,可通过民事诉讼程序进行处理。

对产品质量问题的行政争议(如不服行政处罚决定),可通过行政复议或者行政诉讼的程序进行处理。

最后还须说明,产品质量争议中,有些可能属于违法的问题,需要追究法律责任;而有些则可能属于违约的问题,无须追究违法责任。

本章习题

一、简答题

1. 简述产品质量法的作用。
2. 简述企业质量体系认证的含义。
3. 生产者的产品质量义务有哪些?

二、案例分析

2004年7月28日,北京天气炎热,于某为招待来访的朋友,从某商场买了几瓶冰镇啤酒。于某在打开一瓶啤酒时,"砰"的一声,瓶体爆炸了,泡沫及玻璃碎片满地都是。于某的双手被划破,脸部被刺了一道很深的切口,送医院缝了八针,花掉医药费2 000元。之后,于某向法院起诉,要求维护其合法权益。经过法院调查。于某开瓶没有过错,而是厂家的啤酒瓶质量不合格,因气温高而发生爆炸。

问题:

1. 于某在本案中获得救济的前提是什么?
2. 于某的损失由谁来赔偿?简述理由。

第八章 消费者安全保障法律制度

教学重点

通过学习了解消费者安全保障法律制度,掌握消费者权益和经营者义务的具体内容,熟悉我国消费者权益保护的基本途径及法律规定。

教学要求

了解消费者安全保障法律规范的范围、国家保障消费者安全的法律手段,领会产品责任的一般含义、产品责任中的产品,掌握产品责任的构成要件和产品责任中的损害赔偿。

第一节 概　　述

一、消费者安全危机与消费者安全保障

(一)消费者安全危机的产生

1. 市场调控下的恶性竞争与非法竞争

在激烈的市场竞争中,随着生产成本的不断增加,企业开始承担更大的经营风险。为了降低经营风险、获得生存的机会,个别企业采取了恶性竞争,甚至是非法竞争的手段。通过采购低成本的劣质原材料以次充好,进而生产出质量低劣甚至对消费者生命安全构成危害的产品进行非法销售,不良的市场竞争,最终将导致消费者信任危机的发生。

2. 大众媒体传播的不实信息

对于消费者而言,大众媒体已经成为他们在日常工作和生活中获得信息的主要途径。不实信息的大量传播,在一定程度上误导了消费者购买行为。个别不法企业就是利用消费者对于大众媒体的信任,进行企业自身及产品的宣传,在这个信息纷繁的时代,由于缺少有效的信息认证机制,使不实信息得以传播,对消费者的信任造成了损害。

3. 消费者自身缺乏有效感知风险的能力及对于商品价格的过于关注

由于绝大多数消费者自身缺少对于产品风险的感知,所能获得的产品信息大多来自产品外带的包装说明,对所购产品的质量往往是默许的信任。再加上消费者本身对于商品价格过于敏感,往往低价格的产品或是优惠型的销售更符合他们的心理需求。正是由于这样的原因,才使得很多消费者的自身利益受到损害。

4. 企业经营不善,缺乏有效的管理机制

一个优秀的企业不仅仅要提供合格的产品,同时也要承担起相应的社会责任。蒙牛董事长牛根生先生曾经说过:小企业靠智,大企业靠德。企业的经营必须要有智慧,同时要遵守社会道德和法律规范,缺少有效的管理机制,必然会导致问题产生,对于行业潜规则的默许,更加让企业丧失了基本的道德。一个缺少道德良知、缺少社会责任的企业必然会影响社会主义市场的正常秩序。

(二) 消费者安全保障

消费者有权要求经营者提供的商品和服务,符合保障人身、财产安全的要求。即消费者在消费过程中享有生命、健康和财产受到安全保障的权利。消费者的生命安全权,是指消费者在消费过程中享有生命不受侵犯的权利。如果因为商品的缺陷而导致消费者伤亡,经营者就侵犯了消费者的生命安全权。消费者的健康安全权,是指消费者在消费过程中享有的身体健康不受损害的权利。如果因为服务设施的缺陷而导致消费者身体健康受到损害,经营者就侵犯了消费者的健康安全权。消费者的财产安全权,是指消费者在消费过程中享有的财产不受损害的权利。财产损害包括财产在外观上的损毁和内在价值的减少。财产安全不仅是指购买、使用的商品或者接受的服务是否安全,更重要的是指购买、使用的商品或者接受的服务以外的其他财产的安全。如果消费者正常使用商品或者接受服务,致使其他财产受到损害,同样是损害了消费者的财产安全权。

二、经营者的安全保障义务

经营者有义务保障消费者在消费过程中的人身、财产安全。这就要求经营者必须做到以下方面:

(1) 提供的商品和服务应当符合人体健康和人身财产安全的国家标准或者行业标准;

(2) 提供的商品和服务没有国家标准或者行业标准的,应当保证符合人体健康、财产安全的要求;

(3) 对可能危及人体健康和安全的商品和服务,要事先向消费者做出真实的说明和明确的警示,并标明或说明正确使用商品和接受服务的方法;

(4) 发现提供的商品和服务有严重缺陷,即使消费者采用正确的使用方法仍可能导致危害的,应及时告之,并采取切实可行的措施;

(5) 经营者提供的消费场所和环境必须具有必要的安全保障的措施,使消费者能在安全的环境中进行消费或接受服务。例如,宾馆、商场、银行、车站、娱乐场所等公共场所的管理人或者群众性活动的组织者,未尽到安全保障义务,造成他人损害的,应当承担侵权责任;因第三人的行为造成他人损害的,由第三人承担侵权责任;管理人或者组织者未尽到安全保障义务的,承担相应的责任。

在实际生活中,侵害消费者安全权的现象非常普遍,通常表现在以下几个方面:

(1) 在食品中添加有毒、有害物质。例如,为了牟取非法利润,招徕顾客,一些不法分子在普通白酒中加敌敌畏冒充"茅台",用福尔马林泡毛肚、凤爪、水产品(如海参、鱿鱼等),在菜油中掺柴油,出售变质、发霉的各种食物等。这些商品不仅不能满足人们的正常需要,反而会损害人们的身体健康,甚至会导致消费者死亡。

(2) 制造、销售假药、劣药。药物本来是用来治病救人的,但是一些不法分子为了赚钱,置人们的生命健康于不顾,以非药物冒充药物,病人服用后,根本不能对病情产生缓解及解除作用,延误疾病的治疗;有些假药中还掺杂有害成分,不仅耽误治病,而且使病情加剧。例如,一些不法分子用泥土、鸡饲料、淀粉或廉价药品加上伪装,冒充抗生素及名贵药品出售,造成消费者中毒或死亡。

(3) 出售过期、变质的食品、药品。出售过期、变质的食品以及过期、失效的药品等侵犯消费者安全的现象也时有发生,有些经营者将已经过期的商品打上新的日期,欺骗消费者。

(4) 机电产品等商品缺乏安全保障。近年来,一些地方曾发生了多起电视机、电冰箱等家用电器爆炸伤人和电风扇、电热毯、电热杯、洗衣机等漏电致人伤亡的事件。

(5) 化妆品有毒、有害。随着时代的发展,人们对美的追求也渐为时尚,化妆品致人损害的案件也越来越多,有些生发水不仅没有生出头发,反而加速脱发,一些润肤霜不仅不能美容反而致人容貌毁损,还有些化妆品甚至含有致癌、致畸、致突变的有害物质。

(6) 服务方式不安全。如理发师使用工具不当或者不消毒致使顾客受伤或者被传染疾病,浴室水温过高烫伤顾客,浴室地板没有防滑功能或防滑设施致使顾客摔伤等。

(7) 营业场所和环境存在的安全隐患导致的安全事故。如有些旅馆里的楼梯老化、腐朽致使顾客摔伤,有些商店、饭店、旅馆电源外露致使顾客触电等。

(8) 第三人造成的伤害。近年来,在经营场所发生的第三人损害消费者权益案件日益增多,如消费者在餐厅消费时因第三人设置的炸弹爆炸而伤亡、消费者入住宾馆被第三人杀害、消费者在商场消费时被第三人抢劫、顾客在浴场被第三人刺伤等案件。在以往的司法实践中,这类由于第三人侵权甚至犯罪导致用户人身或财产受到损害的案件,在受害人向第三人或犯罪分子求偿不能转而向经营者索赔时,经营者往往以自身未实施侵权行为为由进行抗辩;相同的案件在不同法院审理的结果大相径庭。对于上述事件,作为直接加害人的第三人是直接、主要责任人,但是并不能排除经营者的一切义务和责任。经营者应该承担保障消费者安全的义务;如果未尽到这一义务,未为消费者提供符合安全保障的经营场所和环境,一旦发生对消费者的侵权行为,消费者有权向经营者索赔,而经营者也应当依法承担相应的赔偿责任。

三、国家保障消费者安全的手段

(一) 立法保护

国家通过立法保护消费者的合法利益,既制定了消费者权益保护的基本法,又颁布了许多与此内容有关的单行法。

(二) 行政保护

国家通过行政管理手段保护消费者的合法权益。

1. 人民政府对保护消费者合法权益负有的职责

各级人民政府应当加强领导、组织、协调、督促有关行政部门做好保护消费者合法权益的工作。各级人民政府应当加强监督,预防危害消费者人身、财产安全行为的发生,及时制止危害消费者人身、财产安全的行为。

2. 工商管理部门对保护消费者合法权益负有的职责

(1) 通过加强企业登记管理,为市场和广大的消费者提供日益增多的商品和服务。对企业的经营方向和经营情况进行经常性的监督与检查,制止违法经营。

(2) 通过加强市场管理,一方面促进生产,活跃经济,进一步满足消费者的需要;另一方面,保护合法经营,查处掺杂掺假、缺斤少两、以次充好等违法行为。

(3) 通过加强商标监督与管理,打击假冒行为,保护名优商品,促使企业争优质、创品牌,保证商品质量,维护商标信誉,保护消费者的权益。

(4) 通过加强广告监督与管理,正确发挥广告的积极作用,防止和追究不法分子利用广告欺骗消费者的行为。

(5) 加强经济合同的监督与管理,加强对个体工商户的管理,加强经济监督与检查,坚决打击诈骗活动,维护正常的经济秩序,保障国家和消费者的利益。

3. 物价管理机关对保护消费者合法权益负有的职责

(1) 进行价格改革,使市场价格能够基本反映商品的价值和供求关系,利用价格杠杆促进生产发展,搞活商品流通,使维护消费者利益有坚实的物质基础,这是维护消费者利益的根本措施。

(2) 加强对物价的管理和控制,促使物价保持基本稳定,安定人民生活,这是维护消费者利益的一个重要方面。

(3) 加强对物价的监督和检查,制止乱涨价、乱收费的现象,这是物价管理机关维护消费者利益的重要手段。

4. 技术监督机关对保护消费者合法权益负有的职责

(1) 实施标准化监督。主要是通过制定一系列产品质量标准,确保产品质量;制定卫生和安全标准,保障消费者的健康和安全;开展保护消费者利益标准化的研究,完善有关标准,并监督标准的贯彻与实施。

(2) 监督产品质量。主要是监督与检查产品技术标准的贯彻、执行;建立产品质量监督检验网,对产品质量进行监督与检验;管理产品质量认证工作;组织实施生产许可证制度;对产品质量争议进行仲裁。

(3) 进行计量监督。主要是建立计量基准器具等,并进行计量强制检定;对制造、修理、销售、使用计量器具进行监督与管理;进行计量认证,组织仲裁检定,调节计量纠纷;对违反计量法规的行为进行处理。

5. 卫生监督机关对保护消费者合法权益负有的职责

(1) 对食品卫生进行监督。进行食品卫生监测、检查和技术指导;协助培训食品卫生经营人员,监督食品生产经营人员的健康检查;宣传食品卫生、营养知识,进行食品卫生评价,公布食品卫生情况;对食品生产经营企业的新建、扩建、改建工程的选址和设计进行卫生检查;对食物中毒和食物污染事件进行调查,并采取控制措施等。

(2) 对药品进行监督与管理。监督与检查《药品管理法》的执行情况,对药品的生产、经营和医疗单位的药制工作进行监督与管理;审批药品,颁布药品标准;负责药品认证工作,提出淘汰药品品种;取缔假药、劣药,管理麻醉药品、精神药物、毒性药品和放射性药品;对违反《药品管理法》的行为进行行政处罚。

6. 环境保护机关对保护消费者合法权益负有的职责
(1) 制定环境质量标准。
(2) 对环境质量进行检测、调查和评价。
(3) 对保护和改善环境工作进行监督与管理。
(4) 对建设污染环境的项目和污染的防治进行监督和管理。
(5) 审查和监控有毒化学品的生产、进口和使用。
(6) 对违反环境保护法律、法规的行为予以处罚。

7. 进出口商品检验机关对保护消费者合法权益负有的职责
(1) 按照国家授权,依法对进出口商品实施检验,以保证进出口商品的质量。
(2) 根据对外贸易发展的需要,制定、调整并公布商检机构实施检验的进出口商品种类表。
(3) 按照法律法规规定的标准或合同约定的标准,实施进出口商品检验,检验的内容包括商品的质量、规格、数量、重量、包装以及是否安全、卫生。
(4) 对检验过程中发现的违反法律法规的行为,予以处罚。

(三) 司法保护

运用司法手段保护消费者的合法权益,主要是由人民法院来执行。

对符合《中华人民共和国民事诉讼法》规定的起诉条件的消费者权益争议,人民法院必须受理,及时审理。

1. 审理消费者权益争议的案件,保护当事人的合法利益,是人民法院的主要任务之一。
2. 人民法院应当采取措施,为消费者提起诉讼提供方便。
3. 人民法院必须受理并及时审理消费者争议案件。
4. 人民法院应当加强上下级法院之间的指导监督关系,切实保障消费者的合法权益。

四、社会保护

(一) 舆论监督的保护

应充分发挥新闻舆论的作用,保护消费者的合法权益。新闻舆论应及时揭露损害消费者合法权益的行为,引起社会各方面的重视,并促进问题的合理解决;大力宣传消费者合法权益和保护消费者合法权益的法律知识,提高消费者的权利意识和法制观念;广泛宣传各种消费知识,提高消费者的消费意识。

大众传播媒介维护消费者的合法权益,主要体现在以下方面:

1. 通过对有关保护消费者合法权益的法律、法规、政策等的宣传,增强各方面依法保护消费者合法权益的意识,推动保护消费者权益的法制建设。

2. 通过揭露损害消费者合法权益的行为及事件的报道,引起社会及有关方面对问题的关注,并促进问题的合理解决,并防止类似问题的发生。

3. 通过发挥大众传播媒介的导向作用和教育功能,向群众宣传正确的消费观念和科学的消费知识。

4. 与各级消费者组织和有关部门合作,开展综合性的社会宣传与社会监督活动,保护消费者的合法权益。

（二）消费者组织的保护

1. 充分发挥消费者组织的社会监督作用,保护消费者的合法权益。消费者组织可以对商品和服务开展社会监督,协助国家立法机关制定和贯彻保护消费者权益的法律法规。

2. 消费者保护团体,是指依法成立的对商品和服务进行社会监督,从而保护消费者合法权益的社会团体的总称。包括消费者协会和其他消费组织。

（三）树立企业的社会责任感

社会责任作为一种对企业的价值观有重大影响的管理理念和经营理念,将产生重大的指导意义。经济学家厉以宁认为,企业最重要的社会责任就是为社会提供优质的产品、优质的服务,出人才、出经验。这是企业最大的成果。美国自由主义经济学家米尔顿·弗里德曼曾说:"企业的一项,也是唯一的责任,就是在比赛规则范围内增加利润,也就是说,无欺诈地进行公开和自由的竞争。"但是,我们应该注意到,这句话中隐含着一个重要的假设,即无欺诈的竞争。那么对生产企业来说,无欺诈的竞争最重要的就是要把消费者的生命安全放在第一位,本着对消费者负责的态度生产出高质量的产品。可这一观念的转变不是轻而易举就能实现的。从近年发生的食品企业危机事件来看,重视加强对企业的领导者、管理者和普通员工的素质教育和社会责任心的教育,已成为当务之急。零点调查的《京沪两地企业危机管理现状研究报告》显示：72.7%的中高层管理者属于低危机识别能力者,9.4%属于中等危机识别者,仅有18%属于较高危机识别能力者。调查还发现,44.1%的企业尚没有建立危机管理团队。

更进一步说,在知识经济发展的今天,社会责任在企业长远发展的战略上决定企业生存状态,决定企业竞争力,决定企业利润,决定企业的发展核心,承担和确认企业自身社会责任也是企业危机管理的核心。从社会责任的角度来说,一个有远见的企业会考虑与其利益相关的所有方面：股东、管理人员、普通员工、客户、该企业所在的社区进而整个国家。

企业获得应得的利益时必须懂得"君子爱财,取之有道"。也就是说,在承认企业对正当物质利益追求的同时,也要对企业社会责任的承担进行必要的规范,即所谓"有道"。人们对企业尤其是著名企业品牌的看重,更多的是对品牌所代表社会责任的信任。如果这样的企业出现了质量危机事件,那么在未来的一段时间,消费者就会产生一种无形的抵触心理。特别是危机事件发生以后,企业对其责任进行推卸或搪塞,那么这些企业原有的好形象在消费者心中就会荡然无存。

第二节 产品责任法律制度

一、产品责任的一般含义

在外国法中,产品责任是指产品生产者、销售者因生产、销售有缺陷的产品致使他人遭受人身伤害、财产损失所应承担的赔偿责任。产品责任法是确定生产者、销售者应当承担民事责任的法律规范的总称。

中国产品责任的主要规定见之于1993年的《产品质量法》中,该法采用产品质量责任的概念。产品质量是指国家有关法律法规、质量标准以及合同规定的对产品适用、安全和其他特性的要求。产品质量责任是指产品的生产者、销售者违反了上述要求,给用户、消费者造成损害而应依法承担的法律后果,包括民事、行政和刑事责任。其中,承担民事责任分别指承担产品瑕疵担保责任和产品侵权赔偿责任。

产品责任又称"产品瑕疵责任",是指因产品瑕疵致消费者人身或财产损害时,依法由产品制造者和销售者承担的侵权责任。侵权法上所称的产品瑕疵既包括产品质量缺陷,也包括未经说明的产品使用危险缺陷。依我国和多数国家的法律,产品瑕疵致人损害时,产品制造者和销售者应当承担无过错责任和连带责任。但如该损害是由运输者或第三人过错造成时,连带责任人在承担责任后可向其追偿。

二、产品责任法律关系的当事人

产品责任法律关系的当事人是指在产品责任法律关系中,产品责任的承担者及产品责任权利的请求者,包括产品责任的权利主体和产品责任的义务主体。权利主体是在产品责任法律关系中依法有权获得损害赔偿的当事人,义务主体则是依法应当承担损害赔偿义务的当事人。

随着经济的发展,产品从开发、设计、制造、投入流通至引起损害后果,往往涉及原材料供应者、产品设计者、制造者、进口商、批发商、零售商、运输者、仓储者以及消费者或其他第三人等多方人员。产品的消费者和使用者与供货链条中的其他各个成员相比明显处于弱势地位,因此为了使不同主体之间的利益分配趋于合理化,充分保护消费者的合法权益,扩大产品责任主体的范围,将供货链条中的各方都纳入产品责任主体的范围是大势所趋。

目前,欧美等产品责任的相关规定相比我国而言更为完善,因此本书将从欧美国家和地区对产品责任主体的相关规定出发,通过对这些规定的介绍,对完善我国在产品责任主体方面的规定提出一些建议。

(一)美国对产品责任主体的规定

在美国的立法及司法实践中,凡是人身或者财产遭受缺陷产品损害的当事人都可以向产品制造者或销售者提起"产品责任之诉",产品责任的权利主体较为广泛。美国《统一产品责任示范法》第102条规定,产品责任的赔偿请求人包括"因遭受损害而提出产品责任索赔的自然人或实体"。美国法律将"实体"也纳入产品责任的权利主体,体现了对受害人保护的广泛性,无论是自然人还是实体,都可成为产品责任的权利主体。美国产品责任法将产品的制造者和销售者作为产品责任的义务主体,并对制造者和销售者的范围分别予以界定。按照《统一产品责任示范法》第102条的规定,产品制造者包括"在产品出售给使用者或消费者之前,设计、生产、制作、组装、建造或者加工相关产品"的人,还包括"实际不是但自称是制造者"的产品销售者或实体。产品销售者是指"从事产品销售业务的任何自然人或实体,不论交易是为了使用、消费或者再销售。它包括产品制造者、批发商、分销商和零售商,也包括产品的出租人、经纪人"。可以看出,美国产品责任义务主体的范围十分广泛,处于生产、加工、销售这一链条上的相关的人都可能承担产品责任。这样不仅能够对消费者权益进行充分的保护,还能够促进设计、制造、销售链条上的所有主体更加谨慎小心,从而减少产品责任事故的发生。

(二)欧盟对产品责任主体的规定

《欧共体产品责任指令》对受保护对象未做明文规定,但从《欧共体产品责任指令》第9条的规定,可以推断出产品责任的权利主体限定于个人消费者。理由是:请求人因产品缺陷受损请求赔偿,其中的损害是指死亡或人身伤害以及除缺陷产品本身以外财产的损害或灭失,财产价值还不得低于500欧洲货币单位,同时损失的财产必须是用于个人使用或消费的财产。可见,欧盟产品责任法是按照损害的划分(人身伤害和财产损害)对产品责任的权利主体予以区别对待:因缺陷产品造成的死亡或人身伤害,任何受害者均可成为权利主体要求赔偿,受害者包括直接购买缺陷产品的人以及受到缺陷产品损害的其他人。因缺陷产品造成的财产损害,受害人为个人消费者时,才能成为产品责任的权利主体。

《欧共体产品责任指令》没有单独规定销售者的概念和责任,只是将生产者作为产品责任的义务主体加以规定,同时对生产者的含义做扩大解释,将销售者有条件地视为生产者。《欧共体产品责任指令》第1条就明确规定了生产者应当对其产品缺陷造成的损害承担赔偿责任。产品的生产者包括:(1)最终成品的生产者;(2)原料或者零部件的生产者;(3)任何以自己姓名、商标或者可辨识之形式附在商品上,标明自己为生产者的人;(4)任何为再销售或类似目的的将商品输入欧共体内的进口商;(5)不能确定谁为生产者时,商品的供应商视为生产者。《欧共体产品责任指令》未对销售者作为产品责任的义务主体做出明确规定,主要理由是考虑其难以发现产品的缺陷,况且相比生产者而言,其财力较弱,不具有承担损失赔偿、分散危险的能力。

(三)我国对产品责任主体的规定

我国《民法典》第一千二百零三条规定:因产品存在缺陷造成他人损害的,被侵权人可以向产品的生产者请求赔偿,也可以向产品的销售者请求赔偿。产品缺陷由生产者造成的,销售者赔偿后,有权向生产者追偿。因销售者的过错使产品存在缺陷的,生产者赔偿后,有权向销售者追偿。可见,我国法律将"受害人"规定为产品责任的权利主体,将产品的生产者和销售者规定为产品责任的义务主体。同时,《产品质量法》第43条规定:"因产品存在缺陷造成人身、他人财产损害的,受害人可以要求赔偿。"该法第4条规定:"生产者、销售者依照本法规定承担产品质量责任。"

对于产品责任的义务主体而言,虽然《产品质量法》对产品的生产者和销售者采用了不同的归责原则,但为了保护消费者利益,法律规定了受害人可以选择生产者或者将销售者作为起诉对象。该法第43条规定:"因产品存在缺陷造成人身、他人财产损害的,受害人可以向产品的生产者要求赔偿,也可以向产品的销售者要求赔偿。属于产品的生产者的责任,产品的销售者赔偿的,产品的销售者有权向产品的生产者追偿。属于产品的销售者的责任,产品的生产者赔偿的,产品的生产者有权向产品的销售者追偿。"同时,该法第57条、第58条规定了产品质量检验机构、认证机构因检验结果或者证明不实承担的赔偿责任以及社会团体、社会中介机构对产品质量承诺、保证不实承担的连带赔偿责任。这些产品责任义务主体的连带责任的规定都是通过法律规定来最大限度地保护受害人的利益。

三、产品责任中的产品

产品是构筑产品责任法律体系和确立产品责任承担的基点。美国《统一产品责任示范法》指出:"产品是具有真正价值的、为进入市场而生产的,能够作为组装整件或者作为部件、零售交付的物品,但人体组织、器官、血液组成成分除外。"该定义用概括的方式,界定了产品的内涵。出于保护产品使用者的基本公共政策的考虑,法官们的态度倾向于采用更广泛、更灵活的产品定义。例如,在兰赛姆诉威斯康星电力公司案中,法院确认电属于产品。1978年哈雷斯诉西北天然气公司案中,将天然气纳入产品范围。同年,科罗拉多州法院在一案中裁定,血液应视为产品。关于计算机软件是否属于产品,学者认为,普通软件批量销售,广泛运用于工业生产、服务领域和日常生活,与消费者利益息息相关,生产者处于控制危险较有利的地位,故有必要将普通软件列为产品。可见,美国产品责任法确定的产品范围相当广泛。

在《关于产品责任的法律适用公约》中,产品是指"天然产品和工业产品,无论是未加工的还是加工的,也无论是动产还是不动产"。《欧共体产品责任指令》规定:"产品是指初级农产品和狩猎物以外的所有动产,即使已被组合在另一动产或不动产之内。初级农产品是指种植业、畜牧业、渔业产品,不包括经过加工的这类产品。产品也包括电。"与美国相比,其所界定的产品范围略微狭窄。

我国《产品质量法》规定:"产品是指经过加工、制作,用于销售的产品。建设工程不适用本法规定。"采用的是概括式的规定,适应性较强。按照其规定,产品必须具备两个条件:首先,必须经过加工、制作。这就排除了未经过加工的天然品(如原煤、原矿、天然气、石油等)及初级农产品(如未经加工、制作的农、林、牧、渔业产品和猎物)。其次,用于销售。这是区分产品责任法意义上的产品与其他物品的又一重要特征。这样,非为销售而加工、制作的物品被排除在外。

可见,各国关于产品的规定有以下共同特点:(1)产品一般指动产。(2)多数国家立法未将初级农产品列入产品责任法范围。原因在于农产品易受自然环境因素的影响,对其产生的潜在缺陷难以确定缺陷来源,而且农产品没有明确的质量标准。(3)产品一般指有形物品。

四、产品责任的构成要件

(一) 须有产品缺陷

根据《产品质量法》的规定,所谓产品,是指经过加工、制作,用于销售的产品。按照这一规定,构成产品需要具备两个条件:

(1) 经过加工、制作,这表明产品是生产活动的产出物,未经加工制作的天然物品,不是产品。

(2) 用于销售,这表明了生产产品的目的,即产品主要是通过销售形式进入流通领域并最终进入消费领域。"用于销售"的产品生产目的并不表示产品已经进入流通领域。产品未进入流通领域是产品生产者免予承担产品责任的抗辩事由。从外延上说,建设工程不是产品,但建设工程使用的建筑材料、建筑构配件和设备符合产品条件的,也应当认定为产品。所谓产品的缺陷,是指产品存在危及人身、他人财产安全的不合理的危险。

(二) 须有人身、财产方面的损害事实

财产损害不是指有缺陷的产品本身的损失,即购买该产品所付的价金的损失,而是指缺陷产品以外其他财产的损失,其范围包括直接损失和间接损失。人身损害包括致人死亡、致人伤残以及精神损害。

(三) 产品缺陷与受害人的人身、缺陷产品以外的财产损害事实之间具有因果关系

产品责任构成要件中的证明责任,通常由受害人承担。因为作为产品责任构成要件,是发生产品责任的根据,而受害人在产品责任的诉讼中,对自己的诉讼请求所依据的事实,有责任提供证据加以证明,否则要承担举证不能的法律后果。在因果关系的证明中,受害人只要证明缺陷产品曾经被消费或使用,以及损害事实是在缺陷产品被消费或使用的过程中发生的,那么,依相当因果关系说,就应当认定产品责任因果关系的成立,除非产品的生产者或销售者能够举出有力的反证来推翻因果关系的成立。

五、产品责任的免除

我国《产品质量法》第四十一条规定:因产品存在缺陷造成人身、缺陷产品以外的其他财产(以下简称他人财产)损害的,生产者应当承担赔偿责任。

生产者能够证明有下列情形之一的,不承担赔偿责任:

(1) 未将产品投入流通的。

(2) 产品投入流通时,引起损害的缺陷尚不存在的。

(3) 将产品投入流通时的科学技术水平尚不能发现缺陷的存在的。

按照《产品质量法》的规定,生产者对因产品缺陷造成的损害,应当承担无过错责任。但是生产者对产品缺陷造成损害的责任并不是绝对的。生产者能够证明有下列情形之一的,不承担《产品质量法》规定的产品责任:

1. 生产者能够证明未将产品投入流通的,即生产者未将其生产的产品投入销售的,不承担产品责任。这里所讲"未将产品投入流通",是指生产者生产的产品虽然经过了加工制作,但是根本没有投入销售。根据《产品质量法》关于"产品是经过加工、制作,用于销售的

产品"的规定,未投入流通的产品,不应适用《产品质量法》的规定。

2. 生产者能够证明产品投入流通时,引起损害的缺陷尚不存在的,不承担赔偿责任。如果生产者能够证明,其生产的产品在投入流通前并不存在缺陷,而缺陷是在产品脱离生产者控制后,在产品的流通环节或使用过程中产生的,则不能要求生产者承担责任。

3. 生产者能够证明将产品投入流通时的科学技术水平尚不能发现缺陷存在的,不承担赔偿责任。由于科学技术的发展,根据新的科学技术,可能会发现过去生产并投入流通的产品会存在一些不合理的危险。如果这种不合理的危险是在产品投入流通时的科学技术水平不能发现的,生产者也不承担责任。这是新产品开发过程中产生的风险,该风险是在发展中产生的,生产者难以预见到,对其免除责任是合理的。这里要指出的是,评断产品是否能为投入流通时的科技水平所发现,是以当时整个社会所具有的科学技术水平来认定的,而不是依据产品生产者自身科学技术水平来认定的。

六、产品责任中的损害赔偿

(一) 我国立法上对损害赔偿范围的规定

我国修订的《产品质量法》第41条和第44条规定了损害和赔偿的范围。第41条规定:"因产品存在缺陷造成人身、缺陷产品以外的其他财产损害的,生产者应当承担赔偿责任。"第44条规定:"因产品存在缺陷造成受害人人身伤害的,侵害人应当赔偿医疗费、治疗期间的护理费、因误工减少的收入等费用;造成残疾的,还应当支付残疾者生活自助用具费、生活补助费、残疾赔偿金以及由其扶养的人所必需的生活费等费用;造成受害人死亡的,并应当支付丧葬费、死亡赔偿金以及由死者生前扶养的人所必需的生活费等费用。因产品存在缺陷造成受害人财产损失的,侵害人应当恢复原状或者折价赔偿。受害人因此遭受其他重大损失的,侵害人应当赔偿损失。"由以上可以看出,我国《产品质量法》规定的损害与赔偿的范围,与大多数国家立法一致。我国产品责任立法规定的损害包括人身损害和财产损害。人身损害是指因缺陷产品造成的人体和健康的损害,包括肢体的损伤、残废(功能上)、灭失、容貌的损毁以及身心的疾病和死亡等。

(二) 关于精神损害赔偿

1. 实践中对精神损害赔偿的认可

精神损害是产品责任案件中一个非常重要的问题,与上述人身损害有很大的不同。精神损害又称非财产上损害,是指不具有财产上价值的精神痛苦和肉体痛苦。近年来我国学者就是否应当对精神损害进行赔偿进行了大量的争论。在学说上进行争论的同时,司法实践中,北京市海淀区人民法院于1997年3月15日判决了我国第一起因产品缺陷造成的精神损害赔偿案,即贾国宇卡式炉爆炸引起的毁容案件,以审判实践对精神损害赔偿做出了肯定的回答。在该案件的判决中法院指出:"根据《民法通则》第一百一十九条规定的原则和司法实践掌握的标准,实际损失除物质方面外,还包括精神损失,即实际存在的无形的精神压力和痛苦。本案原告在事故发生时尚未成年,身心发育正常,烧伤造成的片状疤痕对其容貌产生了明显影响,并使之劳动能力部分受限,严重地妨碍了她的学习、生活和健康,除肉体痛苦外,无可置疑地给其精神造成了伴随终身的遗憾和伤痛,必须给予抚慰和补偿。

精神损害赔偿65万元的诉讼请求明显过高,其过高部分不予支持。"最后判决被告赔偿原告贾国宇精神损失赔偿金10万元,总计判赔273 257.83元。

2. 损害赔偿的法律依据

如何责令厂家或商家进行精神损害赔偿,法律依据何在? 我国是否有关于精神损害赔偿的法律依据,对此过去曾有截然相反的两种认识。曾经参加过1993年《产品质量法》起草工作的有关人士认为:"产品质量法中没有规定对于因缺陷产品造成人身损害时,侵害人应当承担的精神损害赔偿责任,这是因为这个问题比较复杂,各方面意见也不一致,需要进一步研究,条件成熟后再做出法律规定。"而原国家技术监督局在《关于〈中华人民共和国产品质量法〉(草案)的说明》中指出,对产品质量责任的规定是"为了最大限度地保护用户和消费者的合法权益"。过去,最高人民法院曾经函复有关部门以及批复下级法院,肯定因交通事故致人死亡应对死者家属酌情给予抚恤或者经济补偿,既表示对死者负责,也是对死者家属精神上的安慰。可以认为这是审判实践中确认精神损害赔偿责任的最早先例。1994年1月1日起施行的《消费者权益保护法》第41条和第42条规定了消费者或者其他受害人人身伤害的赔偿范围中有"残疾赔偿金"和"死亡赔偿金"。2000年7月8日通过修改的《产品质量法》第44条规定,侵害人的赔偿范围有"残疾赔偿金"和"死亡赔偿金"。有学者当时主张应将"残疾赔偿金和死亡赔偿金"归入精神损害赔偿的范畴。但是《消费者权益保护法》和《产品质量法》都是通篇不见精神损害赔偿的字眼,法律上没有精神损害赔偿的明确立法规定。值得欣喜的是,2021年1月1日起实施的《民法典》使精神损害赔偿有了明确的规定,该法第1183条规定:侵害自然人人身权益造成严重精神损害的,被侵权人有权请求精神损害赔偿。因故意或者重大过失侵害自然人具有人身意义的特定物造成严重精神损害的,被侵权人有权请求精神损害赔偿。还有最高人民法院于2001年3月8日以法释〔2001〕7号《关于确定民事侵权精神损害赔偿责任若干问题的解释》的司法解释,对精神损害赔偿的涉及范围做出了规定。根据该司法解释第一条的规定,自然人因下列人格权利遭受非法侵害,向人民法院起诉请求赔偿精神损失的,人民法院应当依法予以受理:

(1) 生命权、健康权、身体权;

(2) 姓名权、肖像权、名誉权、荣誉权;

(3) 人格尊严权、人身自由权。

违反社会公共利益、社会公德,侵害他人隐私或者其他人格利益,受害人以侵权为由向人民法院起诉请求赔偿精神损失的,人民法院应当依法予以受理。

七、产品责任险

(一) 产品责任险的概念

产品责任险是指当产品的生产者、销售者(包括批发商和零售商)因其生产或销售的产品发生意外事故,造成第三者的人身伤亡或财产损失所应承担的法律赔偿责任,由保险公司予以赔偿。

生产商、出口商、进口商、零售商及修理商等一切有可能对产品事故造成的损失负有赔偿责任的人,都可以投保产品责任险。根据具体情况需要,可以由他们中间的任何一个投保,也可以由他们中间的几个人或全体联名投保。产品责任险的被保险人,除投保人本身外,经投保人申请,保险公司同意后,可将其他有关方也作为被保险人,必要时将增加保险费,并规定对各被保险人之间的责任互不追偿。各有关方中,制造商应承担最大风险,除非其他有关方已将产品重新装配、改装、修理、改换包装或使用说明书,以及其他行为,并因此引起产品事故,应由该有关方负责外,凡产品原有缺陷引起的问题,最后都要追溯至制造商。

生产者的免责事由包括:(1) 未将产品投入流通的;(2) 产品投入流通时,引起损害的缺陷尚不存在的;(3) 将产品投入流通时的科学技术水平尚不能发现缺陷存在的。

同时法律规定,由于受害人的故意造成损害的,生产者、销售者不承担赔偿责任;由于受害人的过失造成损害的,可以减轻生产者、销售者的赔偿责任。

(二) 产品责任险的特点

1. 保险标的无形

该险种的保险标的是被保险人的法律责任,为无形标的。

2. 采取"索赔发生制"

只要被保险人在保险期限内向保险公司提出索赔,如果属于保险事故,保险公司就要承担赔偿责任。

3. 独立处理索赔

保险公司对索赔处理具有绝对控制权。

4. 与"公众责任险"的差异

事故须发生在被保险人制造或销售场所以外,且产品所有权已转移至用户或销售者。

(三) 产品责任险的内容

1. 投保人和被保险人

凡是因产品事故造成他人伤害或财产损失、依法应承担赔偿责任的人,都可以成为产品责任保险的投保人。例如,制造商、出口商、进口商、批发商、零售商以及修理商等,他们都可以投保产品责任险。投保人可以是一方、数方或有关的各方,这要视具体情况和需要而定。除了投保人是当然的被保险人外,由投保人提出并经保险人同意的其他有关各方也可作为被保险人载入保单,被保险人之间的责任一般互不追偿。

2. 保险责任范围

保险人承担的责任分为两个方面:

(1) 产品发生事故致使消费者或其他任何人人身伤害、财产损失,依法应由被保险人承担的责任。保险人在替被保险人履行赔偿责任时应掌握以下方面:

① 该产品事故必须在保险有效期内发生;

② 事故必须具有"意外"和"偶然"的性质;

③ 赔偿金最高不能超过保单中规定的赔偿限额。

(2) 产品事故发生后引起的诉讼、辩护费用及其他事先双方约定的费用。

(四) 保险期限与索赔时效

产品责任险的保险期限与一般财产保险的保险期限相同。通常为一年,到期需要继续投保的,应办理续保手续。保险人对产品事故是否承担责任,除了掌握责任范围和除外责任的界限,还要看产品事故是否在保险期内发生。为了使被保险人的保险单持续有效,以获得连续不断的保险保障,保险人推出了期限较长的保险单。我国保险公司对某些出口产品也提供年限为3至5年或更长时间的责任保险。但保险费仍按年收取,而且费率可从第二年起逐年递减。产品责任保险的索赔时效主要以保险合同中的有关规定以及产品事故发生地当局颁布的法律为依据而确定,一般以3年为限。

(五) 产品责任险的责任范围

在保险有效期内,由于被保险人所生产、出售的产品或商品在承保区域内发生事故,造成使用、消费或操作该产品或商品的人或其他任何人的人身伤害、疾病、死亡或财产损失,依法应由被保险人负责时,公司根据保险单的规定,在约定的赔偿限额内负责赔偿。

(六) 产品责任险的除外责任

保险公司对下列各项不负责赔偿:

(1) 被保险人根据与他人的协议应承担的责任,但即使没有这种协议,被保险人仍应承担的责任不在此限;

(2) 根据劳动法应由被保险人承担的责任;

(3) 根据雇佣关系应由被保险人对雇员所承担的责任;

(4) 被保险人产品本身的损失;

(5) 产品退换回收的损失;

(6) 被保险人所有、保管或控制的财产的损失;

(7) 被保险人故意违法生产、出售的产品或商品造成任何人的人身伤害、疾病、死亡或财产损失;

(8) 被保险产品造成的大气、土地及水污染及其他各种污染所引起的责任;

(9) 被保险人的产品造成对飞机或轮船的损害责任;

(10) 由于战争、类似战争行为、敌对行为、武装冲突、恐怖活动、谋反、政变直接或间接引起的任何后果所致的责任;

(11) 由于罢工、暴动、民众骚乱或恶意行为直接或间接引起的任何后果所致的责任;

(12) 由于核裂变、核聚变、核武器、核材料、核辐射及放射性污染所引起的直接或间接的责任;

(13) 罚款、罚金、惩罚性赔款;

(14) 保险单明细表或有关条款中规定的应由被保险人自行负担的免赔额。

(七) 产品责任险的赔偿处理及赔偿限额

(1) 若发生本保险单承保的任何事故或诉讼时,应按以下方式进行处理:

① 未经保险公司书面同意,被保险人或其代表对索赔方不得做出任何责任承诺或拒绝、出价、约定、付款或赔偿。在必要时,保险公司有权以被保险人的名义接办对任何诉讼的抗辩或索赔的处理。

② 保险公司有权以被保险人的名义,为公司的利益自付费用,向任何责任方提出索赔的要求。未经保险公司书面同意,被保险人不得接受责任方就有关损失做出的付款或赔偿

安排,或放弃对责任方的索赔权利,否则,由此引起的后果将由被保险人承担。

③ 在诉讼或处理索赔过程中,保险公司有权自行处理任何诉讼或解决任何索赔案件,被保险人有义务向保险公司提供一切所需的资料和协助。

(2) 生产、出售的同一批产品或商品,由于同样原因造成多人的人身伤害、疾病或死亡或多人的财产损失,应视为一次事故造成的损失。

(3) 被保险人的索赔期限,从损失发生之日起,不得超过两年。

产品责任保险基本上有赔偿限额的规定。赔偿限额通常由被保险人根据实际需要向保险人提出,待双方商定后在保单中具体载明。产品责任保险实行每次事故限额和保单累计限额制,即保险人对每一次产品事故规定一最高赔偿金额,对保险有效期内的赔偿累计规定一个最高限额。产品责任保险赔偿限额的高低主要由两个因素决定:一是产品事故可能引起的损失程度;二是地区、国别。

(八) 被保险人及其代表的义务

(1) 在投保时,被保险人或其代表应对投保申请书中列明的问题以及保险公司提出的其他问题做出真实、详尽的回答或描述。

(2) 被保险人及其代表应根据保险单明细表和批单中的规定按期缴付保险费。

(3) 保险期满后,被保险人应将保险期间生产、出售的产品或商品的总值书面通知保险公司,作为计算实际保险费的依据。实际保险费若高于预收保险费,被保险人应补交其差额,反之,若预收保险费高于实际保险费,保险公司退还其差额,但实际保险费不得低于所规定的最低保险费。

保险公司有权在保险期内的任何时候,要求被保险人提供一定期限内所生产、出售的产品或商品总值的数据。保险公司还有权派员检查被保险人的有关账册或记录并核实上述数据。

(4) 一旦发生保险单所承保的任何事故,被保险人或其代表应实施以下行为:

① 立即通知公司,并在七天或经保险公司书面同意延长的期限内以书面报告提供事故发生的经过、原因和损失程度;

② 可能引起诉讼时,立即以书面形式通知保险公司,并在接到法院传票或其他法律文件后,立即将其送交保险公司;

③ 根据保险公司的要求提供作为索赔依据的所有证明文件、资料和单据。

(5) 若在某一被保险产品或商品中发现的缺陷表明或预示类似缺陷亦存在于其他保险产品或商品时,被保险人应立即自付费用进行调查并纠正该缺陷,否则,由于类似缺陷造成的一切损失应由被保险人自行承担。

本章习题

1. 试论消费者安全权的范围及保障。
2. 简述产品责任的构成要件。

3. 试论如何完善消费者安全保障权的法律制度。
4. 简述网络消费者权益和隐私权保护法律制度。
5. 简述经营者的质量义务。
6. 试论服务品质担保责任与产品(侵权)责任之间的区别。

第九章 消费者保护法中的法律责任

教学重点

法律责任的含义，经营者民事责任的特点和行政责任的概念；领会消费者保护法中责任条款的适用规则和法律追究的一般规则；经营者民事责任的类型及责任形式，经营者损害消费者利益的行政责任和常见的损害消费者利益的犯罪行为。

教学要求

消费者权益保护法的主要内容是围绕消费者的权利和经营者的义务而展开的，而权利的实现、义务的履行必须以法律责任作为保障。消费者权益保护中的法律责任，就是经营者违反消费领域的法定义务或者约定义务，侵犯消费者合法权益而依法承受的不利的法律后果。它具体表现为经营者的民事责任、行政责任和刑事责任。民事责任属于私法责任，是经营者应向消费者承担的责任；行政责任和刑事责任则属于公法责任，是经营者应向国家承担的责任。充分掌握三种责任的性质、内容，了解其对于督促经营者履行义务、保护消费者合法权益、维护社会公共利益的重要意义，并能有机结合以解决实际问题。

第一节 消费者保护法中的法律责任概述

一、消费者保护法中法律责任的含义

法律责任，是指行为人由于违反法律义务而应承担的法律上的后果。法律责任是法律义务履行的保障机制和法律义务违反的矫正机制。法律义务分为法定义务和约定义务，法定义务即法律直接规定的义务，约定义务是基于当事人之间的约定而产生的义务，但双方约定不得违反法律、法规。通常情况下，承担法律责任的一般构成要件为：行为违反法律规定或者当事人之间的约定；存在造成一定损害后果的事实；行为与后果之间有因果关系；行为人有过错，或属于法定的无过错责任方；行为人具有法定的承担责任能力。按照违法行

为的种类,可以将法律责任划分为违宪责任、民事责任、行政责任、刑事责任四种。

消费者保护法中的法律责任,是指生产经营者违反保护消费者的法定义务或者生产经营者与消费者约定的义务而依法承担的法律后果。《消费者权益保护法》第七章是关于经营者损害消费者权益应当承担的法律责任的规定,经营者分别或同时承担民事责任、行政责任和刑事责任,其中第六十一条还规定了国家工作人员玩忽职守或者包庇经营者违法行为的法律责任。

二、消费者保护法中法律责任的特点

消费者保护法以保护消费者为目的,主要内容为消费者的权利和经营者的义务,经营者总是以义务主体的身份出现,相应也承担违反义务的法律责任。因此消费者保护法中的法律责任是经营者责任,包含经营者损害消费者权益应当承担的法律责任及未尽安全保障义务应当承担的侵权责任。其具有如下特点:

(一)多种法律责任并存

消费者权益保护法保护的是消费者为生活消费需要购买、使用商品或者接受服务中的权益,一方面生活消费需要涵盖的内容多、涉及的范围广,另一方面经营者对消费者权益的损害也呈现出多样性。因此,为充分保护消费者权益,消费者保护法中的法律责任形式包含各种不同的性质和内容,经营者根据具体情节的不同承担相应法律责任。经营者承担法律责任的主要内容包括:经营者损害消费者人身权益和财产权益应当承担的民事责任、精神损害赔偿、造成消费者人身伤害或者死亡应当承担的刑事责任、经营者违反预收款方式的违约责任、惩罚性赔偿制度、损害消费者权益应当承担的行政责任、经营者妨害公务的法律责任等。从经营者承担法律责任的性质来看,既有民事责任,又有行政责任和刑事责任;从经营者承担法律责任的方式来看,既可能单独承担一种责任,也可能同时承担民事责任、行政责任和刑事责任。

(二)惩罚性责任与补偿性责任并用

从经营者承担法律责任的具体形式来看,《消费者权益保护法》中既规定了警告、罚款、责令停业整顿、吊销营业执照等惩罚性质的责任,也规定了停止侵害、恢复名誉、消除影响、赔礼道歉、赔偿损失等补偿性措施。值得注意的是,《消费者权益保护法》还规定了惩罚性赔偿这种兼具惩罚性和补偿性的法律责任形式,该法第五十五条第一款"经营者提供商品或者服务有欺诈行为的,应当按照消费者的要求增加赔偿其受到的损失,增加赔偿的金额为消费者购买商品的价款或者接受服务的费用的三倍;增加赔偿的金额不足五百元的,为五百元。法律另有规定的除外"是关于经营者违约责任的惩罚性赔偿,第二款"经营者明知商品或者服务存在缺陷,仍然向消费者提供,造成消费者或者其他受害人死亡或者健康严重损害的,受害人有权要求经营者依照本法第四十九条、第五十一条等法律规定赔偿损失,并有权要求所受损失二倍以下的惩罚性赔偿"是关于人身损害的惩罚性赔偿,兼具惩罚性和补偿性。

三、消费者保护法中责任条款的适用规则

消费者保护法是以法的功能为基础而形成的一个法律类别,在具体案件中适用的法律

规范有多种不同的性质和类型,应遵循如下规则:

(一)上位法优于下位法

在效力较高的规范性法律文件与效力较低的规范性法律文件相冲突的情况下,应当适用效力较高的规范性法律文件。"法"在法律体系中所处的效力和等级位置,通常由制定该法的不同立法机构或国家机关的等级地位而决定。我国《立法法》确立的划分法律位阶的标准或规则包括:中央立法优于地方立法,同级权力机关的立法高于同级行政机关的立法,同类型的立法根据其立法主体的地位确立法律位阶关系,权力机关(这里仅指人民代表大会)及其组成的常设机构(人大常委会)之间,人民代表大会制定的法规性文件的效力等级高于其常设机构即人大常委会制定的法规性文件。根据上述标准,在全国范围内,宪法作为国家根本大法具有最高效力,全国人大及其常委会制定的法律具有仅次于宪法的效力,国务院发布的行政法规具有仅次于法律的效力,最高人民法院对适用法律所做的司法解释具有补充、解释法律的效力。国务院各部门制定的行政规章以及地方各省级权力机关和人民政府制定的地方法规和地方规章具有次于行政法规的效力。如果下位法的制定是根据上位法的授权或下位法是对上位法的实施性规定且没有违反上位法的规定时,则会出现"上位法优于下位法"适用规则的例外:下位法的优先适用。《消费者权益保护法》第五十六条规定:"经营者有下列情形之一,除承担相应的民事责任外,其他有关法律、法规对处罚机关和处罚方式有规定的,依照法律、法规的规定执行……"也就是说,在处罚机关和处罚方式方面有可能优先适用有关法规。

(二)特别法优于一般法

一般法是指在时间上、空间上、对象上以及立法事项上所做出的一般规定的法律规范,特别法则是与一般法不同的适用于特定时间、特定空间、特定主体(或对象)、特定事项(或行为)的法律规范。特别法优于一般法适用的条件包括:(1)必须是同等位阶的立法主体制定的法律规范性文件,不同位阶即构成上下位阶等级的法律规范不适用此项规则。(2)一般法没有明确规定不适用该原则。如《民法典》总则编是对于民事法律关系的一般规定,第一百二十八条规定:"法律对未成年人、老年人、残疾人、妇女、消费者等的民事权利保护有特别规定的,依照其规定。"即《消费者权益保护法》为关于经营者和消费者的特别规定,而相对于《消费者权益保护法》来说,《食品安全法》又是消费者在购买食品时的特别规定。

(三)新法优于旧法

新法优于旧法,即后法优于先法,当新法和旧法对同一事项有不同规定时,新法的效力优于旧法,在新的法律生效后,与新法内容相抵触的原法律内容终止生效、不再适用。我国《立法法》第八十三条对新法优于旧法的适用范围做出了规定:(1)必须是指同等位阶的立法主体制定的法律规范性文件,不同位阶即构成上下位阶等级的法律规范不适用此项规则。(2)必须是同一机关制定的法律、行政法规、地方性法规、部门规章、地方政府规章、自治条例和单行条例中有关于同一事项的法律规范时才能适用该规则。但当法律没有规定新法可以溯及既往时,新法不能适用于生效前的行为。

(四)例外规定优于一般规定

如果在同一法律或法条中有例外规定的,例外规定优先于一般规定。如《消费者权益保护法》第十六条第一款"经营者向消费者提供商品或者服务,应当依照本法和其他有关法律、法规的规定履行义务"是关于经营者义务的一般规定,第二款"经营者和消费者有约定的,应当按照约定履行义务,但双方的约定不得违背法律、法规的规定"是关于经营者义务的例外规定,因此,在具体案件中认定经营者是否违约,应先审查双方是否有约定,但双方的约定不得违背法律、法规的规定。

四、法律责任追究的一般规则

法律责任的基本归责原则为责任法定、公正、效益、合理,基于消费者保护法中法律责任的多样性,在追究经营者责任时还应遵循以下规则:

(一) 公法责任与私法责任分别追究原则

根据当事人行为所违反的法律性质的不同,法律责任在法理上被分为公法责任和私法责任。公法责任,是指公法关系主体因其违反公法规范的行为而应承担的法律责任,主要包括宪法责任、行政法责任、诉讼法责任与刑法责任等,其损害的是国家和社会公共利益,通常由国家依职权追究;私法责任,是指民商事法律关系主体违反私法或契约的行为而应承担的不利的法律后果,主要是指民事责任,其损害的是他人的私人利益,通常受害人可以选择是否通过国家强制力来实现其权利。公法责任与私法责任相互独立且不互相排斥,也就是说,当事人承担公法责任的同时也可能承担私法责任,承担私法责任的同时也可能承担公法责任。如《消费者权益保护法》第五十六条"经营者有下列情形之一,除承担相应的民事责任外,其他有关法律、法规对处罚机关和处罚方式有规定的,依照法律、法规的规定执行;法律、法规未作规定的,由工商行政管理部门或者其他有关行政部门责令改正,可以根据情节单处或者并处警告、没收违法所得、处以违法所得一倍以上十倍以下的罚款,没有违法所得的,处以五十万元以下的罚款;情节严重的,责令停业整顿、吊销营业执照……"明确规定了经营者在特定情况下,除承担民事责任之外,还应接受相应的行政处罚。

(二) 公法责任的双罚制原则

在公法责任中,当违法行为人是法人时,应分别追究个人与法人的责任。也就是说,行政机关对违法法人依法处以行政处罚,仍可依法追究对其直接负责的主管人员和其他直接责任人员的行政责任;司法机关对违法法人依法给予刑事制裁后,仍可依法追究对其直接负责的主管人员和其他直接责任人员的刑事责任。

(三) 私法责任的单罚制原则

在私法责任中,无论违约或侵权行为人是自然人还是法人,只要具备独立的民事主体资格和责任能力,由实施违约或侵权行为的自然人或法人对受害人承担责任。自然人以法人名义实施具体行为侵害他人权益的,由法人承担责任,自然人不直接对受害人承担责任。

(四) 不重复追究与补充责任例外原则

不重复追究是指对于性质、内容相同或彼此间具有替代性的责任不得重复追究。如《消费者权益保护法》第五十二条"经营者提供商品或者服务,造成消费者财产损害的,应当依照法律规定或者当事人约定承担修理、重作、更换、退货、补足商品数量、退还货款和服务费用或者赔偿损失等民事责任"。该条列举了多种承担责任的方式,且上述方式之间具有替代性,也就是说,如果经营者通过修理、重作能达到受害人满意的效果,则无须再承担更换、退货或退款的责任。该原则在公法责任中体现为,行政机关在对违法行为人给予行政处罚后,其他行政机关不得就同一违法行为对同一违法行为人再次给予行政处罚。同时,违法行为人因同一违法行为被行政机关处以罚款,又因构成犯罪被法院判处罚金的,罚款应冲抵罚金,但法院认为罚款数额明显过低而判处较高罚金时,违法行为人应补足罚金不足部分。

(五) 民事赔偿责任优先原则

《消费者权益保护法》第五十八条规定:"经营者违反本法规定,应当承担民事赔偿责任和缴纳罚款、罚金,其财产不足以同时支付的,先承担民事赔偿责任。"也就是说,为更好地保护消费者合法权利,经营者在以金钱等财产利益同时承担民事责任、行政责任和刑事责任时,应优先承担民事赔偿责任。

第二节 经营者的民事责任

一、经营者民事责任的特点

民事责任是民事法律责任的简称,是指民事主体在民事活动中,因实施了民事违法行为,根据民法所承担的对其不利的民事法律后果或者基于法律特别规定而应承担的民事法律责任。民事责任属于法律责任的一种,是保障民事权利和民事义务实现的重要措施,是民事主体因违反民事义务所应承担的民事法律后果,它主要是一种民事救济手段,旨在使受害人被侵犯的权益得以恢复。民事责任具有如下特点:(1)强制性,民事主体违反合同或者不履行其他义务,或者由于过错侵害国家、集体的财产,侵害他人财产、人身时,法律规定应当承担民事责任,民事主体不主动承担民事责任时,通过国家有关权力机构强制其承担责任,履行民事义务。(2)财产性,民事责任以财产责任为主,非财产责任为辅。一方不履行民事义务的行为,给他方造成财产和精神上的损失,通常通过财产性赔偿的方式予以恢复。但是仅有财产责任,不足以弥补受害人的损失,因此,《民法典》也规定了一些辅助性的非财产责任。(3)补偿性,民事责任以弥补民事主体所受的损失为限。违约责任旨在使当事人的利益达到合同获得适当履行的状态,而侵权责任旨在使当事人的利益恢复到受损害以前的状态。

消费者保护法中经营者的民事责任除具备上述民事责任的一般特征外,还具备如下特征:(1)主体特定,消费者保护法中的责任主体是经营者,是经营者对消费者应承担的责任;(2)具体形式的复合性,基于对消费者的特殊保护,消费者保护法中经营者的民事责任不仅具有补偿性,还具有惩罚性,《消费者权益保护法》的惩罚性赔偿规定便是典型的具有惩罚性质的民事责任;(3)法律规范的多样性,《消费者权益保护法》系统地规定了经营者承担民事责任的具体情形,《民法典》《产品质量法》《食品安全法》《药品管理法》等法律的相关规定同样适用于经营者承担民事责任,当法律之间存在冲突时,则根据前述消费者保护法的适用规则来选择应当适用的法律。

二、经营者民事责任的类型及责任形式

《消费者权益保护法》第四十八条规定了经营者承担民事责任的九种法定情形:"经营者提供商品或者服务有下列情形之一的,除本法另有规定外,应当依照其他有关法律、法规的规定,承担民事责任:(一)商品或者服务存在缺陷的;(二)不具备商品应当具备的使用性能而出售时未作说明的;(三)不符合在商品或者其包装上注明采用的商品标准的;(四)不符合商品说明、实物样品等方式表明的质量状况的;(五)生产国家明令淘汰的商品或者销售失效、变质的商品的;(六)销售的商品数量不足的;(七)服务的内容和费用违反约定的;(八)对消费者提出的修理、重作、更换、退货、补足商品数量、退还货款和服务费用或者赔偿损失的要求,故意拖延或者无理拒绝的;(九)法律、法规规定的其他损害消费者权益的情形。经营者对消费者未尽到安全保障义务,造成消费者损害的,应当承担侵权责任。"该法第四十九条至五十五条对经营者承担民事责任的具体情形和形式做出了详细的规定,根据经营者违法行为侵害的具体权益的类型,可分为财产损害赔偿、人身损害赔偿、精神损害赔偿;根据责任发生的依据不同,可分为侵权责任、违约责任和惩罚性赔偿责任,本书依照此种分类对经营者责任进行分析。

(一) 经营者的侵权责任

侵权责任,是指行为人侵害他人财产或对他人人身造成损害,依法应当承担民事责任的行为。经营者的侵权责任,是指经营者不履行安全保障义务,提供不符合国家、行业标准的商品、服务或者其经营场所内的安全设施存在缺陷造成消费者人身、财产损害的,应承担赔偿责任。主要包括以下三种:

1. 未尽安全保障义务的侵权责任

《消费者权益保护法》第四十八条第二款规定:"经营者对消费者未尽到安全保障义务,造成消费者损害的,应当承担侵权责任。"通常认为未尽安全保障义务的经营者仅在有过错的情况下承担责任,没有过错则不承担责任,即经营者应当采取安全保障措施而没有采取,或采取的安全保障措施不足以实现保护消费者安全的功能,致使消费者人身或财产受到侵害。如商场应当在电动扶梯扶手处安装安全设施但没有安装,造成消费者人身、财产损害的,商场应承担相应的侵权责任。当然,在实际生活中,不同行业的注意义务是不同的,也就是说,不同行业的从业人员对于损害结果的预见能力和回避能力是不同的,如银行的安全保障义务应高于一般饭店、商店的安全保障义务。

2. 产品、服务侵权责任

其责任人包括产品的生产者、销售者和服务的提供者。消费者因产品的缺陷受到损害,有权要求销售者赔偿,也有权要求生产者赔偿,还可以同时要求生产者和销售者赔偿,生产者和销售者对此承担连带责任。《消费者权益保护法》对经营者产品、服务侵权责任的具体方式做出了规定,其中第四十九条规定:"经营者提供商品或者服务,造成消费者或者其他受害人人身伤害的,应当赔偿医疗费、护理费、交通费等为治疗和康复支出的合理费用,以及因误工减少的收入。造成残疾的,还应当赔偿残疾生活辅助用具费和残疾赔偿金。

造成死亡的,还应当赔偿丧葬费和死亡赔偿金。"第五十二条规定:"经营者提供商品或者服务,造成消费者财产损害的,应当依照法律规定或者当事人约定承担修理、重作、更换、退货、补足商品数量、退还货款和服务费用或者赔偿损失等民事责任。"

关于产品侵权责任,在本书第七章已有详细阐述,这里仅就服务侵权责任做一些探讨。经营者提供的服务侵权可能有多种形式,服务方式不当、服务设施不安全、服务环境恶劣或提供服务的商品存在缺陷,致使消费者人身或财产遭受损害,经营者应当承担民事责任。也就是说,经营者在提供服务的营业过程中造成了消费者人身或财产的实际损害,如美容院在艾灸时因未注意温度而将消费者烫伤,饭店因场所年久失修致使消费者被脱落的装修材料砸伤等等。实际生活中还存在既是商品提供者又是服务提供者的情形,如销售空调的电器销售公司作为合同相对方负有确保空调正常使用、不造成人身财产损害的义务,不仅应提供符合质量要求的空调机器设备,也应提供符合规范要求的安装服务。这里值得商榷的是服务侵权的归责原则,我们认为应适用过失责任原则,而不适用产品责任中的严格责任原则,但应免除消费者作为受害方的举证责任,采取推定过失。

3. 直接侵害消费者人身、财产权的侵权责任

这是指经营者在向消费者提供商品或服务的过程中,侵害消费者人格尊严、人身自由和财产权的行为。典型的直接侵害消费者人身权的行为,如超市经营者怀疑消费者在超市内有偷盗行为,对消费者人身自由进行限制并搜查其身体。经营者提供服务中的直接侵权行为与服务侵权的区别在于,侵害是在服务之外发生的,与服务本身没有直接的关联。参照民法上的一般侵权损害赔偿责任的构成,直接侵害消费者人身、财产的侵权责任的构成为:(1)经营者有侵害消费者的违法行为;(2)有消费者人身、财产受损害的事实发生;(3)损害事实与侵害行为之间存在因果关系;(4)经营者主观上存在过错。《消费者权益保护法》对侵权行为及应承担的责任的具体方式做出了规定:第五十条"经营者侵害消费者的人格尊严、侵犯消费者人身自由或者侵害消费者个人信息依法得到保护的权利的,应当停止侵害、恢复名誉、消除影响、赔礼道歉,并赔偿损失";第五十一条"经营者有侮辱诽谤、搜查身体、侵犯人身自由等侵害消费者或者其他受害人人身权益的行为,造成严重精神损害的,受害人可以要求精神损害赔偿"。

(二) 经营者的违约责任

违约责任,是指当事人不履行合同义务或者履行合同义务不符合合同约定而依法应当承担的民事责任。经营者的品质担保责任在本书已有论述,这里的经营者违约责任指的是一般违约责任,即经营者违反与消费者约定的义务而应承担的民事责任,其以有效的合同存在为前提,如果合同无效或未成立,则不存在违约责任。也就是说,经营者与消费者之间存在有效的合同,随着现代社会网络的不断发展,网购已经成为人们日常生活中非常重要的购买方式,消费者通过电商渠道向经营者购买商品,并支付货款和邮寄费,经营者作为托运人委托快递公司将货物交付给消费者,分别形成了网购合同关系和运输合同关系。从当事人各自的权利与义务来看,在网购合同中,消费者通过网上银行已经支付了货款和邮寄费,履行了消费者的付款义务,经营者根据合同约定负有向消费者交付货物的义务。如因快递公司的工作人员在送货时未验证对方身份信息,擅自将货物交由他人签收,致使经营

者尚未完成货物交付义务,使经营者构成违约,应由经营者对消费者进行赔偿。根据合同相对性原则,合同只约束缔约双方当事人,快递公司将货物错交给他人,属于经营者与快递公司之间的运输关系,而不应由快递公司直接对消费者进行赔偿。

《民法典》总则编第一百八十六条以及合同法编相关条文对违约责任均做了概括性规定,经营者违约责任的主要承担方式有:继续履行、采取补救措施、赔偿损失等。具体体现到《消费者权益保护法》的相关规定,除了承担违约责任的一般性方式外,还就某些特殊情形做出了规定:(1)根据第四十八、五十二条的规定,经营者销售的商品数量不足的,应当补足数量或赔偿损失。(2)第五十三条规定了预付款的民事责任,"经营者以预收款方式提供商品或者服务的,应当按照约定提供。未按照约定提供的,应当按照消费者的要求履行约定或者退回预付款;并应当承担预付款的利息、消费者必须支付的合理费用"。(3)第五十四条规定"依法经有关行政部门认定为不合格的商品,消费者要求退货的,经营者应当负责退货"等。

(三) 惩罚性赔偿责任

惩罚性赔偿,是指对受害方的实际损失予以补偿性赔偿之外的赔偿,通常是因为侵权方的一些特殊的不当行为所致。传统民法中的损害赔偿目的是使受损害的权利恢复到被侵害以前的状态,即对受害人给予补偿性赔偿,而惩罚性赔偿既有体现补偿性质的补偿性部分,又有体现惩罚性质的惩罚性部分,其具有以下两种功能:(1)超损失赔偿受害人。补偿性部分赔偿的是受害人的实际物质损失和精神损失;惩罚性部分赔偿的是在受害人受损范围之外,并对受害人在补偿性部分不能得到的、受害人为获得赔偿而支付的费用予以补偿。(2)惩罚、遏制经营者。惩罚性赔偿提高了受害人获取赔偿的积极性,促使消费者检举、揭发不诚实经营者;加重了不法行为人的赔偿负担,督促经营者诚实经营。值得注意的是,在现实生活中,我们常见所谓"知假买假"行为,即购买者购买产品、服务的目的是为了向经营者请求赔偿,这种行为一定程度上确实有利于消费者利益的保护,但消费者保护法保护的是消费者,关于消费者的内涵和外延在本书第三章已详细论述,这里不再具体阐述,我们认为不宜做扩大解释。但在审判实践中,职业打假者是否属于消费者仍存在争议,有观点认为判断一个自然人是否为消费者不是以他的主观状态为标准,而应以购买的商品的性质为标准,只要他购买的商品是生活资料,就可以认定他是消费者权益保护法所指的消费者。值得注意的是,关于食品、药品的例外规定,《最高人民法院关于审理食品药品纠纷案件适用法律若干问题的规定》第三条"因食品、药品质量问题发生纠纷,购买者向生产者、销售者主张权利,生产者、销售者以购买者明知食品、药品存在质量问题而仍然购买为由进行抗辩的,人民法院不予支持",该规定实际上赋予了所谓"知假买假"者的惩罚性赔偿请求权。

《消费者权益保护法》第五十五条规定的实质是违约责任和侵权责任在消费者保护领域的惩罚性赔偿,其中第一款是关于产品欺诈和服务欺诈违约惩罚性赔偿,适用要件为:(1)经营者提供商品或服务时存在欺诈行为;(2)有消费者受到损害的事实发生;(3)消费者要求经营者承担惩罚性赔偿责任。在满足上述条件的情形下,经营者除向消费者退还商品价款或服务收费外,还应增加赔偿即惩罚性赔偿,其金额不超过消费者购买商品价款或接受服务的费用的三倍。

第二款是关于恶意致人死亡或者健康严重损害的侵权惩罚性赔偿,包括恶意商品致害和恶意服务致害两种,适用要件为:(1)商品或服务存在缺陷;(2)有消费者或者其他受害人死亡或者健康严重损害;(3)缺陷与损害结果之间存在因果关系;(4)经营者应明知存在缺陷。参照《产品质量法》第四十六条"本法所称缺陷,是指产品存在危及人身、他人财产安全的不合理的危险;产品有保障人体健康和人身、财产安全的国家标准、行业标准的,是指不符合该标准"的规定,商品、服务缺陷不仅限于此,通常指商品、服务没有达到国家标准、行业标准,或已被国家明令淘汰,或存在其他不符合法律、法规规定的情况。消费者因此而遭受损害的,经营者也应承担惩罚性赔偿责任。

此外,《消费者权益保护法》第五十五条第一款最后一句"法律另有规定的,依照其规定",是指《食品安全法》第九十六条"违反本法规定,造成人身、财产或者其他损害的,依法承担赔偿责任。生产不符合食品安全标准的食品或者销售明知是不符合食品安全标准的食品,消费者除要求赔偿损失外,还可以向生产者或者销售者要求支付价款 10 倍的赔偿金"。这里的赔偿损失,应当是对人身、财产或者其他损害的赔偿,也就是说,食品生产者或者经营者依据《民法典》《消费者权益保护法》等法律的相关规定承担民事赔偿责任,包括赔偿消费者的医疗费、护理费、误工损失费、残疾者生活补助费等费用;造成死亡的,还应当支付丧葬费、死者生前扶养的人必要的生活费等费用;除此之外,根据《最高人民法院关于审理食品药品纠纷案件适用法律若干问题的规定》第十五条"生产不符合安全标准的食品或者销售明知不符合安全标准的食品,消费者除要求赔偿损失外,向生产者、销售者主张支付价款十倍赔偿金或者依照法律规定的其他赔偿标准要求赔偿的,人民法院应予支持",购买食品的消费者还有权向生产者或者经营者要求十倍价款的惩罚性赔偿。

除以上三种民事责任外,《消费者权益保护法》第四十八条第一款第八项还规定"对消费者提出的修理、重作、更换、退货、补足商品数量、退还货款和服务费用或者赔偿损失的要求,故意拖延或者无理拒绝的",对于如何承担责任却没有明确规定。根据《民法典》《消费者权益保护法》的相关规定,消费者可向工商行政机关或其他部门提出申诉,通过追究经营者行政责任迫使其履行义务;还可向法院起诉,请求法院强制经营者履行义务或承担相关费用,经营者不执行判决的,通过强制执行来实现其权利。我们认为经营者拖延、拒绝承担义务的,其赔偿范围应包括:消费者为主张权利而做出的合理支出,及所受损害的财产权益的利息损失。

第三节 消费者保护法中的行政责任

一、经营者行政责任概述

行政责任即行政法律责任,是指有违反有关行政管理的法律、法规的规定,但尚未构成犯罪的行为所依法应当承担的法律后果。行政责任主要有行政处罚和行政处分两种方式。

行政处罚是指行政机关或其他行政主体依法定职权和程序对违反行政法规、尚未构成犯罪的行政管理相对人给予行政制裁的具体行政行为。行政处分是对国家工作人员及由国家机关委派到企业事业单位任职的人员的行政违法行为给予的一种制裁性处理。

消费者保护法中的行政责任，主要是指经营者违反有关消费者保护行政管理法律、法规的规定，违法经营、损害消费者利益而应承担的行政责任。也包括行政机关及其工作人员的行政责任，本书涉及的是经营者的行政责任。有关消费者保护的法律、法规，不仅限于《消费者权益保护法》及相关行政法规，还包含《行政处罚法》《产品质量法》《食品安全法》《药品管理法》《价格法》《广告法》等法律及与之相配套的行政法规。

二、经营者损害消费者利益的行政责任

《消费者权益保护法》第五十六条规定："经营者有下列情形之一，除承担相应的民事责任外，其他有关法律、法规对处罚机关和处罚方式有规定的，依照法律、法规的规定执行；法律、法规未作规定的，由工商行政管理部门或者其他有关行政部门责令改正，可以根据情节单处或者并处警告、没收违法所得、处以违法所得一倍以上十倍以下的罚款，没有违法所得的，处以五十万元以下的罚款；情节严重的，责令停业整顿、吊销营业执照……"也就是说，经营者违法经营、损害消费者利益的行为，一般由工商行政管理部门处理，在其他法律、法规有规定的情况下，由其他有权的行政机关处理，如物价监管部门处理价格违法行为，质量技术监督部门处理质量技术违法行为，食品卫生监督部门处理与食品相关的违法行为，药品监管部门处理与药品相关的违法行为，进出口商品检验部门处理与进出口商品检验检疫相关的违法行为等。该条还规定根据违法行为的情节严重程度，经营者将会承担被责令改正、警告直至被责令停业整顿、吊销营业执照的行政责任。

《消费者权益保护法》第五十六条第二款对经营者损害消费者利益应受行政处罚的违法行为做出了具体规定：

（一）提供的商品或者服务不符合保障人身、财产安全要求

根据《产品质量法》第十三条的规定，经营者提供的商品是否符合保障人身、财产安全要求，与判断产品是否存在缺陷不同，判断商品是否符合保障人身、财产安全要求，应视其是否符合保障人体健康和人身、财产安全的国家标准、行业标准。且行政责任的追究不要求有损害结果的发生，也就是说，只要经营者生产、销售的产品不符合相关法律、法规的规定，就可能要承担行政责任。在《食品安全法》《药品管理法》等法律、法规没有特别规定的情况下，一般适用《产品质量法》第四十九条来确定经营者的行政责任，责令其停止生产、销售，没收违法生产、销售的产品，并处罚款；有违法所得的，并处没收违法所得；情节严重的，吊销营业执照。

根据《产品质量法》第六十二条的规定，服务业的经营者将不符合保障人身、财产安全要求且禁止销售的产品用于经营性服务的，责令停止使用；对知道或者应当知道所使用的产品属于本法规定禁止销售的产品的，按照违法使用的产品（包括已使用和尚未使用的产品）的货值金额，依照对销售者的处罚规定处罚。没有特别规定的，一般应按《消费者权益保护法》第五十六条的相关规定处理。

(二) 在商品中掺杂、掺假, 以假充真, 以次充好, 或者以不合格商品冒充合格商品

根据《最高人民法院、最高人民检察院关于办理生产、销售伪劣商品刑事案件具体应用法律若干问题的解释》中的相关规定,"掺杂、掺假"是指在产品中掺入杂质或者异物,致使产品质量不符合国家法律、法规或者产品明示质量标准规定的质量要求,降低、失去应有使用性能的行为。"以次充好"是指以低等级、低档次产品冒充高等级、高档次产品,或者以残次、废旧零配件组合、拼装后冒充正品或者新品的行为。"以假充真"是指以不具有某种使用性能的产品冒充具有该种使用性能的产品的行为。"不合格产品",是指不符合《中华人民共和国产品质量法》第二十六条第二款规定的质量要求的产品。

《产品质量法》第五十条规定了有上述违法行为者应承担的行政责任有:没收违法生产、销售的产品,并处违法生产、销售产品货值金额百分之五十以上三倍以下的罚款;有违法所得的,并处没收违法所得;情节严重的,吊销营业执照。

(三) 生产国家明令淘汰的商品或者销售失效、变质的商品

国家明令淘汰的商品是指国家行政机关按照一定的程序,发布行政命令,宣布不得继续生产、销售的产品,由国家发展和改革委员会定期公开发布。失效、变质的商品是指限期使用而超过了安全使用期限或质量保证期限的商品,或虽未超过安全使用期限或质量保证期限,但经有关部门检测,其功能、效用已部分或全部丧失,或者商品的质量已经发生了物理或化学的变化,失去了原有商品的基本使用性质和应当具有的使用价值。

《产品质量法》第五十一条规定了应承担的行政责任:生产国家明令淘汰的产品的,销售国家明令淘汰并停止销售的产品的,责令停止生产、销售,没收违法生产、销售的产品,并处违法生产、销售产品货值金额等值以下的罚款;有违法所得的,并处没收违法所得;情节严重的,吊销营业执照。第五十二条规定:销售失效、变质的产品的,责令停止销售,没收违法销售的产品,并处违法销售产品货值金额二倍以下的罚款;有违法所得的,并处没收违法所得;情节严重的,吊销营业执照。销售者与生产者通谋、弄虚作假的,也应承担相应责任。

(四) 伪造商品的产地, 伪造或者冒用他人的厂名、厂址, 篡改生产日期, 伪造或者冒用认证标志等质量标志

伪造商品的产地是指在商品上标注虚假产地,不标注真实产地的行为。伪造或者冒用他人的厂名、厂址是指在商品上标注虚假厂名、厂址或未经他人同意标注他人厂名、厂址的行为。篡改生产日期是指改变商品真实生产日期的行为。伪造或者冒用认证标志等质量标志是指使用虚假的质量标志,或在未获得名优产品等质量标志的商品上使用相关质量标志的行为。

《产品质量法》第五十三条规定了应承担的行政责任:伪造产品产地的,伪造或者冒用他人厂名、厂址的,伪造或者冒用认证标志等质量标志的,责令改正,没收违法生产、销售的产品,并处违法生产、销售产品货值金额等值以下的罚款;有违法所得的,并处没收违法所得;情节严重的,吊销营业执照。篡改生产日期的行政责任在《产品质量法》中没有明确规定,应适用《消费者权益保护法》的相关规定。

(五) 销售的商品应当检验、检疫而未检验、检疫或者伪造检验、检疫结果

检验是指对商品的质量、规格、数量、重量、包装以及是否符合安全、卫生要求等所进行

的检查和鉴定,消费者保护法范畴内的检验主体为国家商检部门。检疫是指为预防传染病的输入、传出和传播,由国家指定的检疫机构对出入境的人员和动植物等所采取的综合措施,包括医学检查、卫生检查和必要的卫生处理。消费者保护法范畴内的检疫是指根据法律、法规的规定,作为商品的动植物应当接受的检疫。

对于违反《进出境动植物检疫法》的行为,由口岸动植物检疫机关处以罚款,《进出口商品检验法》第三十三条规定,将必须经商检机构检验的进口商品未报经检验而擅自销售或者使用的,或者将必须经商检机构检验的出口商品未报经检验合格而擅自出口的,由商检机构没收违法所得,并处罚款。《产品质量法》第五十七条还对产品质量检验机构、认证机构的行政责任做出了相关规定。

(六) 对商品或者服务做虚假或者引人误解的宣传

《反不正当竞争法》第二十条规定,经营者对其商品作虚假或者引人误解的商业宣传,或者通过组织虚假交易等方式帮助其他经营者进行虚假或者引人误解的商业宣传的,由监督检查部门责令停止违法行为,处二十万元以上一百万元以下的罚款;情节严重的,处一百万元以上二百万元以下的罚款,可以吊销营业执照。设计、制作、发布虚假广告,适用《广告法》的相关规定,根据情节责令停止发布广告、消除影响、暂停广告发布业务、吊销营业执照、吊销广告发布登记证件等,并处罚款。

(七) 拒绝或者拖延有关行政部门责令对缺陷商品或者服务采取停止销售、警示、召回、无害化处理、销毁、停止生产或者服务等措施

这是指经营者对有关行政部门要求其实施的具体措施拒不执行,或无正当理由不按期执行。适用《消费者权益保护法》的相关规定,根据个案的具体情节承担相应行政责任。

(八) 对消费者提出的修理、重作、更换、退货、补足商品数量、退还货款和服务费用或者赔偿损失的要求,故意拖延或者无理拒绝

经营者故意拖延或无正当理由拒绝履行相关义务的,应适用《消费者权益保护法》第五十六条的相关规定,由工商行政部门或有关行政部门责令其履行,处以警告、罚款等。

(九) 侵害消费者人格尊严、侵犯消费者人身自由或者侵害消费者个人信息依法得到保护的权利

经营者侵害消费者人身权利的行为除应适用《消费者权益保护法》第五十六条的相关规定,根据其行为情节严重程度承担相应行政责任外,情节严重、尚未构成犯罪的,其主要责任人员还可能由公安机关处以拘留。

(十) 法律、法规规定的对损害消费者权益应当予以处罚的其他情形

《消费者权益保护法》对经营者的行政责任作了开放性规定,除上述九种具体情形外,经营者损害消费者权益的行为,根据法律、法规应受处罚的,也应承担相应的行政责任。

《消费者权益保护法》第五十六条第三款还规定了经营者的违法行为除受相应行政处罚外,还应记入信用档案,向社会公布。这一规定体现了国家用法律和道德手段维护消费者合法权益,在客观上对经营者有激励和威慑作用,促进经营者诚信经营。

第四节　常见的损害消费者利益的犯罪行为及其刑事责任

《消费者权益保护法》第七章关于法律责任的规定中,许多条文有"情节严重,构成犯罪的,依法追究刑事责任"的规定,也就是说,对损害消费者权益的行为,根据其情节的严重程度,可能承担刑事责任。其涉及的罪名主要有:《刑法》分则第三章破坏社会主义市场经济罪,涉及第一节生产、销售伪劣产品罪,如生产、销售假药罪,生产、销售有毒有害食品罪等,第七节侵犯知识产权罪,如假冒注册商标罪、侵犯著作权罪等,第八节扰乱市场秩序罪,如虚假广告罪、非法经营罪等;《刑法》分则第六章社会管理秩序罪,涉及第五节危害公共卫生罪下的具体罪名,如医疗责任事故罪、非法行医罪等。此外,对于损害消费者利益的行为,根据《消费者权益保护法》第六十一条,还涉及国家机关工作人员的渎职侵权犯罪。下文就损害消费者权益涉及的几种常见刑事罪名作详细阐述。

一、假冒注册商标罪

假冒注册商标罪,是指未经注册商标所有人许可,在同一种商品上使用与其注册商标相同的商标,情节严重的行为。本罪的主体为已满16周岁、具有刑事责任能力的自然人,也可以是单位。主观方面为故意。侵犯的客体为国家的商标管理秩序和他人注册商标的专用权。客观方面表现为以下几方面:第一,未经注册商标所有人许可。第二,在名称相同或名称不同但指同一事物的商品上,使用与被假冒的注册商标完全相同,或者与被假冒的注册商标在视觉上基本无差别、足以对公众产生误导的商标。第三,情节严重的行为,根据相关司法解释包含以下几种情形:(1)非法经营数额在五万元以上或者违法所得数额在三万元以上的;(2)假冒两种以上注册商标,非法经营数额在三万元以上或者违法所得数额在二万元以上的;(3)其他情节严重的情形。根据《刑法》第二百一十三条的规定,犯本罪的,处三年以下有期徒刑或者拘役,并处或者单处罚金;情节特别严重的,处三年以上七年以下有期徒刑,并处罚金。

二、制售注册商标标识罪

制售注册商标标识罪即非法制造、销售非法制造的注册商标标识罪,是指伪造、擅自制造他人注册商标标识或者销售伪造、擅自制造的注册商标标识,情节严重的行为。本罪的主体为已满16周岁、具有刑事责任能力的自然人,也可以是单位。主观方面为故意。侵犯的客体为国家的商标管理秩序和他人注册商标的专用权。客观方面表现为以下几方面:第一,具备伪造、擅自制造、销售三种行为之一。第二,商标标识是指在商品上或者在商品包装上使用附有文字、图形或其组合所构成的商标图案的物质载体。如商标纸、商标标牌、商标织带等。第三,情节严重的行为,根据相关司法解释包含以下几种情形:(1)伪造、擅自制造或者销售伪造、擅自制造的注册商标标识,数量在两万件以上,或者非法经营数额在五万元以上,或者违法所得数额在三万元以上的;(2)伪造、擅自制造或者销售伪造、擅自制造两种以上注册商标标识,数量在一万件以上,或者非法经营数额在三万元以上,或者违法所得数额在二万元以上的;(3)其他情节严重的情形。根据《刑法》第二百一十五条的规定,犯本罪的,处三年以下有期徒刑、拘役或者管制,并处或者单处罚金;情节特别严重的,处三年以上七年以下有期徒刑,并处罚金。

三、销售假冒注册商标的商品罪

销售假冒注册商标的商品罪,是指销售明知是假冒他人注册商标的商品、销售金额较大的行为。本罪的主体为已满16周岁、具有刑事责任能力的自然人,也可以是单位。主观方面为故意。侵犯的客体为国家的商标管理秩序和他人注册商标的专用权。客观方面表现为销售与他人注册商标相同或近似标记的商品,且销售金额较大。根据《刑法》第二百一十四条的规定,犯本罪的,处三年以下有期徒刑或者拘役,并处或者单处罚金;销售金额巨大的,处三年以上七年以下有期徒刑,并处罚金。

四、掺杂使假罪

掺杂使假罪即生产、销售伪劣产品罪,是指生产者、销售者在产品中掺假、掺杂,以假充真,以次充好,或者以不合格产品冒充合格产品,销售金额达5万元以上的行为。本罪的主体为已满16周岁、具有刑事责任能力的自然人,也可以是单位。主观方面为故意。侵犯的客体为国家对产品质量的管理制度、市场管理制度及消费者的合法权益。客观方面表现为生产者、销售者违反国家的产品质量管理法律、法规,生产、销售伪劣产品,且销售金额达到五万元以上。根据《刑法》第一百四十条的规定,犯本罪的,根据销售金额的不同处以不同刑罚,销售金额五万元以上不满二十万元的,处二年以下有期徒刑或者拘役,并处或者单处销售金额百分之五十以上二倍以下罚金;销售金额二十万元以上不满五十万元的,处二年以上七年以下有期徒刑,并处销售金额百分之五十以上二倍以下罚金;销售金额五十万元以上不满二百万元的,处七年以上有期徒刑,并处销售金额百分之五十以上二倍以下罚金;销售金额二百万元以上的,处十五年有期徒刑或者无期徒刑,并处销售金额百分之五十以上二倍以下罚金或者没收财产。

五、制售假药罪

生产、销售假药罪,是指违反国家药品管理法律、法规,生产、销售假药的行为。本罪的主体为已满16周岁、具有刑事责任能力的自然人,也可以是单位。主观方面为故意。侵犯的客体为国家对药品的管理制度及公民的生命、健康权。客观方面表现为违反《药品管理法》,生产、销售假药,其中《药品管理法》第九十八条明确规定了假药为:(1)药品所含成分与国家药品标准规定的成分不符;(2)以非药品冒充药品或者以他种药品冒充此种药品;(3)变质的药品;(4)药品所标明的适应症或者功能主治超出规定范围。根据《刑法》第一百四十一条的规定,犯本罪的,处三年以下有期徒刑或者拘役,并处罚金;对人体健康造成严重危害或者有其他严重情节的,处三年以上十年以下有期徒刑,并处罚金;致人死亡或者有其他特别严重情节的,处十年以上有期徒刑、无期徒刑或者死刑,并处罚金或者没收财产。

六、制售劣药罪

生产、销售劣药罪,是指违反国家药品管理法律、法规,生产、销售劣药,对人体健康造成严重危害的行为。本罪的主体为已满16周岁、具有刑事责任能力的自然人,也可以是单位。主观方面为故意。侵犯的客体为国家对药品的管理制度及公民的生命、健康权。客观方面表现为违反《药品管理法》,生产、销售劣药,其中《药品管理法》第九十八条明确规定了劣药为:(1)药品成分的含量不符合国家药品标准;(2)被污染的药品;(3)未标明或者更改有效期的药品;(4)未注明或者更改产品批号的药品;(5)超过有效期的药品;(6)擅自添加防腐剂、辅料的药品;(7)其他不符合药品标准的药品。根据《刑法》第一百四十二条的规定,犯本罪的,对人体健康造成严重危害的,处三年以上十年以下有期徒刑,并处销售金额百分之五十以上二倍以下罚金;后果特别严重的,处十年以上有期徒刑或者无期徒刑,并处销售金额百分之五十以上二倍以下罚金或者没收财产。

七、制售不卫生食品罪

生产、销售不符合卫生标准的食品罪,是指违反国家食品安全管理法律、法规,生产、销售不符合卫生标准的食品,足以造成严重食物中毒事故或者其他严重性食源性疾患的行为。本罪的主体为已满16周岁、具有刑事责任能力的自然人,也可以是单位。主观方面为故意。侵犯的客体为国家对食品的管理制度及公民的生命、健康权。客观方面表现为本罪是危险犯,只要足以造成上述事故或疾病,即构成犯罪。根据《刑法》第一百四十三条的规定,犯本罪的,处三年以下有期徒刑或者拘役,并处罚金;对人体健康造成严重危害或者有其他严重情节的,处三年以上七年以下有期徒刑,并处罚金;后果特别严重的,处七年以上有期徒刑或者无期徒刑,并处罚金或者没收财产。

八、制售有毒、有害食品罪

生产、销售有毒、有害食品罪,是指在生产、销售的食品中掺入有毒、有害的非食品原料的,或者销售明知掺有有毒、有害的非食品原料的食品的行为。本罪的主体为已满16周岁、具有刑事责任能力的自然人,也可以是单位。主观方面为故意。侵犯的客体为国家对食品的管理制度及公民的生命、健康权。客观方面表现为生产、销售两种方式。根据相关司法解释,"有毒、有害的非食品原料"为:(1)法律、法规禁止在食品生产经营活动中添加、使用的物质;(2)国务院有关部门公布的《食品中可能违法添加的非食用物质名单》《保健食品中可能非法添加的物质名单》上的物质;(3)国务院有关部门公告禁止使用的农药、兽药以及其他有毒、有害物质;(4)其他危害人体健康的物质。本罪是行为犯,只要实施了生产、销售有毒、有害食品的行为,即构成犯罪。根据《刑法》第一百四十四条的规定,犯本罪的,处五年以下有期徒刑或者拘役,并处或者单处销售金额百分之五十以上二倍以下罚金。

九、生产、销售劣质医用器材罪

生产、销售不符合标准的医用器材罪,是指生产不符合保障人体健康的国家标准、行业标准的医疗器材、医用卫生材料,或者销售明知是不符合保障人体健康的国家标准、行业标准的医疗器械、医用卫生材料,足以严重危害人体健康的行为。本罪的主体为已满16周岁、具有刑事责任能力的自然人,也可以是单位。主观方面为故意。侵犯的客体为国家对医用器材等的管理制度及公民的生命、健康权。客观方面表现为本罪是危险犯,只要足以严重危害人体健康,即构成犯罪。根据《刑法》第一百四十五条的规定,犯本罪的,处三年以下有期徒刑或者拘役,并处销售金额百分之五十以上二倍以下罚金;对人体健康造成严重危害的,处三年以上十年以下有期徒刑,并处销售金额百分之五十以上二倍以下罚金;后果特别严重的,处十年以上有期徒刑或者无期徒刑,并处销售金额百分之五十以上二倍以下罚金或者没收财产。

十、生产、销售劣质安全管制商品罪

生产、销售不符合安全标准的产品罪,是指生产不符合保障人身、财产安全的国家标准、行业标准的电器、压力容器、易燃易爆产品或者其他不符合保障人身、财产安全的国家标准、行业标准的产品,或者销售明知是以上不符合保障人身、财产安全的国家标准、行业标准的产品,造成严重后果的行为。本罪的主体为已满16周岁、具有刑事责任能力的自然人,也可以是单位。主观方面为故意。侵犯的客体为国家对普通产品的管理制度及公民的生命、健康权。客观方面表现为生产、销售两种形式。根据《刑法》第一百四十六条的规定,犯本罪的,处五年以下有期徒刑,并处销售金额百分之五十以上二倍以下罚金;后果特别严重的,处五年以上有期徒刑,并处销售金额百分之五十以上二倍以下罚金。

十一、生产、销售伪劣农用生产资料罪

生产、销售伪劣农药、兽药、化肥、种子罪,是指生产假农药、假兽药、假化肥,销售明知是假的或者失去使用效能的农药、兽药、化肥、种子,或者生产者、销售者以不合格的农药、兽药、化肥、种子冒充合格的农药、兽药、化肥、种子,使生产遭受较大损失的行为。本罪的主体为已满16周岁、具有刑事责任能力的自然人,也可以是单位。主观方面为故意。侵犯的客体为国家对农用生产资料的管理制度及公民的生命、健康权。客观方面表现为生产、销售两种方式。根据《刑法》第一百四十七条的规定,犯本罪的,处三年以下有期徒刑或者拘役,并处或者单处销售金额百分之五十以上二倍以下罚金;使生产遭受重大损失的,处三年以上七年以下有期徒刑,并处销售金额百分之五十以上二倍以下罚金;使生产遭受特别重大损失的,处七年以上有期徒刑或者无期徒刑,并处销售金额百分之五十以上二倍以下罚金或者没收财产。

十二、生产、销售劣质化妆品罪

生产、销售不符合卫生标准的化妆品罪,是指生产不符合卫生标准的化妆品,或者销售明知是不符合卫生标准的化妆品,造成严重后果的行为。本罪的主体为已满16周岁、具有刑事责任能力的自然人,也可以是单位。主观方面为故意。侵犯的客体为国家对化妆品的管理制度及公民的生命、健康权。客观方面表现为生产、销售两种方式。根据《刑法》第一

百四十八条的规定,犯本罪的,处三年以下有期徒刑或者拘役,并处或者单处销售金额百分之五十以上二倍以下罚金。

值得注意的是,《刑法》第一百四十九条规定,生产、销售第一百四十一条至一百四十八条所列产品,构成以上各条规定的犯罪,同时又构成第一百四十条规定之罪的,依照处罚较重的规定定罪处罚。第一百五十条规定,单位犯罪的,对单位判处罚金,并对其直接负责的主管人员和其他直接责任人员,依照相应规定处罚。

本章习题

1. 简述消费者权益保护法中法律责任的特点。
2. 李小姐在超市购物时与超市发生争议,李小姐可通过哪些方式解决争议?
3. 某年春夏,19户村民在县农技站购买水稻种子,共播种土地70亩,由于种子中掺有劣质种子,播种后出现禾苗相差悬殊,株茎高矮参差不齐,致使每亩减产150公斤,合计减产10 500公斤,受害的19户村民要求县民技站赔偿经济损失,并联名到县消费者协会进行投诉。
  (1) 对于种子质量问题,是否可依据《消费者权益保护法》处理?
  (2) 消费者协会是否可受理此案?
  (3) 县农技站要承担哪些法律责任?
4. 损害消费者利益的犯罪行为涉及的刑事罪名有几类?

第十章 消费者争议

教学重点

消费者争议的仲裁和诉讼。

教学要求

了解消费者争议的概念、分类和消费者争议中的当事人；掌握解决消费者争议的途径。

第一节 消费者争议概述

一、消费者争议的概念和分类

争议，是指特定的主体之间基于权利、义务冲突而采用的一种双边或多边的对抗行为。争议，不仅是个体之间的行为，也是一种社会现象。争议的发生意味着一定范围内的平衡协调状态或正常秩序被打破。消费者争议，是指消费者与经营者之间基于消费行为引发的权利、义务冲突而产生的一种双边或多边的对抗行为和社会现象。换言之，消费者争议也称为消费者纠纷，是指"为生活消费需要购买、使用商品或者接受服务"的消费者与经营者之间发生的与消费者权益相关的争议。

（一）消费者争议的特点

消费者争议的发生不仅使正常的消费关系得不到维护，还会使消费者的合法权益受到损害，而不利于社会再生产和市场经济正常运行，因此应当准确地把握消费者争议的特点。

1. 消费者争议是消费者与经营者之间的争议

消费者争议的当事人，一方为消费者，另一方为经营者。双方都是消费者或者都是经营者的争议不属于消费者争议。

2. 消费者争议是属于消费领域的民事纠纷

消费者争议在本质上属于民事纠纷，消费者与经营者在法律上属于平等的民事主体，双方的法律地位平等,其消费合同是在双方当事人意思表示一致的基础上达成的,因此消费者争议属于特定领域的民事纠纷。

3. 消费者争议的内容是基于消费行为发生的权利、义务关系

消费者争议发生在消费领域,并且以权利、义务为争议内容。消费者的权利主要包括安全保障权、知情权、自主选择权、公平交易权、求偿权、受尊重权等;经营者的义务主要包括售后警告义务、产品召回义务、履行法律规定或合同约定义务、听取意见和接受监督的义务、提供安全商品和安全服务的义务、提供真实情况的义务、标明名称和标记的义务、提供出口购货凭证和服务单据的义务、保证质量的义务、承担"三包"责任及其他责任的义务,不得用格式合同等损害消费者合法权益及尊重消费者人格的义务。在消费行为中,由上述权利、义务引起的矛盾、争议,均属于消费者争议的范畴。

(二)消费者争议的分类

消费者争议的分类分析有助于消费者争议解决理论研究的精致化和制度构建的合理化。根据不同的标准,消费者争议可进行不同的分类。

1. 根据争议性质与内容的不同,消费者争议可以分为消费合同争议和消费侵权争议。消费合同争议是指双方当事人之间就消费合同的签订、内容、形式、履行等问题所发生的争议;而消费侵权争议是指消费者认为经营者提供的商品或者服务侵犯其合法权益而发生的争议。

2. 根据争议指向的对象不同,消费者争议可以分为商品消费争议和服务消费争议。商品消费争议是指消费者基于购买、使用商品与经营者所发生的争议;服务消费争议是指消费者基于接受服务而与经营者发生的争议。

3. 根据消费者消费行为以及提供商品或者服务是否具有涉外因素,消费者争议可以分为国内消费争议和涉外消费争议。国内消费争议是指不存在涉外因素的消费争议;而涉外消费争议就是指存在涉外因素的消费争议,国内消费争议中的法律争议直接适用国内法律规定,而涉外消费争议中的法律争议应当根据国际法确定准据法。

二、对消费者争议应持的态度

人们每天都在消费,消费者因购买商品或者接受服务与经营者发生消费者争议是很普通的事情。但有的消费者在自己的合法权益受到侵害时,怕麻烦,本着多一事不如少一事的想法,往往选择放弃维权,自认倒霉。诚然,就消费者来讲,发生争议并不是一件好事,争议会使消费者花费大量精力并影响其正常的学习、工作和生活,精神上也承受较大的压力;对经营者而言,会影响其正常的营业活动;对整个社会而言,也不利于发展正常的社会经济。因此我们应当正确地认识消费者争议。

消费者权益的保护,首先应当最大限度地减少消费者争议的发生。国家要通过各种途径使消费者知悉其依法现有的权利和消费争议解决方法,并从培养经营者诚信经营理念的角度来进行制度设计;消费者在进行消费活动的过程中需要主动掌握所需商品或者服务的知识和使用技能,有关消费者权益保护的法律、法规和政策,消费者权益保护机构、保护途径、保护方法等方面的知识,提高自我保护意识,更好地维护自己的合法权益。

其次,当发生消费者争议时,消费者要有维权意识,主动通过协商和解、投诉调解、申诉、仲裁以及诉讼等方式来捍卫自己的合法利益。国家也应当完善争议解决方面的法律制度,将消费者权利与义务贯彻、落实,确保消费者权益得以维护、消费成本得以降低。

第二节　消费者争议中的当事人

一、消费者一方当事人

在消费者争议中,消费者一方当事人是指为满足生活需要而购买、使用商品或者接受服务的单位和个人,他们与消费者争议有着直接利害关系。主要包括两种情况:一是消费合同争议中,与经营者就消费合同是否成立、是否有效、合同的内容、形式、履行等问题发生纠纷的当事人。例如,因经营者不履行"三包"、提供的商品不符合质量标准、不准确计量而遭受损害的人。二是在消费侵权争议中,由于经营者提供的商品或者服务,导致合法权益遭受损害而引起争议的当事人。例如,由于经营者的售假行为直接导致人身、财产受到侵害的人。

二、经营者一方当事人

经营者一方当事人,是与消费者一方当事人相对应的主体,是以营利为目的而从事商品生产、销售以及提供服务的法人、其他经济组织和个人。消费者在其合法权益受到侵害、发生争议时,可以根据《消费者权益保护法》的规定,确定以下具体的经营者作为争议的对方当事人。

(一) 生产者

生产者,即产品的制造商。根据《消费者权益保护法》第40条第2款的规定,消费者或者其他受害人因商品缺陷造成人身、财产损害的,可以向生产者要求赔偿。

(二) 销售者

销售者,即产品的销售商。销售商是生产者与消费者之间的中间环节,将生产者的产品销售给消费者。根据《消费者权益保护法》第40条第1款的规定,消费者在购买、使用商品时,其合法权益受到损害的,可以向销售者要求赔偿。属于生产者的责任或者属于向销售者提供商品的其他销售者的责任的,销售者有权向生产者或者其他销售者追偿。

(三) 服务者

服务者,即为消费者提供个性化服务的商户。根据《消费者权益保护法》第40条第3款的规定,消费者在接受服务时,其合法权益受到损害的,可以向服务者要求赔偿。

(四) 承受原经营者权利与义务的企业

根据《消费者权益保护法》第41条的规定,消费者在购买、使用商品或者接受服务时,其合法权益受到损害,因原企业分立、合并的,可以向变更后承受其权利与义务的企业要求赔偿。

(五) 营业执照持有人

根据《消费者权益保护法》第 42 条的规定,使用他人营业执照的违法经营者提供商品或者服务,损害消费者合法权益的,消费者可以向其要求赔偿,也可以向营业执照的持有人要求赔偿。

(六) 展销会的举办者、柜台的出租者

根据《消费者权益保护法》第 43 条的规定,消费者在展销会、租赁柜台购买商品或者接受服务,其合法权益受到损害的,可以向销售者或者服务者要求赔偿。展销会结束或者柜台租赁期满后,也可以向展销会的举办者、柜台的出租者要求赔偿。展销会的举办者、柜台的出租者赔偿后,有权向销售者或者服务者追偿。

(七) 网络交易平台提供者

根据《消费者权益保护法》第 44 条的规定,消费者通过网络交易平台购买商品或者接受服务,其合法权益受到损害的,可以向销售者或者服务者要求赔偿。网络交易平台提供者不能提供销售者或者服务者的真实名称、地址和有效联系方式的,消费者也可以向网络交易平台提供者要求赔偿;网络交易平台提供者做出更有利于消费者的承诺的,应当履行承诺。网络交易平台提供者赔偿后,有权向销售者或者服务者追偿。

网络交易平台提供者明知或者应知销售者或者服务者利用其平台侵害消费者合法权益,未采取必要措施的,依法与该销售者或者服务者承担连带责任。

(八) 广告经营者、发布者

根据《消费者权益保护法》第 45 条的规定,消费者因经营者利用虚假广告或者其他虚假宣传方式提供商品或者服务,其合法权益受到损害的,可以向经营者要求赔偿。广告经营者、发布者发布虚假广告的,消费者可以请求行政主管部门予以惩处。广告经营者、发布者不能提供经营者的真实名称、地址和有效联系方式的,应当承担赔偿责任。

广告经营者、发布者设计、制作、发布关乎消费者生命健康的商品或者服务的虚假广告,造成消费者损害的,应当与提供该商品或者服务的经营者承担连带责任。

(九) 以虚假广告或者虚假宣传推荐商品或者服务者

根据《消费者权益保护法》第 45 条第三款的规定,社会团体或者其他组织、个人在关乎消费者生命健康的商品或者服务的虚假广告或者其他虚假宣传中向消费者推荐商品或者服务,造成消费者损害的,应当与提供该商品或者服务的经营者承担连带责任。

第三节 消费者争议的协商和解

一、协商和解的含义

消费者争议的协商和解,是指消费者与经营者发生争议后,双方就与争议有关的问题通过平等协商,达成和解协议,从而解决消费者争议的方式。

协商和解是消费者自力救济的一种解决方式,也是解决消费者争议的最普遍、最常见

的形式之一。消费者争议的协商和解能充分体现当事人意志，既有利于双方当事人充分表达自身的诉求，节约社会资源、降低交易成本，也能够有效避免社会冲突引发大的社会动荡，有助于和谐社会的构建。

二、协商和解过程中应注意的几个问题

在发生消费者争议时，我们提倡消费者与经营者通过协商和解的形式解决问题，但并不是说所有的消费者争议都可以通过协商和解来解决。争议双方当事人在协商和解中应特别注意以下几个问题：

1. 协商和解必须基于双方当事人的自愿。自愿协商和解，强调协商程序的平等性、协商结果的自愿性，也就是说，消费者和经营者在协商的过程中地位平等、意思自治，不存在一方利用法律上或者事实上的优势地位迫使另外一方当事人接受和解的情形；是否达成和解协议、达成何种内容的和解协议完全取决于双方当事人的合意。当事人不愿意和解或者和解协议达成后反悔的，仍然可以通过其他途径来解决。

2. 争议当事人应当具有可以处分的权利和义务。可以协商和解的争议范围应当是当事人有权处分的民事权利和民事义务。凡是涉及公共利益的争议以及犯罪行为的争议，当事人双方都不能以协商和解的方式"私了"。例如，制造假药的犯罪行为只能由国家有关机关依法进行处理。

3. 协商和解不得损害国家利益、社会利益及第三方利益。当事人协商和解不得以损害国家利益、社会利益及第三方利益为条件或代价，否则，和解协议应视为无效，而且还将视行为的情节和后果，依法追究当事人的法律责任。

第四节　消费者协会调解

一、消费者协会调解的含义

调解，即在第三方的斡旋下，以当事人意思自治为主来解决纠纷的一种方式。

调解与消费纠纷诉讼、仲裁的不同之处在于消费纠纷调解人没有权利对争执的双方当事人施加外部的强制力，也没有权利（和义务）对争执事项做出判决和决定；与和解的不同之处在于前者有第三方力量介入，而后者不依靠第三方，纯粹由双方力量解决。

《消费者权益保护法》规定，对于消费者争议，可以请求消费者协会或者依法成立的其他调解组织调解。消费者与经营者协商不成时，可以向消费者协会投诉，请求协助解决。消费者也可以不经过与经营者协商和解的程序，直接向消费者协会投诉。消费者协会解决争议的主要方式是调解，而且其服务一般是免费的。在这种情况下，消费者不仅不用耗费大量的精力和时间，也不会增加额外的经济压力。因此消费者协会调解是消费者争议调解中最规范、最有效、最普通的一种调解方式。

二、消费者协会调解消费者争议中应注意的问题

消费者协会调解体现为社会干预型调解,是消费者协会帮助消费者与经营者达成纠纷解决方案的合意的调解。在调解过程中,应特别注意以下几个问题:

(一) 自愿性原则

消费者协会调解应当遵循的自愿性原则,包括尊重当事人程序选择权和实体处分权两个方面。在程序选择权方面,当事人有权自主决定是否调解、有权要求退出调解、有权选择通过其他纠纷解决方式解决消费纠纷。在实体处分权方面,当事人在调解过程中是否达成调解协议,达成何种内容的调解协议都要符合当事人意志,消费者协会不能干预,不得代当事人做出决定,更不能强迫当事人执行。

(二) 公正合法原则

消费者协会调解应当遵循公正合法原则,不违背效力性禁止性规定,不得侵害国家利益、社会公共利益以及他人的合法权益。消费者协会在调解中应以事实为依据,以法律为准绳,对有争议的消费者和经营者进行说服劝导、沟通协调,通过宣传法律法规和政策,明确利害,积极主动地促使他们达成调解协议、协商解决争议。

(三) 不得拒绝调解

调解是消费者协会处理消费者与经营者之间争议的主要方式,是消费者协会的主要职责。对于消费者投诉的属于职责范围内的消费争议,消费者提出调解请求的,消费者协会不得拒绝调解。

(四) 坚持舆论监督

消费者协会应该坚持舆论监督,通过大众传播媒介定期或不定期公布消费者投诉情况,以消费者投诉事实或必要的调查、鉴定材料为依据,公开曝光,以维护消费者的合法权益。

第五节 消费者争议的行政处理

一、行政申诉的含义

我国《消费者权益保护法》规定,消费者认为其合法权益遭受损害时可以向有关行政机关申诉,请求依法处理。这些行政机关包括工商行政管理、技术监督、价格管理、卫生、防疫、进出口商品检验等部门。消费者可以根据自己受损害的情况和性质,向上述有关部门提出申诉。在政府有关部门中,国家工商行政管理机关与消费者权益保护的关系最为密切,因而也是受理消费者申诉最多的行政管理机关。

工商行政管理机关在受理消费者申诉中,对经营者的违法行为,应当依照《欺诈消费者行为处罚办法》和《工商行政管理机关行政处罚程序暂行规定》处理,受理消费者申诉的案件属于民事争议的,实行调解制度,应组织双方当事人进行调解,调解达成协议的,应当制

作调解书。并应当在收到消费者申诉书之日起60日内终结调解,调解不成的应当终止调解。经调解不成的,或者调解书生效后无法执行的,消费者可以按照国家法律、行政法规的规定向有关部门申请仲裁或者提起诉讼。对经营者的违法行为,工商行政管理机关可以依照《消费者权益保护法》予以警告、没收违法所得,处以违法所得1倍以上5倍以下的罚款,没有违法所得的,处以1万元以下的罚款;情节严重的,责令停业整顿,吊销营业执照。

消费者申诉和消费者投诉的区别如下:

1. 申诉和投诉的对象不同。申诉是向行政执法或行政管理部门提出,而投诉是向社会团体(如消费者协会)或平等民事主体提出。

2. 提出申诉和投诉的主体意愿不同。投诉必须是在双方都自愿调解的情形下,申诉则只需要一方当事人向行政执法或行政管理部门提出。

3. 申诉和投诉的手段不同。投诉只是社会团体(如消费者协会)或平等民事主体所进行的民事调解,而申诉是行政执法或行政管理部门除了运用行政调解的手段外,还可以综合运用行政指导、行政强制、行政处罚等手段。

4. 申诉与投诉的目的倾向性不同。投诉只是就双方争议寻求解决,而申诉除了寻求争议解决外,还附带或保留有要求行政管理部门制裁或处罚侵权者的权利。

二、与行政处理有关的几个问题

(一)受理申诉的国家机关

消费者在申诉时,应当根据消费者权益争议的性质和具体情况,选择相应的受诉机关。如因一般商品、服务引发的消费者与经营者之间的一般性民事纠纷或者因虚假广告而发生的纠纷,消费者可以向国家工商行政管理机关提起申诉;因食品、化妆品质量而发生的消费者与经营者之间的纠纷,消费者可以向国家食品卫生监督部门提起申诉;因药品质量发生的消费者与经营者之间的纠纷,消费者可以向国家卫生监督部门提起申诉;因商品价格或者服务收费而发生的消费者与经营者之间的纠纷,消费者可以向国家发改委提起申诉;因商品、服务标准、计量等技术问题而发生的消费者与经营者之间的纠纷,消费者可以向国家技术监督部门提起申诉。经营者所属的业务部门也负有解决本部门经营者与消费者争议的职责。因此,消费者也可以向经营者的上级主管部门提起申诉,受诉机关一般应为经营者所在地的相应的国家机关。

(二)消费者申诉的行政处理时间

《消费者权益保护法》第46条规定,消费者向有关行政部门投诉的,该部门应当自收到投诉之日起七个工作日内,予以处理并告知消费者。《工商行政管理部门处理消费者投诉办法》第十五条规定,"处理",是指确定是否受理消费者投诉;"告知",可以是书面告知,也可以电话等形式口头告知,但必须做好记录,留存备查。

《工商行政管理部门处理消费者投诉办法》第二十九条规定,有管辖权的工商行政管理部门应当在受理消费者投诉之日起60日内终结调解;调解不成的应当终止调解。需要进行鉴定或者检测的,鉴定或者检测的时间不计算在60日内。

(三) 处理消费者申诉行政行为的效力

国家行政机关处理消费者争议所做出的行政调解不属于具体行政行为,一般不具有强制执行效力,不能直接作为人民法院强制执行的依据。原国家工商行政管理局出台的《工商行政管理机关受理消费者申诉暂行办法》规定,工商行政管理机关在受理消费者申诉中,对经营者欺诈消费者的行为,应当依照《欺诈消费者行为处罚办法》处理;对经营者的违法行为,应当依照《工商行政管理机关行政处罚程序暂行规定》处理。工商行政管理机关在其职权范围内受理消费者申诉的案件属于民事争议的,实行调解制度。经调解不成的,或者调解书生效后无法执行的,消费者可以按照国家法律、行政法规的规定向有关部门申请仲裁或者提出诉讼。

(四) 处理消费者申诉的具体行政行为

处理消费者申诉的具体行政行为一般是指行政机关做出的行政处罚决定。

根据《消费者权益保护法》第59条的规定,经营者对行政处罚决定不服的,可以依法申请行政复议或者提起行政诉讼。《行政复议法实施条例》第十六条规定:"公民、法人或者其他组织依照《行政复议法》第六条第(八)项、第(九)项、第(十)项的规定申请行政机关履行法定职责,行政机关未履行的,行政复议申请期限依照下列规定计算:(一)有履行期限规定的,自履行期限届满之日起计算;(二)没有履行期限规定的,自行政机关收到申请满60日起计算。"《行政复议法实施条例》第十六条和《工商行政管理部门处理消费者投诉办法》第二十九条分别从正反两个角度规定了消费者投诉案件必须在60日内办结,否则消费者就有权提出行政复议。

第六节 消费者争议的仲裁

仲裁,我国学术界通说将其定义为"发生争议的双方当事人,根据其在争议发生前或者争议发生后所达成的协议,自愿将该争议提交中立的第三者进行裁判的争议解决机制",它是解决民商事纠纷的重要途径之一。《消费者权益保护法》规定,消费者和经营者发生消费者权益争议的,可以通过根据与经营者达成的仲裁协议提请仲裁机构仲裁的方式解决。

这里仅就其中一些值得注意的问题进行阐述。

一、关于仲裁机构

在《仲裁法》生效前,人们普遍将消费者争议仲裁界定为行政仲裁,不少地方还制定相关规定,对消费者争议仲裁加以细化,并组建行政属性的消费纠纷仲裁委员会。然而,伴随《仲裁法》的实施,除了人事争议仲裁、劳动争议仲裁以及农村土地承包经营纠纷仲裁外,实行统一的民间仲裁制度。因而,消费者争议仲裁只能在按照《仲裁法》设置的仲裁委员会进行。根据《仲裁法》的规定,仲裁委员会可以在直辖市和省、自治区人民政府所在地的市设立,也可以根据需要在其他设区的市设立,不按行政区划层层设立。仲裁委员会由前款规定的市的人民政府组织有关部门和商会统一组建。仲裁委员会之间不存在隶属关系,不实行级别管辖和地域管辖。消费者可以依据与经营者之间订立的仲裁条款或者事后达成的仲裁协议中确定的具体仲裁机构去申请仲裁。双方当事人没有达成仲裁协议,则不能申请仲裁。

二、仲裁案件的范围

根据《仲裁法》的规定,平等主体的公民、法人和其他组织之间发生的合同纠纷和其他财产权益纠纷,可以仲裁。婚姻、收养、监护、扶养、继承纠纷以及依法应当由行政机关处理的行政纠纷不能仲裁。对于消费者来讲,消费者在购买商品、接受服务时,与生产者、经营者发生的争议,都可以通过仲裁方式加以解决。

三、仲裁协议

仲裁协议是指消费者与经营者双方以书面协议的形式,载明自愿将他们的争议提请仲裁机构进行仲裁的共同意思表示的法律协议。仲裁协议是仲裁机构对消费者与经营者之间的争议取得管辖权的依据,是仲裁的基础,也是消费者提请仲裁的首要条件。消费者申请仲裁的前提条件是已经和经营者签订了仲裁协议。没有签订仲裁协议,或者虽有仲裁协议,但一方已经向人民法院提起诉讼,另一方应诉的,仲裁机构对仲裁申请将不予受理。仲裁协议必须有效,如果消费者或经营者为无民事行为能力的人,或者约定的仲裁事项超出了规定的仲裁范围,或者一方采取强迫手段,迫使对方签订仲裁协议的,所订立的仲裁协议无效。无效的仲裁协议不能作为申请仲裁的依据。

四、仲裁申请的提出

消费者申请仲裁,必须采用书面形式,向仲裁委员会提交仲裁协议、仲裁申请书及副本。仲裁申请书应当载明下列事项:(1)当事人的姓名、性别、年龄、职业、工作单位和住所,法人或者其他组织的名称、住所和法定代表人或者主要负责人的姓名、职务。(2)仲裁请求和所根据的事实、理由;所谓的具体的仲裁请求,是指消费者请求仲裁机构所要解决的具体问题,如请求经营者履行承诺、赔偿损失等。(3)证据和证据来源、证人姓名和住所。

五、仲裁庭的组成

根据《仲裁法》的规定,当事人约定由一名仲裁员成立仲裁庭的,应当由当事人共同选定或者共同委托仲裁委员会主任指定仲裁员。当事人没有在仲裁规则规定的期限内约定仲裁庭的组成方式或者选定仲裁员的,由仲裁委员会主任指定。

仲裁庭由仲裁员组成,仲裁员的产生是根据当事人的意愿而定的,决定仲裁员的产生方式是当事人的一项权利。仲裁员的产生主要有以下方式:(1)当事人约定了仲裁庭的组成方式,此时有两种情况。第一种情况是当事人约定由三名仲裁员组成仲裁庭,仲裁员的产生方式有两种:一是由双方当事人各自选定一名仲裁员或者各自委托仲裁委员会主任指定一名仲裁员,第三名仲裁员由双方当事人共同选定;二是由双方当事人各自选定一名仲裁员,或者各自委托仲裁委员会主任指定一名仲裁员,第三名仲裁员由当事人共同委托仲裁委员会的主任指定。这两种类型中,第三名仲裁员是首席仲裁员。第二种情况是当事人约定由一名仲裁员成立仲裁庭,应当由当事人共同选定或者委托仲裁委员会主任指定仲裁员。(2)当事人没有在仲裁规则规定的期限内约定仲裁庭的组成方式,由仲裁委员会主任决定仲裁庭的组成方式;当事人虽然在仲裁规则规定的期限内约定了仲裁庭的组成方式但没有选定仲裁员的,由仲裁委员会的主任指定仲裁员。

六、关于仲裁程序中消费者的权利

根据《仲裁法》的规定,消费者在仲裁程序中主要享有以下权利:(1)请求仲裁机构公平裁断的权利。消费者有申请仲裁权,经营者有答辩权。(2)委托代理人的权利。消费者可以委托律师和其他代理人进行仲裁活动。(3)选择仲裁员的权利。消费者约定由三名仲裁员组成仲裁庭的,有权各自选定或者各自委托仲裁委员会主任指定一名仲裁员,有权共同选定或者共同委托仲裁委员会主任指定第三名仲裁员;当事人约定由一名仲裁员成立仲裁庭的,由当事人共同选定或者共同委托仲裁委员会主任指定仲裁员。(4)申请仲裁员回避权。对仲裁员有《仲裁法》第34条规定的情形之一的,消费者有权提出回避申请。(5)要求延期开庭的权利。消费者有正当理由,可以在仲裁规则规定的期限内请求延期开庭。(6)收集证据、申请证据保全的权利。为维护自身合法权益,消费者有权收集证据,向仲裁委员会申请证据保全。(7)进行质证的权利。证据应当在开庭时出示,消费者可以质证。(8)进行辩论的权利。在仲裁庭开庭时,消费者有权发表自己的意见和主张,反驳对方的请求。(9)约定不开庭仲裁和公开仲裁的权利。(10)可以放弃或者变更仲裁请求的权利。(11)自愿调解权。根据《仲裁法》的规定,当事人自愿调解的,仲裁庭应当调解。(12)自行和解权。消费者申请仲裁后,可以自行与经营者和解。达成和解协议的,可以请求仲裁庭根据和解协议作出裁决书,也可以撤回仲裁申请。(13)要求获得裁决书或调解书的权利。(14)申请执行的权利。仲裁裁决作出后经营者拒不履行,消费者有权依照民事诉讼法的规定向人民法院申请执行。

七、仲裁裁决的法律效力与执行

仲裁裁决书是仲裁审理后,对双方当事人的权利与义务所做出的裁判,标志着案件审理的终结。裁决书自做出之日起发生法律效力。《仲裁法》规定,仲裁实行一裁终局,裁决书一经做出,与终审法院的判决一样,即发生法律效力。裁决的法律后果主要有:一是"一事不再理"。裁决做出后,除仲裁法另有规定外,当事人就同一纠纷再申请仲裁或者向人民法院起诉的,仲裁委员会或人民法院不予受理。二是裁决做出后,对当事人发生法律拘束力,当事人应当履行裁决。如果一方当事人不自动履行,另一方当事人有权向人民法院申请执行。接受申请的人民法院应当执行。

八、仲裁裁决的撤销

撤销仲裁裁决,是指当仲裁裁决有符合法律规定的情形时,由当事人申请并经人民法院组成合议庭审查与核实后,裁定撤销仲裁裁决,以纠正仲裁错误的一种法律补救制度。

依据《仲裁法》的规定,仲裁庭对消费者争议做出裁决后,消费者或者经营者一方如果提供证据证明仲裁裁决有下列情形之一的,可以在收到仲裁裁决书之日起6个月内向仲裁委员会所在地的中级人民法院申请撤销裁决:(1)没有仲裁协议的;(2)裁决的事项不属于仲裁协议的范围或者仲裁委员会无权仲裁的;(3)仲裁庭的组成或者仲裁的程序违反法定程序的;(4)裁决所依据的证据是伪造的;(5)对方当事人隐瞒了足以影响公正裁决的证据的;(6)仲裁员在仲裁该案时有索贿受贿、徇私舞弊、枉法裁决行为的。人民法院经组成合议庭审查,核实并裁决有上述规定情形之一的,应当裁定撤销。人民法院认定该裁决违背社会公共利益的,应当裁定撤销。

第七节　消费者纠纷的诉讼解决途径

一、概述

消费者纠纷诉讼,是指消费者在购买、使用商品或者接受服务时,其合法权益遭受侵害,在法定期限内,依法向人民法院起诉,请求人民法院按照司法程序对消费者权益争议案件进行审理的活动。消费者纠纷诉讼是消费者权益争议处理过程中的一个重要环节,也是对消费者权益争议案件的最终处理途径。提起诉讼是消费者的一项重要法律权利。对于通过与经营者协商和解、向消费者协会投诉、向国家有关行政机关申诉、向仲裁机构申请仲裁等途径都没有得到解决的消费者争议,消费者都可以向人民法院提起诉讼,由人民法院按照司法程序审理。

二、民事诉讼

民事诉讼,是指人民法院在当事人和全体诉讼参与人的参加下,依法审理和解决民事纠纷的活动,以及由这些活动所发生的诉讼关系的总和。消费者提起民事诉讼时应注意以下问题:

(一) 消费者诉讼的条件

我国《消费者权益保护法》规定:"人民法院应当采取措施,方便消费者提起诉讼。对符合《中华人民共和国民事诉讼法》起诉条件的消费者争议,必须受理,及时审理。"因此,消费者提起诉讼应当符合以下条件:

(1) 起诉的消费者必须是与本案有利害关系的公民、法人或其他组织。原告必须是在购买、使用商品或者接受服务时,其合法权益遭受侵害的消费者或者其他受害人。当事人因故不能起诉的,可以委托代理人代为起诉。

(2) 要有明确的经营者作为被告。所谓明确的经营者被告,是指原告起诉时必须明确指出经营者被告是谁,也就是要明确哪个经营者侵害了他的民事权益,或者哪个经营者与原告发生了民事权益的争议、要承担民事赔偿责任。如果原告不知道是谁侵犯了自己的合法权益,则会出现无人应诉的情况,也无法进行诉讼,人民法院也无从进行审理。

（3）要有具体的诉讼请求和事实、理由。有具体的诉讼请求，是指消费者提起诉讼时要求人民法院予以确认或保护的民事权益的内容和范围应当明确、具体，请求人民法院保护什么、支付什么、反对什么、确认什么等应清楚、明白，不能含糊不清。它包括要求经营者停止侵害、消除影响、赔礼道歉、赔偿损失、支付应当支付的费用或者修理、重作、更换、退货、补足商品数量、退还货款和服务费用等。事实和理由是指原告必须向人民法院陈述的"案件事实"和"证据"以及支持该诉讼请求的理由。包括消费者争议的事实，即争议是怎么发生的，争议的内容是什么等，还包括消费者争议的证据事实，即能证明消费者争议案件的一切证据材料。消费者应当对自己提出的主张提供证据。

（4）属于人民法院受理民事诉讼的范围和受诉人民法院管辖。消费者起诉的案件应该属于人民法院受理民事诉讼的范围，也就是说，争议事项是消费者与经营者之间因财产关系和人身关系而引起的由人民法院主管、依法有权进行审判的事项。属于受诉人民法院管辖，是指符合《民事诉讼法》关于管辖的规定。即通常应当向被告住所地或者侵权行为地、合同履行地的基层人民法院提起诉讼，有重大影响的案件，则可以由中级人民法院管辖。

（二）消费者的诉讼权利与义务

消费者向人民法院起诉或应诉，即具有诉讼当事人的身份。根据《民事诉讼法》的有关规定，当事人享有以下诉讼权利，并履行以下诉讼义务。

1. 诉讼权利。消费者的诉讼权利主要有：（1）提起诉讼的权利或称之为请求司法保护的权利。这是消费者享有的最基本的诉讼权利，也是其他一切诉讼权利的核心和基础。（2）原告有放弃、变更或增加诉讼请求的权利。被告可以承认或者反驳诉讼请求，被告在符合法定条件时有提起反诉的权利。（3）提出管辖权异议的权利。当事人有权对受理案件人民法院的管辖权提出异议，但是应当在提交答辩状期间提出。（4）委托诉讼代理人的权利。当事人、法定代理人可以委托一至二名律师作为诉讼代理人。律师是依法取得律师执业证书、根据当事人的委托、为当事人提供法律服务的专业人员。（5）申请回避的权利，当事人对与案件有利害关系或者其他关系并可能影响案件公平处理的审判员、书记员、鉴定人、翻译人员等，有权申请回避。（6）收集、提供证据的权利。在诉讼中，原告可以收集、提供证据以证明自己的诉讼请求；被告也有权收集、提供证据以反驳原告的诉讼请求。（7）参加法庭审理的权利。在法庭审理中，当事人有权出庭，参与法庭调查，进行当庭辩论，最后陈诉等。（8）请求调解、自行和解的权利。诉讼当事人双方有权在任何诉讼阶段请求人民法院进行调解，以调解的方式结束诉讼。也可以在相互自愿的基础上自行和解。（9）申请财产保全或者先予执行的权利。（10）查阅案件情况的权利。当事人双方有权查阅本案有关材料，也可以复印本案有关证据材料和法律文书，但应当遵守人民法院对查阅、复印范围和办法的相关规定。（11）申请强制执行的权利。人民法院的判决、裁定、调解书发生法律效力后，一方当事人不履行的，对方当事人有权向人民法院申请强制执行，受申请的人民法院应当执行。

2. 诉讼义务。消费者的诉讼义务主要有：（1）遵守诉讼秩序和法庭纪律，服从法庭指挥，依法行使诉讼权利。（2）对自己提出的主张有收集或提供证据的义务，并有运用该证据证明主张的案件事实成立或有利于自己的主张的责任，否则将承担其主张不能成立的不利后果。(3)应当尊重对方当事人和其他诉讼参加人的诉讼权利。(4)当事人应按照规定缴纳案件受理费及其他诉讼费用。(5)履行发生法律效力的判决书、裁定书和调解书确定的义务。当事人拒绝履行的,人民法院有权采取强制执行措施,并可依法对其予以训诫、罚款、拘留乃至追究刑事责任等。

(三) 消费者的举证责任

民事诉讼中的举证责任是指在民事诉讼中,一方当事人按照法律规定和法院的举证责任分配,对自己的主张或者与对方当事人的诉讼请求密切相关的某事项负有提供证据以证明自己主张成立或者某事项的事实存在与否的诉讼义务。如果举证成功,就能使法院支持自己的诉讼请求或者免除自己的民事法律责任;如果举证不能或者举证不充分,自己的主张就不能成立或者承担不利的法律后果。在诉讼过程中由于消费争议性质不同,消费者承担的举证责任也各不相同。

在消费合同争议中,消费者要求经营者承担违约责任的,有以下举证责任要求:(1)合同合法有效。《民事诉讼证据若干规定》规定,在合同纠纷案件中,主张合同关系成立并生效的一方当事人对合同订立和生效的事实承担举证责任;主张合同关系变更、解除、终止、撤销的一方当事人对引起合同关系变动的事实承担举证责任。对合同是否履行发生争议的,由负有履行义务的当事人承担举证责任。(2)经营者有违反合同的行为。经营者提供的商品不符合合同的约定,存在质量、安全、卫生、价格、计量和销售方式的问题,或经营者提供的服务存在问题,均属于违反合同约定的行为。只要从上述两个方面提出充分的证据,即可以要求经营者承担修理、重作、更换、退货、补足商品数量、退还货款和服务费用的法律责任。如果消费者要求经营者赔偿损失的,还需要证明经营者的违法行为与消费者所遭受的损害结果之间存在因果关系。

在消费侵权争议中,对于侵害消费者人身权和财产权的一般侵权行为,适用严格的过错责任原则,举证责任完全由消费者承担。消费者需要证明:(1)侵权造成的损害事实。应证明损害事实发生的时间、地点、损害的客体、损害的对象、损害的结果、损失的性质和损失的范围。(2)被告的违法行为。首先,应当证明加害人的民事行为能力,确认其是否具有责任能力;其次,应当证明加害人行为的性质,是作为还是不作为;再次,还要证明行为的具体方式,实施行为的前后经过;最后,要证明加害人的行为是否违法,违反什么法律规定。(3)行为与损害的因果关系。此种证明的要点,是要证明其中的行为与损害的客观联系。如商店出售有毒食品,受害人中毒身亡,经科学技术鉴定受害人死亡确为该食品含有的有毒物质所致。

三、刑事附带民事诉讼

《刑事诉讼法》规定:"被害人由于被告人的犯罪行为而遭受物质损失的,在刑事诉讼过程中,有权提起附带民事诉讼。"构成犯罪的消费者争议,往往会导致消费者的物质损失。例如,掺杂使假、制造销售不安全或有毒有害食品造成消费者人身或财产的重大损害,构成犯罪,同时也导致消费者物质损失的,都有可能提起附带民事诉讼。

根据法律规定,凡因刑事被告人的犯罪行为而遭受物质损失的人以及人民检察院,在刑事诉讼中提出赔偿请求的,可以成为附带民事诉讼的原告人。具体包括:(1)被害人。《刑事诉讼法》规定,被害人由于被告人的犯罪行为而遭受物质损失,在刑事诉讼过程中,有权提起附带民事诉讼。一般情况下,作为附带民事诉讼的原告人是刑事案件中的被害人。被害人作为受犯罪行为直接侵害而遭受损失的当事人,在要求追究被告人刑事责任的同时,有权提起附带民事诉讼,要求赔偿。(2)已死亡被害人的近亲属。在被害人已死亡的案件中由于当事人死亡,其诉讼能力和诉讼行为能力均归于消灭,无法以自己的名义提起诉讼,而其民事权利又需要有人主张,因此,附带民事诉讼程序专门规定其近亲属可以起诉。近亲属的范围为《刑事诉讼法》第八十二条规定的夫、妻、父、母、子、女、同胞兄弟、姊妹。(3)无行为能力或者限制行为能力的被害人的法定代理人。在这种情况下,被害人因犯罪行为而遭受的损失,一般由其法定代理人承担。因此,由被害人的法定代理人提起附带民事诉讼,有利于维护被害人及其法定代理人的民事权益。

附带民事诉讼的提起应当具备以下条件:(1)提起附带民事诉讼的原告人、法定代理人符合法定条件;(2)有明确的被告人;(3)有请求赔偿的具体要求和事实根据;(4)被害人的物质损失是由被告人的犯罪行为造成的;(5)属于人民法院受理附带民事诉讼的范围。

四、自诉刑事诉讼

《最高人民法院关于适用〈中华人民共和国刑事诉讼法〉的解释》第259条规定,人民法院受理的自诉案件必须符合下列条件:(1)有适格的自诉人。在法律规定的自诉案件范围内,遭受犯罪行为直接侵害的被害人有权向人民法院提起自诉。被害人死亡、丧失行为能力或者因受强制、威吓等原因无法告诉,或者是限制行为能力以及由于年老、患病、盲、聋、哑等原因不能亲自告诉的,被害人的法定代理人、近亲属有权向人民法院起诉。(2)有明确的被告人和具体的诉讼请求。自诉人起诉时应明确提出控诉的对象,如果不能提出明确的被告人或者被告人下落不明的,自诉案件不能成立。自诉人起诉时还应提出具体的起诉请求,包括指明控诉的罪名和要求人民法院追究被告人何种刑事责任。(3)属于自诉案件范围。即属于《刑事诉讼法》第170条规定的告诉才处理的案件;被害人有证据证明的轻微刑事案件;被害人有证据证明对被告人侵犯自己人身权利、财产权利的行为应当依法追究刑事责任,而公安机关或者人民检察院不予追究被告人刑事责任的三类案件以及《最高人民法院关于适用〈中华人民共和国刑事诉讼法〉的解释》确定的具体的自诉案件。(4)被害人提起刑事自诉,必须有能够证明被告人犯有被指控的犯罪事实的证据。(5)属于受诉人民法院管辖。自诉人应当依据《刑事诉讼法》关于级别管辖和地区管辖的规定,向有管辖权的人民法院提起自诉。

人民法院对自诉人提起诉讼的案件,必须根据立案的条件进行审查,主要查明有无明确的被告人,有无足够的证据证明被告人犯罪,案件是否属于受诉人民法院管辖,能否交付法庭审判等。审查后根据不同情况分别处理:对于符合立案条件的案件,应当开庭审判;对缺乏罪证的,如自诉人无法提供补充证据,应当说服自诉人撤回自诉,或者裁定驳回。自诉人明知有其他共同侵害人,但只对部分侵害人提起自诉的,人民法院应当受理,并视为自诉人对其他侵害人放弃告诉权利。判决宣告后自诉人又对其他共同侵害人就同一事实提起自诉的,人民法院不再受理。共同被害人中只有部分被害人告诉的,人民法院应当通知其他被害人参加诉讼。被通知人接到通知后表示不参加诉讼或者不出庭的,即视为放弃告诉权利。第一审宣判后,被通知人就同一事实又提起自诉的,人民法院不予受理。但当事人另行提起民事诉讼的,不受限制。

本章习题

1. 简述消费者争议的概念。
2. 简述消费者争议中的当事人。
3. 消费者争议的解决途径有哪些?
4. 消费者受到哪些人身或财产损害时,可以通过法定途径要求赔偿?
5. 简述消费者提起民事诉讼时要注意的问题。
6. 简述人民法院受理的自诉案件必须符合的条件。

附 配套法规

中华人民共和国消费者权益保护法

（1993年10月31日第八届全国人民代表大会常务委员会第四次会议通过　根据2009年8月27日第十一届全国人民代表大会常务委员会第十次会议《关于修改部分法律的决定》第一次修正　根据2013年10月25日第十二届全国人民代表大会常务委员会第五次会议《关于修改〈中华人民共和国消费者权益保护法〉的决定》第二次修正）

第一章 总 则

第一条 为保护消费者的合法权益，维护社会经济秩序，促进社会主义市场经济健康发展，制定本法。

第二条 消费者为生活消费需要购买、使用商品或者接受服务，其权益受本法保护；本法未作规定的，受其他有关法律、法规保护。

第三条 经营者为消费者提供其生产、销售的商品或者提供服务，应当遵守本法；本法未作规定的，应当遵守其他有关法律、法规。

第四条 经营者与消费者进行交易，应当遵循自愿、平等、公平、诚实信用的原则。

第五条 国家保护消费者的合法权益不受侵害。国家采取措施，保障消费者依法行使权利，维护消费者的合法权益。国家倡导文明、健康、节约资源和保护环境的消费方式，反对浪费。

第六条 保护消费者的合法权益是全社会的共同责任。国家鼓励、支持一切组织和个人对损害消费者合法权益的行为进行社会监督。大众传播媒介应当做好维护消费者合法权益的宣传，对损害消费者合法权益的行为进行舆论监督。

第二章 消费者的权利

第七条 消费者在购买、使用商品和接受服务时享有人身、财产安全不受损害的权利。消费者有权要求经营者提供的商品和服务，符合保障人身、财产安全的要求。

第八条 消费者享有知悉其购买、使用的商品或者接受的服务的真实情况的权利。消费者有权根据商品或者服务的不同情况，要求经营者提供商品的价格、产地、生产者、用途、性能、规格、等级、主要成分、生产日期、有效期限、检验合格证明、使用方法说明书、售后服务,或者服务的内容、规格、费用等有关情况。

第九条　消费者享有自主选择商品或者服务的权利。消费者有权自主选择提供商品或者服务的经营者,自主选择商品品种或者服务方式,自主决定购买或者不购买任何一种商品、接受或者不接受任何一项服务。消费者在自主选择商品或者服务时,有权进行比较、鉴别和挑选。

第十条　消费者享有公平交易的权利。消费者在购买商品或者接受服务时,有权获得质量保障、价格合理、计量正确等公平交易条件,有权拒绝经营者的强制交易行为。

第十一条　消费者因购买、使用商品或者接受服务受到人身、财产损害的,享有依法获得赔偿的权利。

第十二条　消费者享有依法成立维护自身合法权益的社会组织的权利。

第十三条　消费者享有获得有关消费和消费者权益保护方面的知识的权利。消费者应当努力掌握所需商品或者服务的知识和使用技能,正确使用商品,提高自我保护意识。

第十四条　消费者在购买、使用商品和接受服务时,享有人格尊严、民族风俗习惯得到尊重的权利,享有个人信息依法得到保护的权利。

第十五条　消费者享有对商品和服务以及保护消费者权益工作进行监督的权利。消费者有权检举、控告侵害消费者权益的行为和国家机关及其工作人员在保护消费者权益工作中的违法失职行为,有权对保护消费者权益工作提出批评、建议。

第三章　经营者的义务

第十六条　经营者向消费者提供商品或者服务,应当依照本法和其他有关法律、法规的规定履行义务。经营者和消费者有约定的,应当按照约定履行义务,但双方的约定不得违背法律、法规的规定。经营者向消费者提供商品或者服务,应当恪守社会公德,诚信经营,保障消费者的合法权益;不得设定不公平、不合理的交易条件,不得强制交易。

第十七条　经营者应当听取消费者对其提供的商品或者服务的意见,接受消费者的监督。

第十八条　经营者应当保证其提供的商品或者服务符合保障人身、财产安全的要求。对可能危及人身、财产安全的商品和服务,应当向消费者作出真实的说明和明确的警示,并说明和标明正确使用商品或者接受服务的方法以及防止危害发生的方法。宾馆、商场、餐馆、银行、机场、车站、港口、影剧院等经营场所的经营者,应当对消费者尽到安全保障义务。

第十九条　经营者发现其提供的商品或者服务存在缺陷,有危及人身、财产安全危险的,应当立即向有关行政部门报告和告知消费者,并采取停止销售、警示、召回、无害化处理、销毁、停止生产或者服务等措施。采取召回措施的,经营者应当承担消费者因商品被召回支出的必要费用。

第二十条　经营者向消费者提供有关商品或者服务的质量、性能、用途、有效期限等信息,应当真实、全面,不得作虚假或者引人误解的宣传。经营者对消费者就其提供的商品或者服务的质量和使用方法等问题提出的询问,应当作出真实、明确的答复。经营者提供商品或者服务应当明码标价。

第二十一条　经营者应当标明其真实名称和标记。租赁他人柜台或者场地的经营者,应当标明其真实名称和标记。

第二十二条　经营者提供商品或者服务,应当按照国家有关规定或者商业惯例向消费者出具发票等购货凭证或者服务单据;消费者索要发票等购货凭证或者服务单据的,经营者必须出具。

第二十三条　经营者应当保证在正常使用商品或者接受服务的情况下其提供的商品或者服务应当具有的质量、性能、用途和有效期限;但消费者在购买该商品或者接受该服务前已经知道其存在瑕疵,且存在该瑕疵不违反法律强制性规定的除外。经营者以广告、产品说明、实物样品或者其他方式表明商品或者服务的质量状况的,应当保证其提供的商品或者服务的实际质量与表明的质量状况相符。经营者提供的机动车、计算机、电视机、电冰箱、空调器、洗衣机等耐用商品或者装饰装修等服务,消费者自接受商品或者服务之日起六个月内发现瑕疵,发生争议的,由经营者承担有关瑕疵的举证责任。

第二十四条　经营者提供的商品或者服务不符合质量要求的,消费者可以依照国家规定、当事人约定退货,或者要求经营者履行更换、修理等义务。没有国家规定和当事人约定的,消费者可以自收到商品之日起七日内退货;七日后符合法定解除合同条件的,消费者可以及时退货,不符合法定解除合同条件的,可以要求经营者履行更换、修理等义务。依照前款规定进行退货、更换、修理的,经营者应当承担运输等必要费用。

第二十五条　经营者采用网络、电视、电话、邮购等方式销售商品,消费者有权自收到商品之日起七日内退货,且无需说明理由,但下列商品除外:(一)消费者定作的;(二)鲜活易腐的;(三)在线下载或者消费者拆封的音像制品、计算机软件等数字化商品;(四)交付的报纸、期刊。除前款所列商品外,其他根据商品性质并经消费者在购买时确认不宜退货的商品,不适用无理由退货。消费者退货的商品应当完好。经营者应当自收到退回商品之日起七日内返还消费者支付的商品价款。退回商品的运费由消费者承担;经营者和消费者另有约定的,按照约定。

第二十六条　经营者在经营活动中使用格式条款的,应当以显著方式提请消费者注意商品或者服务的数量和质量、价款或者费用、履行期限和方式、安全注意事项和风险警示、售后服务、民事责任等与消费者有重大利害关系的内容,并按照消费者的要求予以说明。经营者不得以格式条款、通知、声明、店堂告示等方式,作出排除或者限制消费者权利、减轻或者免除经营者责任、加重消费者责任等对消费者不公平、不合理的规定,不得利用格式条款并借助技术手段强制交易。格式条款、通知、声明、店堂告示等含有前款所列内容的,其内容无效。

第二十七条　经营者不得对消费者进行侮辱、诽谤,不得搜查消费者的身体及其携带的物品,不得侵犯消费者的人身自由。

第二十八条　采用网络、电视、电话、邮购等方式提供商品或者服务的经营者,以及提供证券、保险、银行等金融服务的经营者,应当向消费者提供经营地址、联系方式、商品或者服务的数量和质量、价款或者费用、履行期限和方式、安全注意事项和风险警示、售后服务、民事责任等信息。

第二十九条 经营者收集、使用消费者个人信息,应当遵循合法、正当、必要的原则,明示收集、使用信息的目的、方式和范围,并经消费者同意。经营者收集、使用消费者个人信息,应当公开其收集、使用规则,不得违反法律、法规的规定和双方的约定收集、使用信息。经营者及其工作人员对收集的消费者个人信息必须严格保密,不得泄露、出售或者非法向他人提供。经营者应当采取技术措施和其他必要措施,确保信息安全,防止消费者个人信息泄露、丢失。在发生或者可能发生信息泄露、丢失的情况时,应当立即采取补救措施。经营者未经消费者同意或者请求,或者消费者明确表示拒绝的,不得向其发送商业性信息。

第四章 国家对消费者合法权益的保护

第三十条 国家制定有关消费者权益的法律、法规、规章和强制性标准,应当听取消费者和消费者协会等组织的意见。

第三十一条 各级人民政府应当加强领导,组织、协调、督促有关行政部门做好保护消费者合法权益的工作,落实保护消费者合法权益的职责。各级人民政府应当加强监督,预防危害消费者人身、财产安全行为的发生,及时制止危害消费者人身、财产安全的行为。

第三十二条 各级人民政府工商行政管理部门和其他有关行政部门应当依照法律、法规的规定,在各自的职责范围内,采取措施,保护消费者的合法权益。有关行政部门应当听取消费者和消费者协会等组织对经营者交易行为、商品和服务质量问题的意见,及时调查处理。

第三十三条 有关行政部门在各自的职责范围内,应当定期或者不定期对经营者提供的商品和服务进行抽查检验,并及时向社会公布抽查检验结果。有关行政部门发现并认定经营者提供的商品或者服务存在缺陷,有危及人身、财产安全危险的,应当立即责令经营者采取停止销售、警示、召回、无害化处理、销毁、停止生产或者服务等措施。

第三十四条 有关国家机关应当依照法律、法规的规定,惩处经营者在提供商品和服务中侵害消费者合法权益的违法犯罪行为。

第三十五条 人民法院应当采取措施,方便消费者提起诉讼。对符合《中华人民共和国民事诉讼法》起诉条件的消费者权益争议,必须受理,及时审理。

第五章 消费者组织

第三十六条 消费者协会和其他消费者组织是依法成立的对商品和服务进行社会监督的保护消费者合法权益的社会组织。

第三十七条 消费者协会履行下列公益性职责:(一)向消费者提供消费信息和咨询服务,提高消费者维护自身合法权益的能力,引导文明、健康、节约资源和保护环境的消费方式;(二)参与制定有关消费者权益的法律、法规、规章和强制性标准;(三)参与有关行政部门对商品和服务的监督、检查;(四)就有关消费者合法权益的问题,向有关部门反映、查询,提出建议;(五)受理消费者的投诉,并对投诉事项进行调查、调解;(六)投诉事项涉及商品和服务质量问题的,可以委托具备资格的鉴定人鉴定,鉴定人应当告知鉴定意见;(七)就损害消费者合法权益的行为,支持受损害的消费者提起诉讼或者依照本法提起诉讼;(八)对损害消费者合法权益的行为,通过大众传播媒介予以揭露、批评。各级人民政府对消费者协会履行职责应当予以必要的经费等支持。消费者协会应当认真履行保护消费者合法权益的职责,听取消费者的意见和建议,接受社会监督。依法成立的其他消费者组织依照法律、法规及其章程的规定,开展保护消费者合法权益的活动。

第三十八条 消费者组织不得从事商品经营和营利性服务,不得以收取费用或者其他牟取利益的方式向消费者推荐商品和服务。

第六章 争议的解决

第三十九条 消费者和经营者发生消费者权益争议的,可以通过下列途径解决:(一)与经营者协商和解;(二)请求消费者协会或者依法成立的其他调解组织调解;(三)向有关行政部门投诉;(四)根据与经营者达成的仲裁协议提请仲裁机构仲裁;(五)向人民法院提起诉讼。

第四十条 消费者在购买、使用商品时,其合法权益受到损害的,可以向销售者要求赔偿。销售者赔偿后,属于生产者的责任或者属于向销售者提供商品的其他销售者的责任的,销售者有权向生产者或者其他销售者追偿。消费者或者其他受害人因商品缺陷造成人身、财产损害的,可以向销售者要求赔偿,也可以向生产者要求赔偿。属于生产者责任的,销售者赔偿后,有权向生产者追偿。属于销售者责任的,生产者赔偿后,有权向销售者追偿。消费者在接受服务时,其合法权益受到损害的,可以向服务者要求赔偿。

第四十一条 消费者在购买、使用商品或者接受服务时,其合法权益受到损害,因原企业分立、合并的,可以向变更后承受其权利义务的企业要求赔偿。

第四十二条 使用他人营业执照的违法经营者提供商品或者服务,损害消费者合法权益的,消费者可以向其要求赔偿,也可以向营业执照的持有人要求赔偿。

第四十三条 消费者在展销会、租赁柜台购买商品或者接受服务,其合法权益受到损害的,可以向销售者或者服务者要求赔偿。展销会结束或者柜台租赁期满后,也可以向展销会的举办者、柜台的出租者要求赔偿。展销会的举办者、柜台的出租者赔偿后,有权向销售者或者服务者追偿。

第四十四条 消费者通过网络交易平台购买商品或者接受服务,其合法权益受到损害的,可以向销售者或者服务者要求赔偿。网络交易平台提供者不能提供销售者或者服务者的真实名称、地址和有效联系方式的,消费者也可以向网络交易平台提供者要求赔偿;网络交易平台提供者作出更有利于消费者的承诺的,应当履行承诺。网络交易平台提供者赔偿后,有权向销售者或者服务者追偿。网络交易平台提供者明知或者应知销售者或者服务者利用其平台侵害消费者合法权益,未采取必要措施的,依法与该销售者或者服务者承担连带责任。

第四十五条　消费者因经营者利用虚假广告或者其他虚假宣传方式提供商品或者服务,其合法权益受到损害的,可以向经营者要求赔偿。广告经营者、发布者发布虚假广告的,消费者可以请求行政主管部门予以惩处。广告经营者、发布者不能提供经营者的真实名称、地址和有效联系方式的,应当承担赔偿责任。广告经营者、发布者设计、制作、发布关系消费者生命健康商品或者服务的虚假广告,造成消费者损害的,应当与提供该商品或者服务的经营者承担连带责任。社会团体或者其他组织、个人在关系消费者生命健康商品或者服务的虚假广告或者其他虚假宣传中向消费者推荐商品或者服务,造成消费者损害的,应当与提供该商品或者服务的经营者承担连带责任。

第四十六条　消费者向有关行政部门投诉的,该部门应当自收到投诉之日起七个工作日内,予以处理并告知消费者。

第四十七条　对侵害众多消费者合法权益的行为,中国消费者协会以及在省、自治区、直辖市设立的消费者协会,可以向人民法院提起诉讼。

第七章　法 律 责 任

第四十八条　经营者提供商品或者服务有下列情形之一的,除本法另有规定外,应当依照其他有关法律、法规的规定,承担民事责任:(一)商品或者服务存在缺陷的;(二)不具备商品应当具备的使用性能而出售时未作说明的;(三)不符合在商品或者其包装上注明采用的商品标准的;(四)不符合商品说明、实物样品等方式表明的质量状况的;(五)生产国家明令淘汰的商品或者销售失效、变质的商品的;(六)销售的商品数量不足的;(七)服务的内容和费用违反约定的;(八)对消费者提出的修理、重作、更换、退货、补足商品数量、退还货款和服务费用或者赔偿损失的要求,故意拖延或者无理拒绝的;(九)法律、法规规定的其他损害消费者权益的情形。经营者对消费者未尽到安全保障义务,造成消费者损害的,应当承担侵权责任。

第四十九条　经营者提供商品或者服务,造成消费者或者其他受害人人身伤害的,应当赔偿医疗费、护理费、交通费等为治疗和康复支出的合理费用,以及因误工减少的收入。造成残疾的,还应当赔偿残疾生活辅助具费和残疾赔偿金。造成死亡的,还应当赔偿丧葬费和死亡赔偿金。

第五十条　经营者侵害消费者的人格尊严、侵犯消费者人身自由或者侵害消费者个人信息依法得到保护的权利的,应当停止侵害、恢复名誉、消除影响、赔礼道歉,并赔偿损失。

第五十一条　经营者有侮辱诽谤、搜查身体、侵犯人身自由等侵害消费者或者其他受害人人身权益的行为,造成严重精神损害的,受害人可以要求精神损害赔偿。

第五十二条　经营者提供商品或者服务,造成消费者财产损害的,应当依照法律规定或者当事人约定承担修理、重作、更换、退货、补足商品数量、退还货款和服务费用或者赔偿损失等民事责任。

第五十三条　经营者以预收款方式提供商品或者服务的,应当按照约定提供。未按照约定提供的,应当按照消费者的要求履行约定或者退回预付款;并应当承担预付款的利息、消费者必须支付的合理费用。

第五十四条 依法经有关行政部门认定为不合格的商品,消费者要求退货的,经营者应当负责退货。

第五十五条 经营者提供商品或者服务有欺诈行为的,应当按照消费者的要求增加赔偿其受到的损失,增加赔偿的金额为消费者购买商品的价款或者接受服务的费用的三倍;增加赔偿的金额不足五百元的,为五百元。法律另有规定的,依照其规定。经营者明知商品或者服务存在缺陷,仍然向消费者提供,造成消费者或者其他受害人死亡或者健康严重损害的,受害人有权要求经营者依照本法第四十九条、第五十一条等法律规定赔偿损失,并有权要求所受损失二倍以下的惩罚性赔偿。

第五十六条 经营者有下列情形之一,除承担相应的民事责任外,其他有关法律、法规对处罚机关和处罚方式有规定的,依照法律、法规的规定执行;法律、法规未作规定的,由工商行政管理部门或者其他有关行政部门责令改正,可以根据情节单处或者并处警告、没收违法所得、处以违法所得一倍以上十倍以下的罚款,没有违法所得的,处五十万元以下的罚款;情节严重的,责令停业整顿、吊销营业执照:(一)提供的商品或者服务不符合保障人身、财产安全要求的;(二)在商品中掺杂、掺假,以假充真,以次充好,或者以不合格商品冒充合格商品的;(三)生产国家明令淘汰的商品或者销售失效、变质的商品的;(四)伪造商品的产地,伪造或者冒用他人的厂名、厂址,篡改生产日期,伪造或者冒用认证标志等质量标志的;(五)销售的商品应当检验、检疫而未检验、检疫或者伪造检验、检疫结果的;(六)对商品或者服务作虚假或者引人误解的宣传的;(七)拒绝或者拖延有关行政部门责令对缺陷商品或者服务采取停止销售、警示、召回、无害化处理、销毁、停止生产或者服务等措施的;(八)对消费者提出的修理、重作、更换、退货、补足商品数量、退还货款和服务费用或者赔偿损失的要求,故意拖延或者无理拒绝的;(九)侵害消费者人格尊严、侵犯消费者人身自由或者侵害消费者个人信息依法得到保护的权利的;(十)法律、法规规定的对损害消费者权益应当予以处罚的其他情形。经营者有前款规定情形的,除依照法律、法规规定予以处罚外,处罚机关应当记入信用档案,向社会公布。

第五十七条 经营者违反本法规定提供商品或者服务,侵害消费者合法权益,构成犯罪的,依法追究刑事责任。

第五十八条 经营者违反本法规定,应当承担民事赔偿责任和缴纳罚款、罚金,其财产不足以同时支付的,先承担民事赔偿责任。

第五十九条 经营者对行政处罚决定不服的,可以依法申请行政复议或者提起行政诉讼。

第六十条 以暴力、威胁等方法阻碍有关行政部门工作人员依法执行职务的,依法追究刑事责任;拒绝、阻碍有关行政部门工作人员依法执行职务,未使用暴力、威胁方法的,由公安机关依照《中华人民共和国治安管理处罚法》的规定处罚。

第六十一条 国家机关工作人员玩忽职守或者包庇经营者侵害消费者合法权益的行为的,由其所在单位或者上级机关给予行政处分;情节严重,构成犯罪的,依法追究刑事责任。

第八章 附 则

第六十二条 农民购买、使用直接用于农业生产的生产资料,参照本法执行。

第六十三条 本法自 1994 年 1 月 1 日起施行。

中华人民共和国民法典（节录）

（2020年5月28日第十三届全国人民代表大会第三次会议通过　自2021年1月1日起施行）

第五条　民事主体从事民事活动，应当遵循自愿原则，按照自己的意思设立、变更、终止民事法律关系。

第六条　民事主体从事民事活动，应当遵循公平原则，合理确定各方的权利和义务。

第七条　民事主体从事民事活动，应当遵循诚信原则，秉持诚实，恪守承诺。

......

第五十八条　法人应当依法成立。

法人应当有自己的名称、组织机构、住所、财产或者经费。法人成立的具体条件和程序，依照法律、行政法规的规定。

设立法人，法律、行政法规规定须经有关机关批准的，依照其规定。

......

第一百二十八条　法律对未成年人、老年人、残疾人、妇女、消费者等的民事权利保护有特别规定的，依照其规定。

......

第一百八十六条　因当事人一方的违约行为，损害对方人身权益、财产权益的，受损害方有权选择请求其承担违约责任或者侵权责任。

......

第四百九十六条　格式条款是当事人为了重复使用而预先拟定，并在订立合同时未与对方协商的条款。

采用格式条款订立合同的，提供格式条款的一方应当遵循公平原则确定当事人之间的权利和义务，并采取合理的方式提示对方注意免除或者减轻其责任等与对方有重大利害关系的条款，按照对方的要求，对该条款予以说明。提供格式条款的一方未履行提示或者说明义务，致使对方没有注意或者理解与其有重大利害关系的条款的，对方可以主张该条款不成为合同的内容。

......

第五百零九条　当事人应当按照约定全面履行自己的义务。

当事人应当遵循诚信原则，根据合同的性质、目的和交易习惯履行通知、协助、保密等义务。

当事人在履行合同过程中，应当避免浪费资源、污染环境和破坏生态。

......

第五百七十七条 当事人一方不履行合同义务或者履行合同义务不符合约定的,应当承担继续履行、采取补救措施或者赔偿损失等违约责任。

第五百七十八条 当事人一方明确表示或者以自己的行为表明不履行合同义务的,对方可以在履行期限届满前请求其承担违约责任。

第五百七十九条 当事人一方未支付价款、报酬、租金、利息,或者不履行其他金钱债务的,对方可以请求其支付。

……

第五百八十二条 履行不符合约定的,应当按照当事人的约定承担违约责任。对违约责任没有约定或者约定不明确,依据本法第五百一十条的规定仍不能确定的,受损害方根据标的的性质以及损失的大小,可以合理选择请求对方承担修理、重作、更换、退货、减少价款或者报酬等违约责任。

第五百八十三条 当事人一方不履行合同义务或者履行合同义务不符合约定的,在履行义务或者采取补救措施后,对方还有其他损失的,应当赔偿损失。

第五百八十四条 当事人一方不履行合同义务或者履行合同义务不符合约定,造成对方损失的,损失赔偿额应当相当于因违约所造成的损失,包括合同履行后可以获得的利益;但是,不得超过违约一方订立合同时预见到或者应当预见到的因违约可能造成的损失。

第五百八十五条 当事人可以约定一方违约时应当根据违约情况向对方支付一定数额的违约金,也可以约定因违约产生的损失赔偿额的计算方法。

约定的违约金低于造成的损失的,人民法院或者仲裁机构可以根据当事人的请求予以增加;约定的违约金过分高于造成的损失的,人民法院或者仲裁机构可以根据当事人的请求予以适当减少。

……

第五百九十五条 买卖合同是出卖人转移标的物的所有权于买受人,买受人支付价款的合同。

第五百九十六条 买卖合同的内容一般包括标的物的名称、数量、质量、价款、履行期限、履行地点和方式、包装方式、检验标准和方法、结算方式、合同使用的文字及其效力等条款。

第五百九十七条 因出卖人未取得处分权致使标的物所有权不能转移的,买受人可以解除合同并请求出卖人承担违约责任。

法律、行政法规禁止或者限制转让的标的物,依照其规定。

第五百九十八条 出卖人应当履行向买受人交付标的物或者交付提取标的物的单证,并转移标的物所有权的义务。

第五百九十九条 出卖人应当按照约定或者交易习惯向买受人交付提取标的物单证以外的有关单证和资料。

第六百条 出卖具有知识产权的标的物的,除法律另有规定或者当事人另有约定外,该标的物的知识产权不属于买受人。

第六百零一条 出卖人应当按照约定的时间交付标的物。约定交付期限的,出卖人可以在该交付期限内的任何时间交付。

第六百零二条 当事人没有约定标的物的交付期限或者约定不明确的,适用本法第五百一十条、第五百一十一条第四项的规定。

第六百零三条 出卖人应当按照约定的地点交付标的物。

当事人没有约定交付地点或者约定不明确,依据本法第五百一十条的规定仍不能确定的,适用下列规定:

(一)标的物需要运输的,出卖人应当将标的物交付给第一承运人以运交给买受人;

(二)标的物不需要运输,出卖人和买受人订立合同时知道标的物在某一地点的,出卖人应当在该地点交付标的物;不知道标的物在某一地点的,应当在出卖人订立合同时的营业地交付标的物。

第六百零四条 标的物毁损、灭失的风险,在标的物交付之前由出卖人承担,交付之后由买受人承担,但是法律另有规定或者当事人另有约定的除外。

第六百零五条 因买受人的原因致使标的物未按照约定的期限交付的,买受人应当自违反约定时起承担标的物毁损、灭失的风险。

第六百零六条 出卖人出卖交由承运人运输的在途标的物,除当事人另有约定外,毁损、灭失的风险自合同成立时起由买受人承担。

第六百零七条 出卖人按照约定将标的物运送至买受人指定地点并交付给承运人后,标的物毁损、灭失的风险由买受人承担。

当事人没有约定交付地点或者约定不明确,依据本法第六百零三条第二款第一项的规定标的物需要运输的,出卖人将标的物交付给第一承运人后,标的物毁损、灭失的风险由买受人承担。

第六百零八条 出卖人按照约定或者依据本法第六百零三条第二款第二项的规定将标的物置于交付地点,买受人违反约定没有收取的,标的物毁损、灭失的风险自违反约定时起由买受人承担。

第六百零九条 出卖人按照约定未交付有关标的物的单证和资料的,不影响标的物毁损、灭失风险的转移。

第六百一十条 因标的物不符合质量要求,致使不能实现合同目的的,买受人可以拒绝接受标的物或者解除合同。买受人拒绝接受标的物或者解除合同的,标的物毁损、灭失的风险由出卖人承担。

第六百一十一条 标的物毁损、灭失的风险由买受人承担的,不影响因出卖人履行义务不符合约定,买受人请求其承担违约责任的权利。

第六百一十二条 出卖人就交付的标的物,负有保证第三人对该标的物不享有任何权利的义务,但是法律另有规定的除外。

第六百一十三条 买受人订立合同时知道或者应当知道第三人对买卖的标的物享有权利的,出卖人不承担前条规定的义务。

第六百一十四条 买受人有确切证据证明第三人对标的物享有权利的,可以中止支付相应的价款,但是出卖人提供适当担保的除外。

第六百一十五条 出卖人应当按照约定的质量要求交付标的物。出卖人提供有关标的物质量说明的,交付的标的物应当符合该说明的质量要求。

第六百一十六条 当事人对标的物的质量要求没有约定或者约定不明确,依据本法第五百一十条的规定仍不能确定的,适用本法第五百一十一条第一项的规定。

第六百一十七条 出卖人交付的标的物不符合质量要求的,买受人可以依据本法第五百八十二条至第五百八十四条的规定请求承担违约责任。

第六百一十八条 当事人约定减轻或者免除出卖人对标的物瑕疵承担的责任,因出卖人故意或者重大过失不告知买受人标的物瑕疵的,出卖人无权主张减轻或者免除责任。

第六百一十九条 出卖人应当按照约定的包装方式交付标的物。对包装方式没有约定或者约定不明确,依据本法第五百一十条的规定仍不能确定的,应当按照通用的方式包装;没有通用方式的,应当采取足以保护标的物且有利于节约资源、保护生态环境的包装方式。

第六百二十条 买受人收到标的物时应当在约定的检验期限内检验。没有约定检验期限的,应当及时检验。

第六百二十一条 当事人约定检验期限的,买受人应当在检验期限内将标的物的数量或者质量不符合约定的情形通知出卖人。买受人怠于通知的,视为标的物的数量或者质量符合约定。

当事人没有约定检验期限的,买受人应当在发现或者应当发现标的物的数量或者质量不符合约定的合理期限内通知出卖人。买受人在合理期限内未通知或者自收到标的物之日起二年内未通知出卖人的,视为标的物的数量或者质量符合约定;但是,对标的物有质量保证期的,适用质量保证期,不适用该二年的规定。

出卖人知道或者应当知道提供的标的物不符合约定的,买受人不受前两款规定的通知时间的限制。

第六百二十二条 当事人约定的检验期限过短,根据标的物的性质和交易习惯,买受人在检验期限内难以完成全面检验的,该期限仅视为买受人对标的物的外观瑕疵提出异议的期限。

约定的检验期限或者质量保证期短于法律、行政法规规定期限的,应当以法律、行政法规规定的期限为准。

第六百二十三条 当事人对检验期限未作约定,买受人签收的送货单、确认单等载明标的物数量、型号、规格的,推定买受人已经对数量和外观瑕疵进行检验,但是有相关证据足以推翻的除外。

第六百二十四条 出卖人依照买受人的指示向第三人交付标的物,出卖人和买受人约定的检验标准与买受人和第三人约定的检验标准不一致的,以出卖人和买受人约定的检验标准为准。

第六百二十五条 依照法律、行政法规的规定或者按照当事人的约定,标的物在有效使用年限届满后应予回收的,出卖人负有自行或者委托第三人对标的物予以回收的义务。

第六百二十六条 买受人应当按照约定的数额和支付方式支付价款。对价款的数额和支付方式没有约定或者约定不明确的,适用本法第五百一十条、第五百一十一条第二项和第五项的规定。

第六百二十七条　买受人应当按照约定的地点支付价款。对支付地点没有约定或者约定不明确,依据本法第五百一十条的规定仍不能确定的,买受人应当在出卖人的营业地支付;但是,约定支付价款以交付标的物或者交付提取标的物单证为条件的,在交付标的物或者交付提取标的物单证的所在地支付。

第六百二十八条　买受人应当按照约定的时间支付价款。对支付时间没有约定或者约定不明确,依据本法第五百一十条的规定仍不能确定的,买受人应当在收到标的物或者提取标的物单证的同时支付。

第六百二十九条　出卖人多交标的物的,买受人可以接收或者拒绝接收多交的部分。买受人接收多交部分的,按照约定的价格支付价款;买受人拒绝接收多交部分的,应当及时通知出卖人。

第六百三十条　标的物在交付之前产生的孳息,归出卖人所有;交付之后产生的孳息,归买受人所有。但是,当事人另有约定的除外。

第六百三十一条　因标的物的主物不符合约定而解除合同的,解除合同的效力及于从物。因标的物的从物不符合约定被解除的,解除的效力不及于主物。

第六百三十二条　标的物为数物,其中一物不符合约定的,买受人可以就该物解除。但是,该物与他物分离使标的物的价值显受损害的,买受人可以就数物解除合同。

第六百三十三条　出卖人分批交付标的物的,出卖人对其中一批标的物不交付或者交付不符合约定,致使该批标的物不能实现合同目的的,买受人可以就该批标的物解除。

出卖人不交付其中一批标的物或者交付不符合约定,致使之后其他各批标的物的交付不能实现合同目的的,买受人可以就该批以及之后其他各批标的物解除。

买受人如果就其中一批标的物解除,该批标的物与其他各批标的物相互依存的,可以就已经交付和未交付的各批标的物解除。

第六百三十四条　分期付款的买受人未支付到期价款的数额达到全部价款的五分之一,经催告后在合理期限内仍未支付到期价款的,出卖人可以请求买受人支付全部价款或者解除合同。

出卖人解除合同的,可以向买受人请求支付该标的物的使用费。

第六百三十五条　凭样品买卖的当事人应当封存样品,并可以对样品质量予以说明。出卖人交付的标的物应当与样品及其说明的质量相同。

第六百三十六条　凭样品买卖的买受人不知道样品有隐蔽瑕疵的,即使交付的标的物与样品相同,出卖人交付的标的物的质量仍然应当符合同种物的通常标准。

第六百三十七条　试用买卖的当事人可以约定标的物的试用期限。对试用期限没有约定或者约定不明确,依据本法第五百一十条的规定仍不能确定的,由出卖人确定。

第六百三十八条　试用买卖的买受人在试用期内可以购买标的物,也可以拒绝购买。试用期限届满,买受人对是否购买标的物未作表示的,视为购买。

试用买卖的买受人在试用期内已经支付部分价款或者对标的物实施出卖、出租、设立担保物权等行为的,视为同意购买。

第六百三十九条 试用买卖的当事人对标的物使用费没有约定或者约定不明确的,出卖人无权请求买受人支付。

第六百四十条 标的物在试用期内毁损、灭失的风险由出卖人承担。

第六百四十一条 当事人可以在买卖合同中约定买受人未履行支付价款或者其他义务的,标的物的所有权属于出卖人。

出卖人对标的物保留的所有权,未经登记,不得对抗善意第三人。

第六百四十二条 当事人约定出卖人保留合同标的物的所有权,在标的物所有权转移前,买受人有下列情形之一,造成出卖人损害的,除当事人另有约定外,出卖人有权取回标的物:

(一)未按照约定支付价款,经催告后在合理期限内仍未支付;

(二)未按照约定完成特定条件;

(三)将标的物出卖、出质或者作出其他不当处分。

出卖人可以与买受人协商取回标的物;协商不成的,可以参照适用担保物权的实现程序。

第六百四十三条 出卖人依据前条第一款的规定取回标的物后,买受人在双方约定或者出卖人指定的合理回赎期限内,消除出卖人取回标的物的事由的,可以请求回赎标的物。

买受人在回赎期限内没有回赎标的物,出卖人可以以合理价格将标的物出卖给第三人,出卖所得价款扣除买受人未支付的价款以及必要费用后仍有剩余的,应当返还买受人;不足部分由买受人清偿。

第六百四十四条 招标投标买卖的当事人的权利和义务以及招标投标程序等,依照有关法律、行政法规的规定。

第六百四十五条 拍卖的当事人的权利和义务以及拍卖程序等,依照有关法律、行政法规的规定。

第六百四十六条 法律对其他有偿合同有规定的,依照其规定;没有规定的,参照适用买卖合同的有关规定。

第六百四十七条 当事人约定易货交易,转移标的物的所有权的,参照适用买卖合同的有关规定。

……

第六百五十七条 赠与合同是赠与人将自己的财产无偿给予受赠人,受赠人表示接受赠与的合同。

……

第六百六十二条 赠与的财产有瑕疵的,赠与人不承担责任。附义务的赠与,赠与的财产有瑕疵的,赠与人在附义务的限度内承担与出卖人相同的责任。

赠与人故意不告知瑕疵或者保证无瑕疵,造成受赠人损失的,应当承担赔偿责任。

……

第九百九十条 人格权是民事主体享有的生命权、身体权、健康权、姓名权、名称权、肖像权、名誉权、荣誉权、隐私权等权利。

……

第一千零三十四条 自然人的个人信息受法律保护。

个人信息是以电子或者其他方式记录的能够单独或者与其他信息结合识别特定自然人的各种信息，包括自然人的姓名、出生日期、身份证件号码、生物识别信息、住址、电话号码、电子邮箱、健康信息、行踪信息等。

个人信息中的私密信息，适用有关隐私权的规定；没有规定的，适用有关个人信息保护的规定。

……

第一千一百八十三条 侵害自然人人身权益造成严重精神损害的，被侵权人有权请求精神损害赔偿。

因故意或者重大过失侵害自然人具有人身意义的特定物造成严重精神损害的，被侵权人有权请求精神损害赔偿。

……

第一千一百九十八条 宾馆、商场、银行、车站、机场、体育场馆、娱乐场所等经营场所、公共场所的经营者、管理者或者群众性活动的组织者，未尽到安全保障义务，造成他人损害的，应当承担侵权责任。

因第三人的行为造成他人损害的，由第三人承担侵权责任；经营者、管理者或者组织者未尽到安全保障义务的，承担相应的补充责任。经营者、管理者或者组织者承担补充责任后，可以向第三人追偿。

……

第一千二百零二条 因产品存在缺陷造成他人损害的，生产者应当承担侵权责任。

第一千二百零三条 因产品存在缺陷造成他人损害的，被侵权人可以向产品的生产者请求赔偿，也可以向产品的销售者请求赔偿。

产品缺陷由生产者造成的，销售者赔偿后，有权向生产者追偿。因销售者的过错使产品存在缺陷的，生产者赔偿后，有权向销售者追偿。

第一千二百零四条 因运输者、仓储者等第三人的过错使产品存在缺陷，造成他人损害的，产品的生产者、销售者赔偿后，有权向第三人追偿。

第一千二百零五条 因产品缺陷危及他人人身、财产安全的，被侵权人有权请求生产者、销售者承担停止侵害、排除妨碍、消除危险等侵权责任。

第一千二百零六条 产品投入流通后发现存在缺陷的，生产者、销售者应当及时采取停止销售、警示、召回等补救措施；未及时采取补救措施或者补救措施不力造成损害扩大的，对扩大的损害也应当承担侵权责任。

依据前款规定采取召回措施的，生产者、销售者应当负担被侵权人因此支出的必要费用。

第一千二百零七条 明知产品存在缺陷仍然生产、销售，或者没有依据前条规定采取有效补救措施，造成他人死亡或者健康严重损害的，被侵权人有权请求相应的惩罚性赔偿。

中华人民共和国反不正当竞争法

（1993年9月2日第八届全国人民代表大会常务委员会第三次会议通过 2017年11月4日第十二届全国人民代表大会常务委员会第三十次会议修订）

第一章 总 则

第一条 为了促进社会主义市场经济健康发展，鼓励和保护公平竞争，制止不正当竞争行为，保护经营者和消费者的合法权益，制定本法。

第二条 经营者在生产经营活动中，应当遵循自愿、平等、公平、诚信的原则，遵守法律和商业道德。本法所称的不正当竞争行为，是指经营者在生产经营活动中，违反本法规定，扰乱市场竞争秩序，损害其他经营者或者消费者的合法权益的行为。本法所称的经营者，是指从事商品生产、经营或者提供服务（以下所称商品包括服务）的自然人、法人和非法人组织。

第三条 各级人民政府应当采取措施，制止不正当竞争行为，为公平竞争创造良好的环境和条件。国务院建立反不正当竞争工作协调机制，研究决定反不正当竞争重大政策，协调处理维护市场竞争秩序的重大问题。

第四条 县级以上人民政府履行工商行政管理职责的部门对不正当竞争行为进行查处；法律、行政法规规定由其他部门查处的，依照其规定。

第五条 国家鼓励、支持和保护一切组织和个人对不正当竞争行为进行社会监督。国家机关及其工作人员不得支持、包庇不正当竞争行为。行业组织应当加强行业自律，引导、规范会员依法竞争，维护市场竞争秩序。

第二章 不正当竞争行为

第六条 经营者不得实施下列混淆行为，引人误认为是他人商品或者与他人存在特定联系：（一）擅自使用与他人有一定影响的商品名称、包装、装潢等相同或者近似的标识；（二）擅自使用他人有一定影响的企业名称（包括简称、字号等）、社会组织名称（包括简称等）、姓名（包括笔名、艺名、译名等）；（三）擅自使用他人有一定影响的域名主体部分、网站名称、网页等；（四）其他足以引人误认为是他人商品或者与他人存在特定联系的混淆行为。

第七条 经营者不得采用财物或者其他手段贿赂下列单位或者个人，以谋取交易机会或者竞争优势：（一）交易相对方的工作人员；（二）受交易相对方委托办理相关事务的单位或者个人；（三）利用职权或者影响力影响交易的单位或者个人。经营者在交易活动中，可以以明示方式向交易相对方支付折扣,或者向中间人支付佣金。经营者向交易相对方支付折扣、向中间人支付佣金的,应当如实入账。接受折扣、佣金的经营者也应当如实入账。经营者的工作人员进行贿赂的,应当认定为经营者的行为;但是,经营者有证据证明该工作人员的行为与为经营者谋取交易机会或者竞争优势无关的除外。

第八条 经营者不得对其商品的性能、功能、质量、销售状况、用户评价、曾获荣誉等作虚假或者引人误解的商业宣传,欺骗、误导消费者。经营者不得通过组织虚假交易等方式,帮助其他经营者进行虚假或者引人误解的商业宣传。

第九条 经营者不得实施下列侵犯商业秘密的行为:(一)以盗窃、贿赂、欺诈、胁迫、电子侵入或者其他不正当手段获取权利人的商业秘密;(二)披露、使用或者允许他人使用以前项手段获取的权利人的商业秘密;(三)违反保密义务或者违反权利人有关保守商业秘密的要求,披露、使用或者允许他人使用其所掌握的商业秘密;(四)教唆、引诱、帮助他人违反保密义务或者违反权利人有关保守商业秘密的要求,获取、披露、使用或者允许他人使用权利人的商业秘密。经营者以外的其他自然人、法人和非法人组织实施前款所列违法行为的,视为侵犯商业秘密。第三人明知或者应知商业秘密权利人的员工、前员工或者其他单位、个人实施本条第一款所列违法行为,仍获取、披露、使用或者允许他人使用该商业秘密的,视为侵犯商业秘密。本法所称的商业秘密,是指不为公众所知悉、具有商业价值并经权利人采取相应保密措施的技术信息、经营信息等商业信息。

第十条 经营者进行有奖销售不得存在下列情形:(一)所设奖的种类、兑奖条件、奖金金额或者奖品等有奖销售信息不明确,影响兑奖;(二)采用谎称有奖或者故意让内定人员中奖的欺骗方式进行有奖销售;(三)抽奖式的有奖销售,最高奖的金额超过五万元。

第十一条 经营者不得编造、传播虚假信息或者误导性信息,损害竞争对手的商业信誉、商品声誉。

第十二条 经营者利用网络从事生产经营活动,应当遵守本法的各项规定。经营者不得利用技术手段,通过影响用户选择或者其他方式,实施下列妨碍、破坏其他经营者合法提供的网络产品或者服务正常运行的行为:(一)未经其他经营者同意,在其合法提供的网络产品或者服务中,插入链接、强制进行目标跳转;(二)误导、欺骗、强迫用户修改、关闭、卸载其他经营者合法提供的网络产品或者服务;(三)恶意对其他经营者合法提供的网络产品或者服务实施不兼容;(四)其他妨碍、破坏其他经营者合法提供的网络产品或者服务正常运行的行为。

第三章 对涉嫌不正当竞争行为的调查

第十三条 监督检查部门调查涉嫌不正当竞争行为,可以采取下列措施:(一)进入涉嫌不正当竞争行为的经营场所进行检查;(二)询问被调查的经营者、利害关系人及其他有关单位、个人,要求其说明有关情况或者提供与被调查行为有关的其他资料;(三)查询、复制与涉嫌不正当竞争行为有关的协议、账簿、单据、文件、记录、业务函电和其他资料;(四)查封、扣押与涉嫌不正当竞争行为有关的财物;(五)查询涉嫌不正当竞争行为的经营者的银行账户。采取前款规定的措施,应当向监督检查部门主要负责人书面报告,并经批准。采取前款第四项、第五项规定的措施,应当向设区的市级以上人民政府监督检查部门主要负责人书面报告,并经批准。监督检查部门调查涉嫌不正当竞争行为,应当遵守《中华人民共和国行政强制法》和其他有关法律、行政法规的规定,并应当将查处结果及时向社会公开。

第十四条 监督检查部门调查涉嫌不正当竞争行为,被调查的经营者、利害关系人及其他有关单位、个人应当如实提供有关资料或者情况。

第十五条 监督检查部门及其工作人员对调查过程中知悉的商业秘密负有保密义务。

第十六条 对涉嫌不正当竞争行为,任何单位和个人有权向监督检查部门举报,监督检查部门接到举报后应当依法及时处理。监督检查部门应当向社会公开受理举报的电话、信箱或者电子邮件地址,并为举报人保密。对实名举报并提供相关事实和证据的,监督检查部门应当将处理结果告知举报人。

第四章　法　律　责　任

第十七条 经营者违反本法规定,给他人造成损害的,应当依法承担民事责任。经营者的合法权益受到不正当竞争行为损害的,可以向人民法院提起诉讼。因不正当竞争行为受到损害的经营者的赔偿数额,按照其因被侵权所受到的实际损失确定;实际损失难以计算的,按照侵权人因侵权所获得的利益确定。经营者恶意实施侵犯商业秘密行为,情节严重的,可以在按照上述方法确定数额的一倍以上五倍以下确定赔偿数额。赔偿数额还应当包括经营者为制止侵权行为所支付的合理开支。经营者违反本法第六条、第九条规定,权利人因被侵权所受到的实际损失、侵权人因侵权所获得的利益难以确定的,由人民法院根据侵权行为的情节判决给予权利人五百万元以下的赔偿。

第十八条 经营者违反本法第六条规定实施混淆行为的,由监督检查部门责令停止违法行为,没收违法商品。违法经营额五万元以上的,可以并处违法经营额五倍以下的罚款;没有违法经营额或者违法经营额不足五万元的,可以并处二十五万元以下的罚款。情节严重的,吊销营业执照。经营者登记的企业名称违反本法第六条规定的,应当及时办理名称变更登记;名称变更前,由原企业登记机关以统一社会信用代码代替其名称。

第十九条 经营者违反本法第七条规定贿赂他人的,由监督检查部门没收违法所得,处十万元以上三百万元以下的罚款。情节严重的,吊销营业执照。

第二十条 经营者违反本法第八条规定对其商品作虚假或者引人误解的商业宣传,或者通过组织虚假交易等方式帮助其他经营者进行虚假或者引人误解的商业宣传的,由监督检查部门责令停止违法行为,处二十万元以上一百万元以下的罚款;情节严重的,处一百万元以上二百万元以下的罚款,可以吊销营业执照。经营者违反本法第八条规定,属于发布虚假广告的,依照《中华人民共和国广告法》的规定处罚。

第二十一条 经营者以及其他自然人、法人和非法人组织违反本法第九条规定侵犯商业秘密的,由监督检查部门责令停止违法行为,没收违法所得,处十万元以上一百万元以下的罚款;情节严重的,处五十万元以上五百万元以下的罚款。

第二十二条　经营者违反本法第十条规定进行有奖销售的,由监督检查部门责令停止违法行为,处五万元以上五十万元以下的罚款。

第二十三条　经营者违反本法第十一条规定损害竞争对手商业信誉、商品声誉的,由监督检查部门责令停止违法行为、消除影响,处十万元以上五十万元以下的罚款;情节严重的,处五十万元以上三百万元以下的罚款。

第二十四条　经营者违反本法第十二条规定妨碍、破坏其他经营者合法提供的网络产品或者服务正常运行的,由监督检查部门责令停止违法行为,处十万元以上五十万元以下的罚款;情节严重的,处五十万元以上三百万元以下的罚款。

第二十五条　经营者违反本法规定从事不正当竞争,有主动消除或者减轻违法行为危害后果等法定情形的,依法从轻或者减轻行政处罚;违法行为轻微并及时纠正,没有造成危害后果的,不予行政处罚。

第二十六条　经营者违反本法规定从事不正当竞争,受到行政处罚的,由监督检查部门记入信用记录,并依照有关法律、行政法规的规定予以公示。

第二十七条　经营者违反本法规定,应当承担民事责任、行政责任和刑事责任,其财产不足以支付的,优先用于承担民事责任。

第二十八条　妨害监督检查部门依照本法履行职责,拒绝、阻碍调查的,由监督检查部门责令改正,对个人可以处五千元以下的罚款,对单位可以处五万元以下的罚款,并可以由公安机关依法给予治安管理处罚。

第二十九条　当事人对监督检查部门作出的决定不服的,可以依法申请行政复议或者提起行政诉讼。

第三十条　监督检查部门的工作人员滥用职权、玩忽职守、徇私舞弊或者泄露调查过程中知悉的商业秘密的,依法给予处分。

第三十一条　违反本法规定,构成犯罪的,依法追究刑事责任。

第三十二条　在侵犯商业秘密的民事审判程序中,商业秘密权利人提供初步证据,证明其已经对所主张的商业秘密采取保密措施,且合理表明商业秘密被侵犯,涉嫌侵权人应当证明权利人所主张的商业秘密不属于本法规定的商业秘密。商业秘密权利人提供初步证据合理表明商业秘密被侵犯,且提供以下证据之一的,涉嫌侵权人应当证明其不存在侵犯商业秘密的行为:(一)有证据表明涉嫌侵权人有渠道或者机会获取商业秘密,且其使用的信息与该商业秘密实质上相同;(二)有证据表明商业秘密已经被涉嫌侵权人披露、使用或者有被披露、使用的风险;(三)有其他证据表明商业秘密被涉嫌侵权人侵犯。

第五章　附　　则

第三十三条　本法自 2018 年 1 月 1 日起施行。

网络购买商品七天无理由退货暂行办法

(2017年1月6日国家工商行政管理总局令第90号公布 自2017年3月15日起实施)

第一章 总 则

第一条 为保障《消费者权益保护法》七日无理由退货规定的实施,保护消费者合法权益,促进电子商务健康发展,根据《消费者权益保护法》等相关法律、行政法规,制定本办法。

第二条 消费者为生活消费需要通过网络购买商品,自收到商品之日起七日内依照《消费者权益保护法》第二十五条规定退货的,适用本办法。

第三条 网络商品销售者应当依法履行七日无理由退货义务。

网络交易平台提供者应当引导和督促平台上的网络商品销售者履行七日无理由退货义务,进行监督检查,并提供技术保障。

第四条 消费者行使七日无理由退货权利和网络商品销售者履行七日无理由退货义务都应当遵循公平、诚实信用的原则,遵守商业道德。

第五条 鼓励网络商品销售者作出比本办法更有利于消费者的无理由退货承诺。

第二章 不适用退货的商品范围和商品完好标准

第六条 下列商品不适用七日无理由退货规定:
(一)消费者定作的商品;
(二)鲜活易腐的商品;
(三)在线下载或者消费者拆封的音像制品、计算机软件等数字化商品;
(四)交付的报纸、期刊。

第七条 下列性质的商品经消费者在购买时确认,可以不适用七日无理由退货规定:
(一)拆封后易影响人身安全或者生命健康的商品,或者拆封后易导致商品品质发生改变的商品;
(二)一经激活或者试用后价值贬损较大的商品;
(三)销售时已明示的临近保质期的商品、有瑕疵的商品。

第八条 消费者退回的商品应当完好。

商品能够保持原有品质、功能,商品本身、配件、商标标识齐全的,视为商品完好。

消费者基于查验需要而打开商品包装,或者为确认商品的品质、功能而进行合理的调试不影响商品的完好。

第九条　对超出查验和确认商品品质、功能需要而使用商品,导致商品价值贬损较大的,视为商品不完好。具体判定标准如下:

(一)食品(含保健食品)、化妆品、医疗器械、计生用品:必要的一次性密封包装被损坏;

(二)电子电器类:进行未经授权的维修、改动、破坏、涂改强制性产品认证标志、指示标贴、机器序列号等,有难以恢复原状的外观类使用痕迹,或者产生激活、授权信息、不合理的个人使用数据留存等数据类使用痕迹;

(三)服装、鞋帽、箱包、玩具、家纺、家居类:商标标识被摘、标识被剪,商品受污、受损。

第三章　退货程序

第十条　选择无理由退货的消费者应当自收到商品之日起七日内向网络商品销售者发出退货通知。

七日期间自消费者签收商品的次日开始起算。

第十一条　网络商品销售者收到退货通知后应当及时向消费者提供真实、准确的退货地址、退货联系人、退货联系电话等有效联系信息。

消费者获得上述信息后应当及时退回商品,并保留退货凭证。

第十二条　消费者退货时应当将商品本身、配件及赠品一并退回。

赠品包括赠送的实物、积分、代金券、优惠券等形式。如果赠品不能一并退回,经营者可以要求消费者按照事先标明的赠品价格支付赠品价款。

第十三条　消费者退回的商品完好的,网络商品销售者应当在收到退回商品之日起七日内向消费者返还已支付的商品价款。

第十四条　退款方式比照购买商品的支付方式。经营者与消费者另有约定的,从其约定。

购买商品时采用多种方式支付价款的,一般应当按照各种支付方式的实际支付价款以相应方式退款。

除征得消费者明确表示同意的以外,网络商品销售者不应当自行指定其他退款方式。

第十五条　消费者采用积分、代金券、优惠券等形式支付价款的,网络商品销售者在消费者退还商品后应当以相应形式返还消费者。对积分、代金券、优惠券的使用和返还有约定的,可以从其约定。

第十六条　消费者购买商品时采用信用卡支付方式并支付手续费的,网络商品销售者退款时可以不退回手续费。

消费者购买商品时采用信用卡支付方式并被网络商品销售者免除手续费的,网络商品销售者可以在退款时扣除手续费。

第十七条　退货价款以消费者实际支出的价款为准。

套装或者满减优惠活动中的部分商品退货,导致不能再享受优惠的,根据购买时各商品价格进行结算,多退少补。

第十八条 商品退回所产生的运费依法由消费者承担。经营者与消费者另有约定的,按照约定。

消费者参加满足一定条件免运费活动,但退货后已不能达到免运费活动要求的,网络商品销售者在退款时可以扣除运费。

第十九条 网络商品销售者可以与消费者约定退货方式,但不应当限制消费者的退货方式。

网络商品销售者可以免费上门取货,也可以征得消费者同意后有偿上门取货。

第四章 特别规定

第二十条 网络商品销售者应当采取技术手段或者其他措施,对于本办法第六条规定的不适用七日无理由退货的商品进行明确标注。

符合本办法第七条规定的商品,网络商品销售者应当在商品销售必经流程中设置显著的确认程序,供消费者对单次购买行为进行确认。如无确认,网络商品销售者不得拒绝七日无理由退货。

第二十一条 网络交易平台提供者应当与其平台上的网络商品销售者订立协议,明确双方七日无理由退货各自的权利、义务和责任。

第二十二条 网络交易平台提供者应当依法建立、完善其平台七日无理由退货规则以及配套的消费者权益保护有关制度,在其平台上显著位置明示,并从技术上保证消费者能够便利、完整地阅览和保存。

第二十三条 网络交易平台提供者应当对其平台上的网络商品销售者履行七日无理由退货义务建立检查监控制度,发现有违反相关法律、法规、规章的,应当及时采取制止措施,并向网络交易平台提供者或者网络商品销售者所在地工商行政管理部门报告,必要时可以停止对其提供平台服务。

第二十四条 网络交易平台提供者应当建立消费纠纷和解和消费维权自律制度。消费者在网络交易平台上购买商品,因退货而发生消费纠纷或其合法权益受到损害时,要求网络交易平台提供者调解的,网络交易平台提供者应当调解;消费者通过其他渠道维权的,网络交易平台提供者应当向消费者提供其平台上的网络商品销售者的真实名称、地址和有效联系方式,积极协助消费者维护自身合法权益。

第二十五条 网络商品销售者应当建立完善的七日无理由退货商品检验和处理程序。

对能够完全恢复到初始销售状态的七日无理由退货商品,可以作为全新商品再次销售;对不能够完全恢复到初始销售状态的七日无理由退货商品而再次销售的,应当通过显著的方式将商品的实际情况明确标注。

第五章 监督检查

第二十六条 工商行政管理部门应当加强对网络商品销售者和网络交易平台提供者

经营行为的监督检查,督促和引导其建立健全经营者首问和赔偿先付制度,依法履行网络购买商品七日无理由退货义务。

第二十七条　工商行政管理部门应当及时受理和依法处理消费者有关七日无理由退货的投诉、举报。

第二十八条　工商行政管理部门应当依照公正、公开、及时的原则,综合运用建议、约谈、示范等方式,加强对网络商品销售者和网络交易平台提供者履行七日无理由退货法定义务的行政指导。

第二十九条　工商行政管理部门在对网络商品交易的监督检查中,发现经营者存在拒不履行七日无理由退货义务,侵害消费者合法权益行为的,应当依法进行查处,同时将相关处罚信息计入信用档案,向社会公布。

第六章　法 律 责 任

第三十条　网络商品销售者违反本办法第六条、第七条规定,擅自扩大不适用七日无理由退货的商品范围的,按照《消费者权益保护法》第五十六条第一款第(八)项规定予以处罚。

第三十一条　网络商品销售者违反本办法规定,有下列情形之一的,依照《消费者权益保护法》第五十六条第一款第(八)项规定予以处罚:

(一)未经消费者在购买时确认,擅自以商品不适用七日无理由退货为由拒绝退货,或者以消费者已拆封、查验影响商品完好为由拒绝退货的;

(二)自收到消费者退货要求之日起超过十五日未办理退货手续,或者未向消费者提供真实、准确的退货地址、退货联系人等有效联系信息,致使消费者无法办理退货手续的;

(三)在收到退回商品之日起超过十五日未向消费者返还已支付的商品价款的。

第三十二条　网络交易平台提供者违反本办法第二十二条规定,未在其平台显著位置明示七日无理由退货规则及配套的有关制度,或者未在技术上保证消费者能够便利、完整地阅览和保存的,予以警告,责令改正;拒不改正的,处以一万元以上三万元以下的罚款。

第三十三条　网络商品销售者违反本办法第二十五条规定,销售不能够完全恢复到初始状态的无理由退货商品,且未通过显著的方式明确标注商品实际情况的,违反其他法律、行政法规的,依照有关法律、行政法规的规定处罚;法律、行政法规未作规定的,予以警告,责令改正,并处一万元以上三万元以下的罚款。

第三十四条　网络交易平台提供者拒绝协助工商行政管理部门对涉嫌违法行为采取措施、开展调查的,予以警告,责令改正;拒不改正的,处三万元以下的罚款。

第七章　附　　则

第三十五条　本办法所称工商行政管理部门,包括履行工商行政管理职能的市场监督管理部门。

第三十六条 网络商品销售者提供的商品不符合质量要求,消费者要求退货的,适用《消费者权益保护法》第二十四条以及其他相关规定。

第三十七条 经营者采用电视、电话、邮购等方式销售商品,依照本办法执行。

第三十八条 本办法由国家工商行政管理总局负责解释。

第三十九条 本办法自2017年3月15日起施行。

邮政普遍服务监督管理办法

(2015年10月14日交通运输部令2015年第19号公布 自2015年12月1日起施行)

第一章 总 则

第一条 为了保障邮政普遍服务,加强对邮政普遍服务的监督管理,保护用户和邮政企业合法权益,促进邮政普遍服务健康发展,根据《中华人民共和国邮政法》及有关法律、行政法规,制定本办法。

第二条 中华人民共和国境内邮政普遍服务及其保障与监督管理,适用本办法。

本办法所称邮政普遍服务,是指按照国家规定的业务范围、服务标准,以合理的资费标准,为中华人民共和国境内所有用户持续提供的邮政服务。

第三条 邮政普遍服务属于国家基本公共服务,应当纳入国民经济和社会发展规划以及城乡公共服务体系,保持与经济社会同步发展。

第四条 邮政企业按照国家规定承担提供邮政普遍服务的义务。

邮政企业应当加强邮政普遍服务质量管理,完善安全保障措施,确保邮政普遍服务义务的有效履行;根据经济社会发展和人民生活需要,创新服务手段,增强服务能力,逐步提高服务水平。

第五条 国务院邮政管理部门负责对全国的邮政普遍服务实施监督管理。

省、自治区、直辖市邮政管理机构负责对本行政区域的邮政普遍服务实施监督管理。

按照国务院规定设立的省级以下邮政管理机构负责对本辖区的邮政普遍服务实施监督管理。

国务院邮政管理部门和省、自治区、直辖市邮政管理机构以及省级以下邮政管理机构(以下统称邮政管理部门),对邮政普遍服务实施监督管理,应当遵循公开、公平、公正的原则。

第六条 提供邮政普遍服务的邮政设施等组成的邮政网络是国家重要的通信基础设施。

国家支持邮政企业发挥邮政网络公共服务作用,提升邮政网络资源使用效率,满足社会多重用邮需求。

第二章 服务保障

第七条 邮政管理部门应当推动建立覆盖城乡的邮政普遍服务体系,推进建立和完善邮政普遍服务保障机制。

第八条 邮政管理部门应当根据经济社会发展和人民生活需要，制定邮政设施的布局和建设规划，推动地方各级人民政府将其纳入城乡规划。邮政管理部门制定邮政设施的布局和建设规划，应当充分听取邮政企业意见。

邮政设施的布局和建设应当符合有关法律、法规和标准，满足邮政普遍服务和监督管理的需要。

第九条 提供邮政普遍服务的邮政设施用地符合国家划拨用地目录的，应当依法划拨；依法减免城市基础设施建设配套等相关费用。

建设城市新区、独立工矿区、开发区、商业区、旅游区、住宅区或者对旧城区进行改造，应当同时配套建设提供邮政普遍服务的邮政设施，并与建设项目统一规划、统一设计、统一建设、统一验收。

第十条 提供邮政普遍服务的邮政营业场所、邮件处理场所和邮筒（箱）等邮政设施的设置，应当符合邮政设施的布局和建设规划以及邮政普遍服务标准。

较大的车站、机场、港口、高等院校和宾馆应当设置提供邮政普遍服务的邮政营业场所；相关单位应当在场地、设备和人员等方面提供便利和必要的支持。

镇人民政府所在地应当设置提供邮政普遍服务的邮政营业场所。

第十一条 邮件处理场所的设计和建设，应当符合国家安全机关和海关依法履行职责的要求。

第十二条 征收邮政营业场所或者邮件处理场所的，城乡规划主管部门应当根据保障邮政普遍服务的要求，对邮政营业场所或者邮件处理场所的重新设置作出妥善安排；未作出妥善安排前，不得征收。

邮政营业场所或者邮件处理场所重新设置规划前，征收单位应当征求邮政企业的意见，并配合邮政企业采取措施，保证邮政普遍服务的正常进行。

第十三条 接收邮件的设施包括信报箱、包裹柜以及收发室、村邮站等接收邮件的场所。

机关、企业事业单位、商业写字楼等场所应当在建筑物地面层总出入口设置收发室或者其他接收邮件的场所，为安装邮政包裹柜提供场所等便利条件。住宅小区的居民楼应当在地面层设置信报箱，居民楼未设置信报箱的，住宅小区应当设置收发室或者其他接收邮件的场所。单位和住宅小区未设置信报箱、收发室等接收邮件场所的，由其物业服务企业或者安全保卫部门（传达室）负责接收邮政企业投递的邮件。

农村地区应当逐步设置村邮站或者其他接收邮件的场所，未设置固定邮件接收场所的，由各行政村村民委员会代为接收邮件。

邮政企业可以与设置收发室或者其他接收邮件场所的单位和住宅小区签订妥投协议，明确其邮件接收、投递义务。

第十四条 信报箱的设计、制作、安装和验收，应当符合有关标准。项目竣工后，由建设单位按照法定验收程序组织验收，不合格项目应当及时完成整改。邮政管理部门应当要求邮政企业参与信报箱设置的验收工作。

信报箱由产权所有者或者管理单位负责维修、更换。

已建成的城镇居民住宅楼未设置信报箱的,由邮政管理部门责令产权人或者产权人委托的物业服务企业负责限期补建;逾期未改正的,由邮政管理部门指定其他单位设置信报箱,所需费用由该居民楼的产权单位承担。

第十五条 任何单位和个人不得损毁邮政设施或者影响邮政设施的正常使用。

邮政设施产权主体应当对邮政设施进行经常性维护,保证正常使用;邮政企业应当保证提供邮政普遍服务的乡镇固定自有邮政营业场所的正常运营。

将邮政营业场所出租或者以其他方式改变用途的,邮政企业应当自改变用途之日起二十日内报邮政营业场所所在地省级以下邮政管理机构备案。

第十六条 邮政普遍服务建设资金可以通过多种渠道筹集。邮政管理部门应当加强对使用财政资金的建设项目的行业审查和监督落实。

第十七条 国家对邮政企业提供邮政普遍服务、特殊服务给予补贴,并加强对补贴资金使用的监督。

第十八条 铁路、公路、水路、航空等运输企业对提供邮政普遍服务的邮政企业交运的邮件应当优先安排运输,车站、港口、机场应当安排装卸场所和出入通道。

第十九条 提供邮政普遍服务的车辆应当带有邮政专用标志。

第二十条 国务院规定范围内的信件寄递业务,由邮政企业专营。

快递企业不得经营由邮政企业专营的信件寄递业务,不得寄递国家机关公文。

第二十一条 外商和境外邮政不得在中华人民共和国境内提供邮政服务。

任何单位和个人不得为违反本条第一款的行为提供生产经营场所、运输、保管和仓储等条件。

第三章 服 务 规 范

第二十二条 邮政企业应当对信件、单件重量不超过五千克的印刷品、单件重量不超过十千克的包裹的寄递以及邮政汇兑提供邮政普遍服务。

第二十三条 邮政企业提供邮政普遍服务应当符合邮政普遍服务标准。

邮政普遍服务标准根据社会和经济发展对邮政普遍服务的需要适时修订。

第二十四条 邮政企业应当通过营业场所、流动服务车、邮筒(箱)等为用户提供方便、快捷的邮政普遍服务。

提供邮政普遍服务的邮政营业场所应当开办国家规定的邮政普遍服务业务。停止办理或者限制办理邮政普遍服务业务的,应当经过邮政管理部门批准。

第二十五条 邮政企业的生产作业组织安排应当能够保证邮件寄递时限符合邮政普遍服务标准。邮件寄递时限应当向社会公布,方便用户使用。

第二十六条 邮政企业应当规范其提供邮政普遍服务的邮政营业场所的名称和使用。

提供邮政普遍服务的邮政营业场所按照邮政普遍服务标准规定的营业时间提供服务;邮政企业在国家法定节假日和省级人民政府规定的节假日调整营业时间的,应当提前三日对外公布,并按照公布的时间对外营业。

邮政企业应当依法建立并执行邮件收寄验视制度,清晰、规范地加盖收寄日戳等业务戳记,按照规定向用户提供收据或者发票等凭证。

第二十七条　邮政企业依法采取按址投递、用户领取或者与用户协商的其他方式投递邮件。

邮政企业在城市投递邮件每天至少一次,在乡、镇人民政府所在地每周至少五次,农村地区每周不应少于三次;交通不便的边远地区,应当按照国务院邮政管理部门制定的标准执行。

对于按址投递的机关、企业事业单位、商业写字楼等的邮件,应当投递到其收发室或者其他接收邮件的场所;住宅小区设置信报箱的应当投递到信报箱,尚未设置信报箱的应当投递到其收发室或者其他接收邮件的场所;农村地区应当投递到村邮站等接收邮件的场所。

机关、企业事业单位、住宅小区管理单位等应当为邮政企业投递邮件提供便利。

邮政企业根据地方经济社会发展,提高邮件投递频次和投递深度。

第二十八条　收发室、村邮站等接收邮件的场所负有保护和接转邮件的责任;对超过一个月确认无法转交的邮件,应当签注意见并妥善保管,由邮政企业定期收回。

第二十九条　邮政企业对无法投递的邮件,应当退回寄件人。邮件无法投递的情形包括:

(一)收件人地址书写不详或者错误;

(二)原书地址无该收件人;

(三)收件人迁移新址不明;

(四)收件人是已经撤销的单位,且无代收单位或者个人;

(五)收件人死亡,且无继承人或者代收人;

(六)收件人拒收邮件或者拒付应付的费用;

(七)邮件保管期满收件人仍未领取;

(八)其他原因导致邮件无法投递。

第三十条　邮件无法投递,且具有下列情形之一的,作为无法投递又无法退回邮件处理:

(一)寄件人地址不详;

(二)寄件人声明抛弃;

(三)邮件退回后寄件人拒收或者拒绝支付有关费用;

(四)邮件保管期满寄件人仍未领取。

邮政企业处理无法投递又无法退回的邮件,应当按照国务院邮政管理部门的规定办理;其中无法投递又无法退回的进境国际邮递物品,交海关依照《中华人民共和国海关法》的规定处理。

第三十一条　邮政企业委托其他单位代办邮政普遍服务业务的,应当遵守法律、法规、规章和国务院邮政管理部门的规定。被委托单位应当具备承担邮政普遍服务的能力,提供的邮政普遍服务应当符合邮政普遍服务标准。邮政企业应当加强对代办邮政普遍服务业务的单位的服务质量管理,并对委托范围内的邮政普遍服务水平和质量负责。

第三十二条 邮政企业利用邮政通信基础设施提供邮政普遍服务以外的其他服务的,不得降低邮政普遍服务水平。

第三十三条 非邮政企业与邮政企业签订委托协议,代理代办邮件寄递业务的,应当遵守法律、法规、规章和国务院以及国务院邮政管理部门关于经营邮政通信业务审批的规定。

第三十四条 新建的机关、团体、企业事业单位以及居民住宅产权单位或者物业服务企业应当到当地邮政企业办理邮件投递登记手续;单位更改名称地址、收件人变更地址,应当事先通知当地邮政企业,也可以办理邮件改寄新址手续。邮政企业应当公布登记地点和电话号码。

具备下列条件的,邮政企业应当予以登记,并自登记之日起一周内安排投递:

(一)具备邮政车辆和邮政服务人员的通行条件;

(二)有统一编制的门牌号;

(三)已设置接收邮件的信报箱或者接收邮件的场所;

(四)按照规定需要办理中外文名称登记的,已办妥手续。

第三十五条 邮政编码由邮政企业根据国务院邮政管理部门制定的编制规则编制。邮政管理部门依法对邮政编码的编制和使用实施监督。

邮政企业应当在邮政营业场所免费为用户提供邮政编码查询服务。

第四章 用户权利与义务

第三十六条 公民的通信自由和通信秘密受法律保护。任何组织或者个人不得私自开拆、隐匿、毁弃他人邮件。除法律另有规定外,邮政企业及其从业人员不得向任何单位或者个人泄露用户使用邮政服务的信息。

第三十七条 用户享有自主选择邮政服务和公平交易的权利。邮政企业不得以任何方式限定、指定用户使用高资费业务或者搭售其他商品。

实行政府指导价或者政府定价的邮政普遍服务业务的资费标准以中央政府定价目录为依据,由邮政管理部门依法实施监督。

第三十八条 在提供邮政普遍服务过程中,邮件发生丢失、损毁或者内件短少的,邮政企业应当依照《中华人民共和国邮政法》的规定对用户进行赔偿。

邮政企业应当在营业场所的告示中和提供给用户的给据邮件单据上,以足以引起用户注意的方式载明《中华人民共和国邮政法》第四十七条第一款的规定。

邮政企业对邮件的损失承担赔偿责任的,应当自赔偿责任确定之日起七日内向用户予以赔偿。

第三十九条 用户交寄给据邮件后,有权依照《中华人民共和国邮政法》的规定向邮政企业查询。邮政企业应当按照法律规定的期限将查询结果告知用户,查复期满未查到邮件的,邮政企业应当依照法律规定予以赔偿。

邮政汇款的汇款人有权依照《中华人民共和国邮政法》第五十条的规定向邮政企业查询。邮政企业应当依照法律规定的期限将查询结果告知用户,查复期满未查到汇款的,邮政企业应当向汇款人退还汇款和汇款费用。

第四十条 用户对邮政普遍服务质量存在异议的,可以向邮政企业提出投诉。邮政企业应当及时妥善处理用户提出的投诉。

第四十一条 用户向邮政企业投诉后七日内未得到答复,或者对邮政企业投诉处理和答复不满意的,或者邮政企业投诉渠道不畅通、无人受理的,用户可以向邮政管理部门申诉。邮政管理部门设立邮政业消费者申诉中心,及时处理用户申诉。对涉及邮政企业的申诉,邮政管理部门可以要求邮政企业进行核实、处理。

邮政企业应当自收到邮政管理部门转办的申诉之日起十五日内作出答复。邮政管理部门应当自接到用户申诉之日起三十日内作出答复。

第四十二条 用户有对邮政普遍服务质量进行监督的权利,有权向邮政企业提出改善邮政普遍服务质量的意见和建议。

用户有权向邮政管理部门举报违反本办法规定的行为和邮政管理部门工作人员在监督检查中的违法失职行为。

第四十三条 用户交寄邮件,应当遵守法律、行政法规以及国务院和国务院有关部门关于禁止寄递或者限制寄递物品的规定。

用户交寄邮件,应当按照邮政企业规定的邮件封面书写格式,清楚、准确地填写收件人和寄件人的姓名、地址以及邮政编码。对于交寄的给据邮件,在条件具备的情况下,用户还应当填写收件人和寄件人的移动电话号码。

对用户交寄的信件,必要时邮政企业可以要求用户开拆,进行验视,但不得检查信件内容。用户拒绝开拆的,邮政企业不予收寄。对信件以外的邮件,邮政企业收寄时应当当场验视内件。用户拒绝验视的,邮政企业不予收寄。

第五章 监督管理

第四十四条 邮政管理部门依法对邮政普遍服务进行监督管理,将提供邮政普遍服务的邮政营业场所设置、法定业务开办、邮件寄递时限、邮件查询、邮件损失赔偿、寄递安全、用户满意度、用户申诉率等指标纳入邮政普遍服务评价体系。

第四十五条 邮政企业撤销提供邮政普遍服务的邮政营业场所的,应当经过邮政管理部门批准。

邮政企业申请撤销提供邮政普遍服务的邮政营业场所的,应当符合下列条件:

(一)提出撤销提供邮政普遍服务的邮政营业场所的理由充分、合理,提交的申请材料真实、完整;

(二)在拟撤销提供邮政普遍服务的邮政营业场所的服务范围内已安排其他提供邮政普遍服务的邮政营业场所或者采取其他替代性措施;

(三)采取替代性措施后,原服务范围内提供邮政普遍服务的邮政营业场所的设置满足邮政普遍服务标准的相关要求；

（四）采取的替代性措施能够确保原服务范围内邮政普遍服务总体水平不降低。

第四十六条 邮政企业停止办理或者限制办理邮政普遍服务业务的，应当经过邮政管理部门批准。停止办理或者限制办理邮政普遍服务业务的期限一般不超过十二个月。超过十二个月的，应当重新履行审批手续。

邮政企业申请停止办理或者限制办理邮政普遍服务业务的，应当符合下列条件：

（一）提出停止办理或者限制办理邮政普遍服务业务的理由充分、合理，提交的申请材料真实、完整；

（二）在停止办理或者限制办理邮政普遍服务业务可能造成影响的服务范围内已安排相应的补救措施；

（三）采取的补救措施应当确保受影响服务范围内邮政普遍服务业务能够正常开展。

第四十七条 邮政企业因不可抗力或者其他特殊原因暂时停止办理或者限制办理邮政普遍服务业务的，应当以适当形式及时向社会公告，采取相应的补救措施，并按照国务院邮政管理部门的规定向邮政管理部门报告。暂时停止办理或者限制办理邮政普遍服务业务一般不超过六个月。超过六个月的，依照本办法第四十六条的规定办理。

第四十八条 邮政企业申请本办法规定的行政许可事项的，应当按照国务院邮政管理部门的规定，由邮政企业市（地）分支机构向所在地省级以下邮政管理机构提出申请，并提交能够证明符合本办法第四十五条、第四十六条规定条件的相关材料。省级以下邮政管理机构收到申请材料后，应当对材料进行审查，并按照相关规定作出受理或者不予受理的决定。省级以下邮政管理机构受理申请后，应当进行实地核查，认为涉及重大公共利益需要听证的，应当向社会公告，并举行听证。

省级以下邮政管理机构应当自受理申请之日起二十个工作日内作出行政许可决定。二十个工作日内不能作出决定的，经本机关负责人批准，可以延长十个工作日，并应当将延长期限的理由告知申请人。但是，法律、法规另有规定的，依照其规定。

省级以下邮政管理机构作出准予或者不予的行政许可决定后，应当在十个工作日内报省、自治区、直辖市邮政管理机构备案。邮政企业收到准予行政许可决定后，应当按照规定向社会公告。

省级以下邮政管理机构应当对依照本办法第四十五条、第四十六条规定作出的行政许可决定落实情况进行复查。

第四十九条 邮政企业办理下列事项，应当按照国务院邮政管理部门的规定进行备案：

（一）设置邮政营业场所的；

（二）撤销提供邮政普遍服务的邮政营业场所以外的其他邮政营业场所的；

（三）提供邮政普遍服务的邮政营业场所的名称、营业时间等重要备案信息发生变更的。

第五十条 邮政企业应当将带有邮政专用标志的机动车辆基本信息通过信息系统与邮政管理部门的信息管理系统联网。发生机动车辆新增、更新和报废等情形的，邮政企业应当于次月底前进行系统维护、报送。

邮政企业应当按照国家标准为带有邮政专用标志的车辆安装行驶记录仪。

邮政企业不得利用带有邮政专用标志的车辆从事邮件运递以外的经营性活动，或者以出租等方式允许其他单位或者个人使用带有邮政专用标志的车辆。

第五十一条 邮政企业应当加强邮件安全管理，有下列情形之一的，应当及时报告所在地邮政管理部门，并妥善处理，减少损害：

（一）邮件被盗窃、非法扣留、冒领、私自开拆、隐匿、毁弃、丢失、损毁在一百件以上的，应当在问题发生四十八小时内向事发地的省级以下邮政管理机构报告，在一百件以下的，应当纳入自查报告按期提交；

（二）邮件积压一千件以上的，应当在问题发生二十四小时内向事发地的省级以下邮政管理机构报告；

（三）因故意延误投递邮件被刑事立案调查的，应当在三日内向事发地的省级以下邮政管理机构报告。

第五十二条 邮政管理部门工作人员依法履行监督管理职责，可以采取下列监督检查措施：

（一）进入邮政企业或者涉嫌发生违反本办法活动的其他场所实施现场检查；

（二）向有关单位和个人了解情况；

（三）查阅、复制有关文件、资料、凭证；

（四）经邮政管理部门负责人批准，查封与违反本办法活动有关的场所，扣押用于违反本办法活动的运输工具以及相关物品，对信件以外的涉嫌夹带禁止寄递或者限制寄递物品的邮件开拆检查。

第五十三条 邮政管理部门工作人员应当严格按照法定程序进行监督检查。实施监督检查时，应当出示执法证件，并由两名或者两名以上工作人员共同进行。有关单位和个人应当予以配合，不得拒绝、阻碍。

邮政管理部门工作人员对监督检查中知悉的商业秘密，负有保密义务。

第五十四条 邮政管理部门可以根据邮政普遍服务监督管理需要，要求邮政企业提供邮政普遍服务业务的相关成本数据和其他有关资料。邮政企业应当建立和完善邮政普遍服务质量自查机制，省级邮政企业于每年7月份和次年1月份将自查结果报送省、自治区、直辖市邮政管理机构，中国邮政集团公司于每年3月份将上一年度全国邮政普遍服务质量自查结果报送国务院邮政管理部门。

邮政企业应当加强对邮政普遍服务工作数据、资料的统计和收集，根据邮政管理部门的要求按时提供邮政普遍服务的相关数据资料，并按照国务院邮政管理部门的规定与邮政管理部门的信息管理系统联网。

第五十五条 国务院邮政管理部门和省、自治区、直辖市邮政管理机构应当定期编制邮政普遍服务监督管理报告并向社会公布。

第六章 法 律 责 任

第五十六条 违反本办法第三十三条规定的,由邮政管理部门责令改正,可以处一万元以下的罚款;情节严重的,处一万元以上三万元以下的罚款。

第五十七条 外商在中华人民共和国境内提供邮政服务,或者单位和个人为外商违反第二十一条第一款规定的行为提供生产经营场所、运输、保管和仓储等条件的,由邮政管理部门责令改正,可以处二万元以下的罚款;情节严重的,处二万元以上三万元以下的罚款。

第五十八条 违反本办法第四十七条、第五十条、第五十一条、第五十四条规定,未按照国务院邮政管理部门要求如期、如实报送有关资料、信息的,由邮政管理部门责令限期改正,可以给予警告;逾期不改正的,处三千元以上一万元以下的罚款。

第五十九条 违反本办法第四十九条规定,未按照国务院邮政管理部门要求如期、如实备案的,由邮政管理部门责令限期改正,可以给予警告;逾期不改正的,处三千元以上一万元以下的罚款。

第六十条 邮政企业从业人员利用带有邮政专用标志的车船从事邮件运递以外的活动的,由邮政企业责令改正,给予处分,并于案件处理完毕之日起三十日内将处理结果向邮政管理部门报告。

第六十一条 对拒绝、阻碍邮政管理部门实施监督检查和调查工作,或者对邮政管理部门转办的用户申诉未按时进行答复或者进行虚假答复的,由邮政管理部门责令改正并给予警告;逾期不改正的,处三千元以上一万元以下的罚款。

第六十二条 新建、改建、扩建住宅小区、住宅建筑工程的建设单位未按照国家规定的标准设置信报箱的,由邮政管理部门责令限期改正;逾期未改正的,由邮政管理部门指定其他单位设置信报箱,所需费用由该居民楼的建设单位承担,可以处一万元以上三万元以下的罚款。

第六十三条 邮政管理部门工作人员在监督管理工作中滥用职权、玩忽职守、徇私舞弊,涉嫌犯罪的,移送司法机关依法处理;尚不构成犯罪的,依法给予行政处分。

第七章 附 则

第六十四条 邮政企业按照国家规定办理的国家规定报刊的发行,以及义务兵平常信函、盲人读物和革命烈士遗物的免费寄递等特殊服务业务及其监督管理,参照本办法执行。

对利用邮政通信基础设施经营邮政通信业务的,可以适用本办法第二十五条、第二十六条、第二十七条、第五十一条、第五十二条的规定实施监督管理。

第六十五条 本办法自2015年12月1日起施行。2008年9月1日起施行的《邮政普遍服务监督管理办法》(交通运输部令2008年第3号)同时废止。

邮政业消费申述处理办法

第一章 总　　则

第一条　为了维护邮政业消费者的合法权益,依法公正处理消费者申诉,促进邮政业服务质量提高,根据《中华人民共和国邮政法》等有关法律、法规,制定本办法。

第二条　消费者按照《中华人民共和国邮政法》第六十五条的规定对邮政企业和快递企业服务质量提出申诉,以及邮政业消费者申诉中心对申诉进行处理,适用本办法。

第三条　申诉处理应当以事实为依据,以法律为准绳,坚持合法、公正、合理的原则。

第四条　邮政业消费者申诉中心对消费者的申诉实行调解制度。

第五条　邮政业消费者申诉中心及其人员对履职过程中知悉的国家秘密、商业秘密负有保密义务。

第二章 受　　理

第六条　邮政业消费者申诉专用电话为"12305"(省会区号－12305)。消费者可以通过电话或者登陆国家邮政局和各省、自治区、直辖市邮政管理局网站申诉,也可以采用微信、书信或者传真形式申诉。

消费者向市(地)邮政管理局提出申诉的方式,由各省、自治区、直辖市邮政管理局根据实际情况确定。

第七条　在受理消费者申诉的工作时间,邮政业消费者申诉中心应当有专人值守"12305"申诉电话,保证消费者申诉渠道畅通。

各级邮政管理部门应当在本单位门户网站公示受理消费者申诉的工作时间。如"12305"申诉电话因故暂停,还应当公示暂停原因、暂停时间和应急措施。

第八条　消费者申诉受理范围:

(一)邮政企业经营的邮政业务服务质量问题,具体包括:邮件(信件、包裹、印刷品)寄递,报刊订阅、零售、投递,邮政汇兑,集邮票品预订、销售,其他依托邮政网络办理的业务(不包括邮政储蓄);

(二)经营快递业务企业的快递业务服务质量问题。

第九条　消费者申诉应当符合下列条件:

(一)申诉事项属于本办法第八条规定的消费者申诉受理范围;

(二)申诉人是与申诉事件有直接利害关系的当事人(寄件人或者收件人以及寄件人、收件人的委托人);

（三）有明确的被申诉人和具体的事实根据；

（四）就申诉事项向邮政企业、快递企业投诉后7日内未得到答复或者对企业处理和答复不满意，或者邮政企业、快递企业投诉渠道不畅通，投诉无人受理；

（五）未就同一事项向邮政管理部门进行过申诉，或者已申诉过的事项有新增内容；

（六）申诉事项发生于与邮政企业、快递企业产生服务争议或者交寄邮件、快件之日起一年之内；

（七）申诉事项未经人民法院、仲裁机构受理或者处理。

第十条 邮政业消费者申诉中心应当及时受理消费者申诉。消费者采取电话方式申诉，应当及时接听，并告知申诉人处理流程与时限。消费者采取网上、书信、传真形式申诉，应当于两个工作日内处理。

对于不符合申诉条件的申诉，应当告知申诉人不予受理的理由。对于符合申诉条件的申诉，受理后应当及时将申诉内容转被申诉企业或者相关部门处理。网上受理的申诉，转办同时回复申诉人申诉受理情况及处理时限。以书信、传真等形式受理的申诉，于七个工作日内告知申诉人受理情况。

第十一条 国家邮政局邮政业消费者申诉中心受理的申诉按照属地管理的原则转给相关省、自治区、直辖市邮政管理局邮政业消费者申诉中心办理。

第十二条 邮政业消费者申诉中心应当将消费者的举报、表扬、批评、建议等相关问题于两个工作日内转给相关部门处理。

第三章 处　　理

第十三条 邮政业消费者申诉中心处理消费者申诉的主要依据包括：

（一）《中华人民共和国邮政法》《中华人民共和国合同法》《中华人民共和国消费者权益保护法》等有关邮政业的法律、法规、规章；

（二）邮政业国家标准、行业标准；

（三）邮政管理部门规范性文件；

（四）消费者与企业签订的书面合同（邮件详情单、快递运单）；

（五）企业对外公布的有关承诺。

第十四条 被申诉企业收到邮政业消费者申诉中心转办的申诉后应当按照以下情形妥善处理：

（一）对确认企业负有责任的申诉，应当依法赔偿消费者损失或者向消费者致歉；

（二）企业在处理收件人申诉中涉及赔偿问题应当赔偿寄件人的，由企业负责联系寄件人按规定理赔；

（三）对确认企业无责的申诉，应当将企业无责理由与申诉人沟通并解释；

（四）企业内部以及企业之间责任划分，由企业自行处理，不得相互推诿，不能影响消费者诉求的解决。

第十五条 被申诉企业应当按照如下要求，自收到转办申诉之日起十五日内向转办申诉的邮政业消费者申诉中心答复处理结果：

（一）答复内容应当包括调查结果、企业责任，与申诉人达成的处理意见、赔偿金额或者解释与道歉情况以及申诉人对处理意见是否满意等；

（二）经调查，认为对于申诉内容无需承担责任的，应当在答复时说明详细情况和无责理由，并提供运单底单、通话录音、视频等相关证据；

（三）消费者在同一申诉中提出多项诉求的，企业应当逐一答复处理情况；

（四）消费者申诉内容涉及企业新开办业务的，企业应当提供新开办业务的法律依据或者完整处理规则。

企业未按照申诉内容正面答复，或者未按规定提供无责证据的，视为企业同意申诉内容；企业未逐一答复消费者提出的多项诉求处理情况的，对企业未答复部分视为企业同意申诉内容。

企业收到转办申诉十五日内尚未处理完毕的，应当于到期日前一天向转办申诉的邮政业消费者申诉中心答复处理进展情况、与申诉人协商结果等。延期答复的，应当在到期日后五日内答复处理结果。

第十六条 全国网络型企业应当建立内部协调处理机制，当地企业不能确定责任单位的申诉，由当地企业转企业总部或者相关地区企业处理，企业内部处理完毕后，由首次接到转办申诉的企业将处理结果答复邮政业消费者申诉中心。

第十七条 邮政业消费者申诉中心收到企业对申诉处理结果的答复后，应当于三个工作日内回访消费者，核实企业处理情况并征询消费者对申诉处理是否满意。

第十八条 邮政业消费者申诉中心回访申诉人时，如申诉人提出新的申诉内容，作为新的申诉转企业处理。

第十九条 邮政业消费者申诉中心回访消费者后，符合下列条件的，可以作结案处理：

（一）企业的处理符合双方当事人的约定或者相关规定；

（二）企业的答复与回访消费者实际处理情况相符；

（三）企业责任单位明确。

回访消费者，初次联系无果的，应当隔四个小时后再次联系，仍无法联系的可作结案处理。

第二十条 邮政业消费者申诉中心回访消费者或者经过调查，有下列情形之一的，应当要求企业重新处理并于五日内重新答复处理结果：

（一）企业的处理不符合双方当事人的约定或者相关规定；

（二）消费者反映企业实际处理情况与企业答复不符；

（三）企业未确定责任单位或者相互推诿。

第二十一条 邮政业消费者申诉中心收到企业再次答复后应当再次回访消费者核实情况后结案。

第二十二条 同一申诉，转办企业处理三次后仍不符合结案条件，则不再转办，邮政业消费者申诉中心根据申诉内容作结案处理。

第二十三条 邮政业消费者申诉中心应当自接到消费者申诉之日起三十日内向消费

者作出答复。

第二十四条　企业对邮政业消费者申诉中心的申诉处理结果有异议时,应当于申诉结案之日起五日内向转办申诉的邮政业消费者申诉中心提出,如企业未在规定时间内提出,视为企业无异议。

第四章　调　　查

第二十五条　邮政业消费者申诉中心在处理申诉过程中可以向申诉人、被申诉人了解情况。经当事人同意,可以召集有关当事人进行调查。

第二十六条　调查人员可行使下列权利:
（一）向当事人和有关人员询问申诉情况;
（二）要求有关单位和个人提供相关材料和证明;
（三）查阅、复制与申诉内容有关的材料等。

第二十七条　调查时,调查人员不得少于两人,应当出示有效证件和有关证明,并制作调查笔录。

第二十八条　被调查人员应当如实回答调查人员的询问,必要时提供相关证据。

第二十九条　需要对有关邮（快）件、物品进行检测或者鉴定的,被申诉企业应当予以配合。

第三十条　调查人员依法公正地行使调查权,不得与申诉人、被申诉人及其他相关人员发生直接或者间接利益关系。

第五章　调　　解

第三十一条　满足下列情形的,邮政业消费者申诉中心可以组织双方当事人进行调解:
（一）申诉事项属于本办法第八条规定的消费者申诉受理范围;
（二）申诉人与被申诉人已经就申诉事项进行协商,但未能和解的;
（三）申诉人与被申诉人同意由邮政业消费者申诉中心进行调解的。

第三十二条　邮政业消费者申诉中心就当事人所争议的事项进行调解,以电话或者网上调解为主。

第三十三条　邮政业消费者申诉中心调解无效的或者消费者对调解结果不满意的,争议双方可依法通过提起诉讼或者申请仲裁等方式解决纠纷。

第六章　监督管理

第三十四条　国家邮政局和各省、自治区、直辖市邮政管理局应当定期向社会通告邮政业消费者申诉情况。

第三十五条 邮政业消费者申诉中心应当督办企业及时妥善处理申诉。对于发生虚假答复、拒不按规定处理、逾期处理等问题的企业,邮政管理部门应当依法予以处罚。

第三十六条 根据消费者申诉情况,对存在下列情形的企业,邮政管理部门应当约谈相关企业负责人,责令企业限期整改并提交整改报告:

(一)持续三个月百万件快件有效申诉三十件以上且排名前三的;

(二)百万件快件有效申诉数量环比增加十件以上的;

(三)消费者对企业申诉处理结果满意率持续较低的;

(四)同一申诉邮政管理部门转办企业处理三次后仍不符合结案条件较多的;

(五)侵害消费者合法权益问题较多的;

(六)其他需要约谈的情形。

第三十七条 申诉事项反映企业有严重侵害消费者利益等违法行为,或者在申诉受理中发现的消费者申诉数量骤增等市场异常现象的,邮政业消费者申诉中心应当及时报告本级邮政管理部门相关内设监管机构。

第七章 附 则

第三十八条 本办法自 2014 年 9 月 1 日起施行。国家邮政局 2011 年 6 月 24 日发布的《邮政业消费者申诉处理办法》(国邮发〔2011〕116 号)同时废止。

侵害消费者权益行为处罚办法

(2015年1月5日国家工商行政管理总局令第73号公布　自2015年3月15日起施行)

第一条　为依法制止侵害消费者权益行为,保护消费者的合法权益,维护社会经济秩序,根据《消费者权益保护法》等法律法规,制定本办法。

第二条　工商行政管理部门依照《消费者权益保护法》等法律法规和本办法的规定,保护消费者为生活消费需要购买、使用商品或者接受服务的权益,对经营者侵害消费者权益的行为实施行政处罚。

第三条　工商行政管理部门依法对侵害消费者权益行为实施行政处罚,应当依照公正、公开、及时的原则,坚持处罚与教育相结合,综合运用建议、约谈、示范等方式实施行政指导,督促和指导经营者履行法定义务。

第四条　经营者为消费者提供商品或者服务,应当遵循自愿、平等、公平、诚实信用的原则,依照《消费者权益保护法》等法律法规的规定和与消费者的约定履行义务,不得侵害消费者合法权益。

第五条　经营者提供商品或者服务不得有下列行为:

(一)销售的商品或者提供的服务不符合保障人身、财产安全要求;

(二)销售失效、变质的商品;

(三)销售伪造产地、伪造或者冒用他人的厂名、厂址、篡改生产日期的商品;

(四)销售伪造或者冒用认证标志等质量标志的商品;

(五)销售的商品或者提供的服务侵犯他人注册商标专用权;

(六)销售伪造或者冒用知名商品特有的名称、包装、装潢的商品;

(七)在销售的商品中掺杂、掺假,以假充真,以次充好,以不合格商品冒充合格商品;

(八)销售国家明令淘汰并停止销售的商品;

(九)提供商品或者服务中故意使用不合格的计量器具或者破坏计量器具准确度;

(十)骗取消费者价款或者费用而不提供或者不按照约定提供商品或者服务。

第六条　经营者向消费者提供有关商品或者服务的信息应当真实、全面、准确,不得有下列虚假或者引人误解的宣传行为:

(一)不以真实名称和标记提供商品或者服务;

(二)以虚假或者引人误解的商品说明、商品标准、实物样品等方式销售商品或者服务;

(三)作虚假或者引人误解的现场说明和演示;

(四)采用虚构交易、虚标成交量、虚假评论或者雇佣他人等方式进行欺骗性销售诱导;

(五)以虚假的清仓价、甩卖价、最低价、优惠价或者其他欺骗性价格表示销售商品或者服务；

（六）以虚假的有奖销售、还本销售、体验销售等方式销售商品或者服务；

（七）谎称正品销售处理品、残次品、等外品等商品；

（八）夸大或隐瞒所提供的商品或者服务的数量、质量、性能等与消费者有重大利害关系的信息误导消费者；

（九）以其他虚假或者引人误解的宣传方式误导消费者。

第七条 经营者对工商行政管理部门责令其对提供的缺陷商品或者服务采取停止销售或者服务等措施，不得拒绝或者拖延。经营者未按照责令停止销售或者服务通知、公告要求采取措施的，视为拒绝或者拖延。

第八条 经营者提供商品或者服务，应当依照法律规定或者当事人约定承担修理、重作、更换、退货、补足商品数量、退还货款和服务费用或者赔偿损失等民事责任，不得故意拖延或者无理拒绝消费者的合法要求。经营者有下列情形之一并超过十五日的，视为故意拖延或者无理拒绝：

（一）经有关行政部门依法认定为不合格商品，自消费者提出退货要求之日起未退货的；

（二）自国家规定、当事人约定期满之日起或者不符合质量要求的自消费者提出要求之日起，无正当理由拒不履行修理、重作、更换、退货、补足商品数量、退还货款和服务费用或者赔偿损失等义务的。

第九条 经营者采用网络、电视、电话、邮购等方式销售商品，应当依照法律规定承担无理由退货义务，不得故意拖延或者无理拒绝。经营者有下列情形之一并超过十五日的，视为故意拖延或者无理拒绝：

（一）对于适用无理由退货的商品，自收到消费者退货要求之日起未办理退货手续的；

（二）未经消费者确认，以自行规定该商品不适用无理由退货为由拒绝退货；

（三）以消费者已拆封、查验影响商品完好为由拒绝退货；

（四）自收到退回商品之日起无正当理由未返还消费者支付的商品价款。

第十条 经营者以预收款方式提供商品或者服务，应当与消费者明确约定商品或者服务的数量和质量、价款或者费用、履行期限和方式、安全注意事项和风险警示、售后服务、民事责任等内容。未按约定提供商品或者服务的，应当按照消费者的要求履行约定或者退回预付款，并应当承担预付款的利息、消费者必须支付的合理费用。对退款无约定的，按照有利于消费者的计算方式折算退款金额。

经营者对消费者提出的合理退款要求，明确表示不予退款，或者自约定期满之日起、无约定期限的自消费者提出退款要求之日起超过十五日未退款的，视为故意拖延或者无理拒绝。

第十一条 经营者收集、使用消费者个人信息，应当遵循合法、正当、必要的原则，明示收集、使用信息的目的、方式和范围，并经消费者同意。经营者不得有下列行为：

（一）未经消费者同意，收集、使用消费者个人信息；

（二）泄露、出售或者非法向他人提供所收集的消费者个人信息；

（三）未经消费者同意或者请求,或者消费者明确表示拒绝,向其发送商业性信息。

前款中的消费者个人信息是指经营者在提供商品或者服务活动中收集的消费者姓名、性别、职业、出生日期、身份证件号码、住址、联系方式、收入和财产状况、健康状况、消费情况等能够单独或者与其他信息结合识别消费者的信息。

第十二条 经营者向消费者提供商品或者服务使用格式条款、通知、声明、店堂告示等的,应当以显著方式提请消费者注意与消费者有重大利害关系的内容,并按照消费者的要求予以说明,不得作出含有下列内容的规定:

（一）免除或者部分免除经营者对其所提供的商品或者服务应当承担的修理、重作、更换、退货、补足商品数量、退还货款和服务费用、赔偿损失等责任;

（二）排除或者限制消费者提出修理、更换、退货、赔偿损失以及获得违约金和其他合理赔偿的权利;

（三）排除或者限制消费者依法投诉、举报、提起诉讼的权利;

（四）强制或者变相强制消费者购买和使用其提供的或者其指定的经营者提供的商品或者服务,对不接受其不合理条件的消费者拒绝提供相应商品或者服务,或者提高收费标准;

（五）规定经营者有权任意变更或者解除合同,限制消费者依法变更或者解除合同权利;

（六）规定经营者单方享有解释权或者最终解释权;

（七）其他对消费者不公平、不合理的规定。

第十三条 从事服务业的经营者不得有下列行为:

（一）从事为消费者提供修理、加工、安装、装饰装修等服务的经营者谎报用工用料,故意损坏、偷换零部件或材料,使用不符合国家质量标准或者与约定不相符的零部件或材料,更换不需要更换的零部件,或者偷工减料、加收费用,损害消费者权益的;

（二）从事房屋租赁、家政服务等中介服务的经营者提供虚假信息或者采取欺骗、恶意串通等手段损害消费者权益的。

第十四条 经营者有本办法第五条至第十一条规定的情形之一,其他法律、法规有规定的,依照法律、法规的规定执行;法律、法规未作规定的,由工商行政管理部门依照《消费者权益保护法》第五十六条予以处罚。

第十五条 经营者违反本办法第十二条、第十三条规定,其他法律、法规有规定的,依照法律、法规的规定执行;法律、法规未作规定的,由工商行政管理部门责令改正,可以单处或者并处警告,违法所得三倍以下、但最高不超过三万元的罚款,没有违法所得的,处以一万元以下的罚款。

第十六条 经营者有本办法第五条第（一）项至第（六）项规定行为之一且不能证明自己并非欺骗、误导消费者而实施此种行为的,属于欺诈行为。

经营者有本办法第五条第（七）项至第（十）项、第六条和第十三条规定行为之一的,属于欺诈行为。

第十七条 经营者对工商行政管理部门作出的行政处罚决定不服的,可以依法申请行政复议或者提起行政诉讼。

第十八条 侵害消费者权益违法行为涉嫌犯罪的,工商行政管理部门应当按照有关规定,移送司法机关追究其刑事责任。

第十九条 工商行政管理部门依照法律法规及本办法规定对经营者予以行政处罚的,应当记入经营者的信用档案,并通过企业信用信息公示系统等及时向社会公布。

企业应当依据《企业信息公示暂行条例》的规定,通过企业信用信息公示系统及时向社会公布相关行政处罚信息。

第二十条 工商行政管理执法人员玩忽职守或者包庇经营者侵害消费者合法权益的行为的,应当依法给予行政处分;涉嫌犯罪的,依法移送司法机关。

第二十一条 本办法由国家工商行政管理总局负责解释。

第二十二条 本办法自 2015 年 3 月 15 日起施行。1996 年 3 月 15 日国家工商行政管理局发布的《欺诈消费者行为处罚办法》(国家工商行政管理局令第 50 号)同时废止。

工商行政管理部门处理消费者投诉办法

(2014年2月14日国家工商行政管理总局令第62号公布 自2014年3月15日起施行)

第一章 总 则

第一条 为了规范工商行政管理部门处理消费者投诉程序,及时处理消费者与经营者之间发生的消费者权益争议,保护消费者的合法权益,根据《消费者权益保护法》等法律法规,制定本办法。

第二条 消费者为生活消费需要购买、使用商品或者接受服务,与经营者发生消费者权益争议,向工商行政管理部门投诉的,依照本办法执行。

第三条 工商行政管理部门对受理的消费者投诉,应当根据事实,依照法律、法规和规章,公正合理地处理。

第四条 工商行政管理部门在其职权范围内受理的消费者投诉属于民事争议的,实行调解制度。

第五条 工商行政管理部门应当引导经营者加强自律,鼓励经营者与消费者协商和解消费纠纷。

第二章 管 辖

第六条 消费者投诉由经营者所在地或者经营行为发生地的县(市)、区工商行政管理部门管辖。

消费者因网络交易发生消费者权益争议的,可以向经营者所在地工商行政管理部门投诉,也可以向第三方交易平台所在地工商行政管理部门投诉。

第七条 县(市)、区工商行政管理部门负责处理本辖区内的消费者投诉。

有管辖权的工商行政管理部门可以授权其派出机构,处理派出机构辖区内的消费者投诉。

第八条 省、自治区、直辖市工商行政管理部门或者市(地、州)工商行政管理部门及其设立的12315消费者投诉举报中心,应当对收到的消费者投诉进行记录,并及时将投诉分送有管辖权的工商行政管理部门处理,同时告知消费者分送情况。告知记录应当留存备查。

有管辖权的工商行政管理部门应当将处理结果及时反馈上级部门及其设立的12315消费者投诉举报中心。

第九条 上级工商行政管理部门认为有必要的,可以处理下级工商行政管理部门管辖的消费者投诉。

下级工商行政管理部门管辖的消费者投诉，认为需要由上级工商行政管理部门处理的，可以报请上级工商行政管理部门决定。

两地以上工商行政管理部门因管辖权发生异议的，报请其共同的上一级工商行政管理部门指定管辖。

第十条 工商行政管理部门及其派出机构发现消费者投诉不属于工商行政管理部门职责范围内的，应当及时告知消费者向有关行政管理部门投诉。

第三章 处理程序

第十一条 消费者投诉应当符合下列条件：

（一）有明确的被投诉人；

（二）有具体的投诉请求、事实和理由；

（三）属于工商行政管理部门职责范围。

第十二条 消费者通过信函、传真、短信、电子邮件和12315网站投诉平台等形式投诉的，应当载明：消费者的姓名以及住址、电话号码等联系方式；被投诉人的名称、地址；投诉的要求、理由及相关的事实根据；投诉的日期等。

消费者采用电话、上门等形式投诉的，工商行政管理部门工作人员应当记录前款各项信息。

第十三条 消费者可以本人提出投诉，也可以委托他人代为提出。

消费者委托代理人进行投诉的，应当向工商行政管理部门提交本办法第十二条规定的投诉材料、授权委托书原件以及受托人的身份证明。授权委托书应当载明委托事项、权限和期限，并应当由消费者本人签名。

第十四条 消费者为二人以上，投诉共同标的的，工商行政管理部门认为可以合并受理，并经当事人同意的，为共同投诉。

共同投诉可以由消费者书面推选并授权二名代表进行投诉。代表人的投诉行为对其所代表的消费者发生效力，但代表人变更、放弃投诉请求，或者进行和解，应当经被代表的消费者同意。

第十五条 有管辖权的工商行政管理部门应当自收到消费者投诉之日起七个工作日内，予以处理并告知投诉人：

（一）符合规定的投诉予以受理，并告知投诉人；

（二）不符合规定的投诉不予受理，并告知投诉人不予受理的理由。

第十六条 下列投诉不予受理或者终止受理：

（一）不属于工商行政管理部门职责范围的；

（二）购买后商品超过保质期，被投诉人已不再负有违约责任的；

（三）已经工商行政管理部门组织调解的；

（四）消费者协会或者人民调解组织等其他组织已经调解或者正在处理的；

（五）法院、仲裁机构或者其他行政部门已经受理或者处理的；

（六）消费者知道或者应该知道自己的权益受到侵害超过一年的，或者消费者无法证实自己权益受到侵害的；

（七）不符合国家法律、法规及规章规定的。

第十七条　工商行政管理部门受理消费者投诉后，当事人同意调解的，工商行政管理部门应当组织调解，并告知当事人调解的时间、地点、调解人员等事项。

第十八条　调解由工商行政管理部门工作人员主持。经当事人同意，工商行政管理部门可以邀请有关社会组织以及专业人员参与调解。

第十九条　工商行政管理部门的调解人员是消费者权益争议当事人的近亲属或者与当事人有其他利害关系，可能影响投诉公正处理的，应当回避。

当事人对调解人员提出回避申请的，应当及时中止调解活动，并由调解人员所属工商行政管理部门的负责人作出是否回避的决定。

第二十条　工商行政管理部门实施调解，可以要求消费者权益争议当事人提供证据，必要时可以根据有关法律、法规和规章的规定，进行调查取证。

除法律、法规另有规定的，消费者权益争议当事人应当对自己的主张提供证据。

第二十一条　调解过程中需要进行鉴定或者检测的，经当事人协商一致，可以交由具备资格的鉴定人或者检测人进行鉴定、检测。

鉴定或者检测的费用由主张权利一方当事人先行垫付，也可以由双方当事人协商承担。法律、法规另有规定的除外。

第二十二条　工商行政管理部门在调解过程中，需要委托异地工商行政管理部门协助调查、取证的，应当出具书面委托证明，受委托的工商行政管理部门应当及时予以协助。

第二十三条　工商行政管理部门在调解过程中，应当充分听取消费者权益争议当事人的陈述，查清事实，依据有关法律、法规，针对不同情况提出争议解决意见。在当事人平等协商基础上，引导当事人自愿达成调解协议。

第二十四条　有下列情形之一的，终止调解：

（一）消费者撤回投诉的；

（二）当事人拒绝调解或者无正当理由不参加调解的；

（三）消费者在调解过程中就同一纠纷申请仲裁、提起诉讼的；

（四）双方当事人自行和解的；

（五）其他应当终止的。

第二十五条　工商行政管理部门组织消费者权益争议当事人进行调解达成协议的，应当制作调解书。

调解书应当由当事人及调解人员签名或者盖章，加盖工商行政管理部门印章，由当事人各执一份，工商行政管理部门留存一份归档。

第二十六条　消费者权益争议当事人认为无需制作调解书的，经当事人同意，调解协议可以采取口头形式，工商行政管理部门调解人员应当予以记录备查。

第二十七条　消费者权益争议当事人同时到有管辖权的工商行政管理部门请求处理

的,工商行政管理部门可以当即处理,也可以另定日期处理。

工商行政管理部门派出机构可以在其辖区内巡回受理消费者投诉,并就地处理消费者权益争议。

第二十八条 经调解达成协议后,当事人认为有必要的,可以按照有关规定共同向人民法院申请司法确认。

第二十九条 有管辖权的工商行政管理部门应当在受理消费者投诉之日起六十日内终结调解;调解不成的应当终止调解。

需要进行鉴定或者检测的,鉴定或者检测的时间不计算在六十日内。

第三十条 工商行政管理部门工作人员在处理消费者投诉工作中滥用职权、玩忽职守、徇私舞弊的,依法给予处分。

第四章 附 则

第三十一条 农民购买、使用直接用于农业生产的生产资料的投诉,参照本办法执行。

第三十二条 对其他部门转来属于工商行政管理部门职责范围内的消费者投诉,按照本办法第七条或者第八条规定执行。

第三十三条 工商行政管理部门在处理消费者投诉中,发现经营者有违法行为的,或者消费者举报经营者违法行为的,依照《工商行政管理机关行政处罚程序规定》另案处理。

第三十四条 本办法中有关文书式样,由国家工商行政管理总局统一制定。

第三十五条 本办法由国家工商行政管理总局负责解释。

第三十六条 本办法自 2014 年 3 月 15 日起施行。1996 年 3 月 15 日原国家工商行政管理局第 51 号令公布的《工商行政管理机关受理消费者申诉暂行办法》和 1997 年 3 月 15 日原国家工商行政管理局第 75 号令公布的《工商行政管理所处理消费者申诉实施办法》同时废止。

快递市场管理办法

(2013年1月11日交通运输部令2013年第1号公布 自2013年3月1日起施行)

第一章 总 则

第一条 为加强快递市场管理,维护国家安全和公共安全,保护用户合法权益,促进快递服务健康发展,依据《中华人民共和国邮政法》及有关法律、行政法规,制定本办法。

第二条 从事快递业务经营活动应当遵守本办法。

第三条 本办法所称快递,是指在承诺的时限内快速完成的寄递活动。寄递,是指将信件、包裹、印刷品等物品按照封装上的名址递送给特定个人或者单位的活动,包括收寄、分拣、运输、投递等环节。

第四条 经营快递业务的企业应当依法经营,诚实守信,公平竞争,为用户提供迅速、准确、安全、方便的快递服务。

第五条 公民的通信自由和通信秘密受法律保护。除因国家安全或者追查刑事犯罪的需要,由公安机关、国家安全机关或者检察机关依照法律规定的程序对通信进行检查外,任何组织或者个人不得以任何理由侵犯他人的通信自由和通信秘密。

第六条 国务院邮政管理部门负责对全国快递市场实施监督管理。

省、自治区、直辖市邮政管理机构负责对本行政区域的快递市场实施监督管理。

按照国务院规定设立的省级以下邮政管理机构负责对本辖区的快递市场实施监督管理。

第七条 国务院邮政管理部门和省、自治区、直辖市邮政管理机构以及省级以下邮政管理机构(以下统称邮政管理部门)对快递市场实施监督管理,应当遵循公开、公平、公正以及鼓励竞争、促进发展的原则,规范快递服务,满足经济社会发展的需要。

邮政管理部门应当加强快递市场安全监督管理,维护寄递安全与信息安全。

第八条 快递行业协会应当依照法律、行政法规及其章程规定,制定快递行业规范,加强行业自律,为企业提供信息、培训等方面的服务,促进快递行业的健康发展。

第二章 经营主体

第九条 国家对快递业务实行经营许可制度。经营快递业务,应当依照《中华人民共和国邮政法》的规定,向邮政管理部门提出申请,取得快递业务经营许可;未经许可,任何单位和个人不得经营快递业务。

第十条 邮政管理部门根据企业的服务能力审核经营许可的业务范围和地域范围,对符合规定条件的,发放快递业务经营许可证,并注明经营许可的业务范围和地域范围。

经营快递业务的企业应当在经营许可范围内依法从事快递业务经营活动,不得超越经营许可业务范围和地域范围。

第十一条 任何单位和个人不得伪造、涂改、冒用、租借、倒卖和非法转让快递业务经营许可证。

取得快递业务经营许可的企业不得以任何方式将快递业务委托给未取得快递业务经营许可的企业经营,不得以任何方式超越经营许可范围委托经营。

第十二条 取得快递业务经营许可的企业设立分公司、营业部等非法人分支机构,凭企业法人快递业务经营许可证(副本)及所附分支机构名录,到分支机构所在地工商行政管理部门办理注册登记。企业分支机构取得营业执照之日起二十日内到所在地邮政管理部门办理备案手续。

快递业务经营许可证(副本)载明的股权关系、注册资本、业务范围、地域范围发生变更的,或者增设、撤销分支机构的,应当报邮政管理部门办理变更手续,并持变更后的快递业务经营许可证办理工商变更登记。

第十三条 快递企业进行合并、分立的,应当在合并、分立协议签订之日起二十日内,向颁发快递业务经营许可证的邮政管理部门备案。

备案应当提交以下材料:

(一)快递业务经营许可证;

(二)合并、分立协议;

(三)上一年度快递业务经营许可年度报告书。

合并、分立后新设立的企业法人经营快递业务的,应当依法取得快递业务经营许可。合并、分立涉及外商投资企业的,应当遵守国家有关外商投资快递业务的相关规定。

第十四条 以加盟方式经营快递业务的,被加盟人与加盟人均应当取得快递业务经营许可,加盟不得超越被加盟人的经营许可范围。被加盟人与加盟人应当签订书面协议约定双方的权利义务,明确用户合法权益发生损害后的赔偿责任。参与加盟经营的企业,应当遵守共同的服务约定,使用统一的商标、商号、快递服务运单和收费标准,统一提供跟踪查询和用户投诉处理服务。

第十五条 经营快递业务的企业应当按照国务院邮政管理部门的规定,向颁发快递业务经营许可证的邮政管理部门提交年度报告书。

第三章 快递服务

第十六条 经营快递业务的企业应当按照快递服务标准,规范快递业务经营活动,保障服务质量,维护用户合法权益,并应当符合下列要求:

(一)填写快递运单前,企业应当提醒寄件人阅读快递运单的服务合同条款,并建议寄件人对贵重物品购买保价或者保险服务;

(二)企业分拣作业时,应当按照快件(邮件)的种类、时限分别处理、分区作业、规范操

作,并及时录入处理信息,上传网络,不得野蛮分拣,严禁抛扔、踩踏或者以其他方式造成快件(邮件)损毁;

(三) 企业应当在承诺的时限内完成快件(邮件)的投递;

(四) 企业应当将快件(邮件)投递到约定的收件地址和收件人或者收件人指定的代收人。

第十七条 经营快递业务的企业投递快件(邮件),应当告知收件人当面验收。快件(邮件)外包装完好的,由收件人签字确认。投递的快件(邮件)注明为易碎品及外包装出现明显破损的,企业应当告知收件人先验收内件再签收。企业与寄件人另有约定的除外。

对于网络购物、代收货款以及与用户有特殊约定的其他快件(邮件),企业应当与寄件人在合同中明确投递验收的权利义务,并提供符合约定的验收服务,验收无异议后,由收件人签字确认。

第十八条 经营快递业务的企业应当在营业场所公示或者以其他方式向社会公布其服务种类、服务时限、服务价格、损失赔偿、投诉处理等服务承诺事项。服务承诺事项发生变更的,企业应当及时发布服务提示公告。

第十九条 经营快递业务的企业应当遵循公平原则,以书面合同确定企业与用户双方的权利和义务。

对免除或者限制企业责任及涉及快件(邮件)损失赔偿的条款,应当在快递运单上以醒目的方式列出,并予以特别说明。

第二十条 在快递服务过程中,快件(邮件)发生延误、丢失、损毁和内件不符的,经营快递业务的企业应当按照与用户的约定,依法予以赔偿。

企业与用户之间未对赔偿事项进行约定的,对于购买保价的快件(邮件),应当按照保价金额赔偿。对于未购买保价的快件(邮件),按照《中华人民共和国邮政法》《中华人民共和国合同法》等相关法律规定赔偿。

第二十一条 经营快递业务的企业应当建立与用户沟通的渠道和制度,向用户提供业务咨询、查询等服务,并及时处理用户投诉。

经营快递业务的企业对邮政管理部门转办的用户申诉,应当及时妥善处理,并按照国务院邮政管理部门的规定给予答复。

第二十二条 经营快递业务的企业应当按照国家有关规定建立突发事件应急机制。发生重大服务阻断、暂停快递业务经营活动时,经营快递业务的企业应当按照有关规定在二十四小时内向邮政管理部门和其他有关部门报告,并向社会公告;以加盟方式开展快递业务经营的,被加盟人、加盟人应当分别向所在地邮政管理部门报告。

经营快递业务的企业在事故处理过程中,应当对所有与事故有关的资料进行记录和保存。相关资料和书面记录至少保存一年。

第二十三条 经营快递业务的企业应当妥善应对快递业务高峰期,做好业务量监测,加强服务网络统筹调度,及时向社会发布服务提示,认真处理用户投诉。

第二十四条 经营快递业务的企业对无法投递的快件(邮件),应当退回寄件人。

对无法投递又无法退回寄件人的快件(邮件),企业应当登记,并按照国务院邮政管理部门的规定和快递服务标准处理；其中无法投递又无法退回的进境国际快件（邮件），应当依照相关规定交由有关部门处理。

第二十五条　经营快递业务的企业在从事快递业务的同时，向用户提供代收货款服务的，应当建立有关安全管理制度，与寄件人的合同中应当对代收货款服务的权利义务进行约定。

提供代收货款服务，涉及金融管理规定的，应当接受相关部门的监督管理。

第二十六条　经营快递业务的企业应当按照国家关于快递业务员职业技能的规定，加强快递从业人员职业技能培训，组织符合条件的快递从业人员参加职业技能鉴定。

第二十七条　经营快递业务的企业不得实施下列行为：

（一）违反国家规定，收寄禁止寄递的物品，或者未按规定收寄限制寄递的物品；

（二）相互串通操纵市场价格，损害其他经营快递业务的企业或者用户的合法权益；

（三）冒用他人名称、商标标识和企业标识，扰乱市场经营秩序；

（四）违法扣留用户快件（邮件）；

（五）违法提供从事快递服务过程中知悉的用户信息；

（六）法律、法规禁止的其他行为。

第二十八条　快递从业人员不得实施下列行为：

（一）扣留、倒卖、盗窃快件（邮件）；

（二）违法提供从事快递服务过程中知悉的用户信息；

（三）法律、法规禁止的其他行为。

第四章　快递安全

第二十九条　任何组织和个人不得利用快递服务网络从事危害国家安全、社会公共利益或者他人合法权益的活动。下列物品禁止寄递：

（一）法律、行政法规禁止流通的物品；

（二）危害国家安全和社会政治稳定以及淫秽的出版物、宣传品、印刷品等；

（三）武器、弹药、麻醉药物、生化制品、传染性物品和爆炸性、易燃性、腐蚀性、放射性、毒性等危险物品；

（四）妨害公共卫生的物品；

（五）流通的各种货币；

（六）法律、行政法规和国家规定禁止寄递的其他物品。

第三十条　经营快递业务的企业应当遵守《中华人民共和国邮政法》《邮政行业安全监督管理办法》等相关规定，建立并严格执行收寄验视制度，加强生产安全和应急管理。

第三十一条　经营快递业务的企业对不能确定安全性的可疑物品，应当要求用户出具相关部门的安全证明。用户不能出具安全证明的，不予收寄。

经营快递业务的企业收寄已出具安全证明的物品时，应当如实记录收寄物品的名称、规格、数量、重量、收寄时间、寄件人和收件人名址等内容。记录保存期限不少于一年。

第三十二条　经营快递业务的企业接受网络购物、电视购物和邮购等经营者委托提供快递服务的,应当遵守邮政管理部门的规定,与委托方签订安全保障协议,并向颁发快递业务经营许可证的邮政管理部门备案。

第三十三条　经营快递业务的企业设置快件(邮件)处理场所,应当事先征询邮政管理部门及有关部门意见,并按照国家有关规定预留相关工作场地,其设计和建设应当符合国家安全机关和海关依法履行职责的要求。

第五章　监督管理

第三十四条　国家鼓励和引导经营快递业务的企业采用先进技术,充分利用交通运输资源,促进规模化、品牌化、网络化经营。

第三十五条　邮政管理部门应当结合邮政行业安全监督管理的实际,指导和监督经营快递业务的企业落实安全责任制,依法对经营快递业务的企业实施安全监督检查,并依照相关规定对妨害或者可能妨害行业安全的经营快递业务的企业进行调查和处理。

邮政管理部门应当加强对突发事件的管理,督促经营快递业务的企业定期组织开展突发事件应急演练。

第三十六条　国务院邮政管理部门建立以公众满意度、时限准时率和用户申诉率为核心的快递服务质量评价体系,指导评定机构定期测试评估快递行业服务水平,评定服务质量等级,并向社会公告。

第三十七条　邮政管理部门应当依法及时处理用户对经营快递业务的企业提出的申诉,并自接到申诉之日起三十日内作出答复。

任何单位和个人有权向邮政管理部门举报违反本办法的行为。邮政管理部门接到举报后,应当依法及时处理。

第三十八条　邮政管理部门应当加强对经营快递业务的企业及其从业人员遵守本办法情况的监督检查。

邮政管理部门依法实施监督检查,可以采取下列措施:

(一)进入有关场所进行检查;

(二)查阅、复制有关文件、资料、凭证;

(三)约谈有关单位和人员;

(四)经邮政管理部门负责人批准,查封与违法活动有关的场所,扣押用于违法活动的运输工具以及相关物品,对信件以外的涉嫌夹带禁止寄递或者限制寄递物品的快件(邮件)开拆检查。

第三十九条　邮政管理部门工作人员应当严格按照法定程序进行监督检查。实施监督检查时,应当出示执法证件,并由两名或者两名以上工作人员共同进行。被检查单位及其有关人员应当予以配合,不得拒绝、阻碍,并对有关情况予以保密。

邮政管理部门工作人员对监督检查过程中知悉的被检查单位的技术秘密和业务秘密,应当保密。

第六章 法律责任

第四十条 经营快递业务的企业违反快递服务标准,严重损害用户利益,由邮政管理部门责令改正,处五千元以上三万元以下的罚款。

第四十一条 违反本办法第十条规定的,由邮政管理部门责令改正,处五千元以上三万元以下的罚款。

第四十二条 违反本办法第十一条第二款规定的,由邮政管理部门责令改正,处一万元以下的罚款;情节严重的,处一万元以上三万元以下的罚款。

第四十三条 违反本办法第十四条规定的,由邮政管理部门责令改正,处五千元以上三万元以下的罚款。

第四十四条 违反本办法第十六条第(二)项规定的,由邮政管理部门处一万元罚款;情节严重的,处一万元以上三万元以下的罚款。

第四十五条 违反本办法第十八条、第二十一条、第二十二条、第三十一条规定的,由邮政管理部门责令改正,处三千元以上三万元以下的罚款。

第四十六条 违反本办法第二十四条第二款规定,未按照国务院邮政管理部门规定处理无法投递又无法退回寄件人的快件的,由邮政管理部门对快递企业处三千元以上一万元以下的罚款;情节严重的,处一万元以上三万元以下的罚款。

第四十七条 违反本办法第二十七条第(一)项、第(五)项规定的,分别依照《中华人民共和国邮政法》第七十五条、第七十六条的规定予以处罚。

违反本办法第二十七条第(四)项规定的,由邮政管理部门责令改正,对快递企业处一万元以上三万元以下的罚款。

违反本办法第二十七条第(二)项、第(三)项规定的,由国家有关部门依法处理。

第四十八条 违反本办法第二十八条规定的,由邮政管理部门责令改正,依法没收违法所得,对直接责任人员处五千元以上一万元以下的罚款;构成犯罪的,依法追究刑事责任。

第四十九条 邮政管理部门工作人员违反本办法第三十七条第一款、第三十九条规定的,依法给予行政处分;构成犯罪的,依法追究刑事责任。

第五十条 拒绝、阻碍邮政管理部门及其工作人员依法履行监督检查职责的,依照《中华人民共和国邮政法》第七十七条的规定予以处罚。

第五十一条 公民、法人或者其他组织认为邮政管理部门的具体行政行为侵犯其合法权益的,可以依法向上一级邮政管理部门申请行政复议或者直接向人民法院起诉。

经营快递业务的企业逾期不履行邮政管理部门处罚决定的,由邮政管理部门依法申请人民法院强制执行。

第七章 附 则

第五十二条 本办法自2013年3月1日起施行。交通运输部2008年7月12日发布的《快递市场管理办法》(交通运输部令2008第4号)同时废止。

缺陷汽车产品召回管理条例

(2012年10月10日国务院第219次常务会议通过 2012年10月22日中华人民共和国国务院令第626号公布 自2013年1月1日起施行)

第一条 为了规范缺陷汽车产品召回,加强监督管理,保障人身、财产安全,制定本条例。

第二条 在中国境内生产、销售的汽车和汽车挂车(以下统称汽车产品)的召回及其监督管理,适用本条例。

第三条 本条例所称缺陷,是指由于设计、制造、标识等原因导致的在同一批次、型号或者类别的汽车产品中普遍存在的不符合保障人身、财产安全的国家标准、行业标准的情形或者其他危及人身、财产安全的不合理的危险。

本条例所称召回,是指汽车产品生产者对其已售出的汽车产品采取措施消除缺陷的活动。

第四条 国务院产品质量监督部门负责全国缺陷汽车产品召回的监督管理工作。

国务院有关部门在各自职责范围内负责缺陷汽车产品召回的相关监督管理工作。

第五条 国务院产品质量监督部门根据工作需要,可以委托省、自治区、直辖市人民政府产品质量监督部门负责缺陷汽车产品召回监督管理的部分工作。

国务院产品质量监督部门缺陷产品召回技术机构按照国务院产品质量监督部门的规定,承担缺陷汽车产品召回的具体技术工作。

第六条 任何单位和个人有权向产品质量监督部门投诉汽车产品可能存在的缺陷,国务院产品质量监督部门应当以便于公众知晓的方式向社会公布受理投诉的电话、电子邮箱和通信地址。

国务院产品质量监督部门应当建立缺陷汽车产品召回信息管理系统,收集汇总、分析处理有关缺陷汽车产品信息。

产品质量监督部门、汽车产品主管部门、商务主管部门、海关、公安机关交通管理部门、交通运输主管部门等有关部门应当建立汽车产品的生产、销售、进口、登记检验、维修、消费者投诉、召回等信息的共享机制。

第七条 产品质量监督部门和有关部门、机构及其工作人员对履行本条例规定职责所知悉的商业秘密和个人信息,不得泄露。

第八条 对缺陷汽车产品,生产者应当依照本条例全部召回;生产者未实施召回的,国务院产品质量监督部门应当依照本条例责令其召回。

本条例所称生产者,是指在中国境内依法设立的生产汽车产品并以其名义颁发产品合格证的企业。

从中国境外进口汽车产品到境内销售的企业,视为前款所称的生产者。

第九条 生产者应当建立并保存汽车产品设计、制造、标识、检验等方面的信息记录以及汽车产品初次销售的车主信息记录,保存期不得少于10年。

第十条 生产者应当将下列信息报国务院产品质量监督部门备案:

(一)生产者基本信息;

(二)汽车产品技术参数和汽车产品初次销售的车主信息;

(三)因汽车产品存在危及人身、财产安全的故障而发生修理、更换、退货的信息;

(四)汽车产品在中国境外实施召回的信息;

(五)国务院产品质量监督部门要求备案的其他信息。

第十一条 销售、租赁、维修汽车产品的经营者(以下统称经营者)应当按照国务院产品质量监督部门的规定建立并保存汽车产品相关信息记录,保存期不得少于5年。

经营者获知汽车产品存在缺陷的,应当立即停止销售、租赁、使用缺陷汽车产品,并协助生产者实施召回。

经营者应当向国务院产品质量监督部门报告和向生产者通报所获知的汽车产品可能存在缺陷的相关信息。

第十二条 生产者获知汽车产品可能存在缺陷的,应当立即组织调查分析,并如实向国务院产品质量监督部门报告调查分析结果。

生产者确认汽车产品存在缺陷的,应当立即停止生产、销售、进口缺陷汽车产品,并实施召回。

第十三条 国务院产品质量监督部门获知汽车产品可能存在缺陷的,应当立即通知生产者开展调查分析;生产者未按照通知开展调查分析的,国务院产品质量监督部门应当开展缺陷调查。

国务院产品质量监督部门认为汽车产品可能存在会造成严重后果的缺陷的,可以直接开展缺陷调查。

第十四条 国务院产品质量监督部门开展缺陷调查,可以进入生产者、经营者的生产经营场所进行现场调查,查阅、复制相关资料和记录,向相关单位和个人了解汽车产品可能存在缺陷的情况。

生产者应当配合缺陷调查,提供调查需要的有关资料、产品和专用设备。经营者应当配合缺陷调查,提供调查需要的有关资料。

国务院产品质量监督部门不得将生产者、经营者提供的资料、产品和专用设备用于缺陷调查所需的技术检测和鉴定以外的用途。

第十五条 国务院产品质量监督部门调查认为汽车产品存在缺陷的,应当通知生产者实施召回。

生产者认为其汽车产品不存在缺陷的,可以自收到通知之日起15个工作日内向国务院产品质量监督部门提出异议,并提供证明材料。国务院产品质量监督部门应当组织与生产者无利害关系的专家对证明材料进行论证,必要时对汽车产品进行技术检测或者鉴定。

生产者既不按照通知实施召回又不在本条第二款规定期限内提出异议的,或者经国务院产品质量监督部门依照本条第二款规定组织论证、技术检测、鉴定确认汽车产品存在缺陷的,国务院产品质量监督部门应当责令生产者实施召回;生产者应当立即停止生产、销售、进口缺陷汽车产品,并实施召回。

第十六条 生产者实施召回,应当按照国务院产品质量监督部门的规定制定召回计划,并报国务院产品质量监督部门备案。修改已备案的召回计划应当重新备案。

生产者应当按照召回计划实施召回。

第十七条 生产者应当将报国务院产品质量监督部门备案的召回计划同时通报销售者,销售者应当停止销售缺陷汽车产品。

第十八条 生产者实施召回,应当以便于公众知晓的方式发布信息,告知车主汽车产品存在的缺陷、避免损害发生的应急处置方法和生产者消除缺陷的措施等事项。

国务院产品质量监督部门应当及时向社会公布已经确认的缺陷汽车产品信息以及生产者实施召回的相关信息。

车主应当配合生产者实施召回。

第十九条 对实施召回的缺陷汽车产品,生产者应当及时采取修正或者补充标识、修理、更换、退货等措施消除缺陷。

生产者应当承担消除缺陷的费用和必要的运送缺陷汽车产品的费用。

第二十条 生产者应当按照国务院产品质量监督部门的规定提交召回阶段性报告和召回总结报告。

第二十一条 国务院产品质量监督部门应当对召回实施情况进行监督,并组织与生产者无利害关系的专家对生产者消除缺陷的效果进行评估。

第二十二条 生产者违反本条例规定,有下列情形之一的,由产品质量监督部门责令改正;拒不改正的,处5万元以上20万元以下的罚款:

(一)未按照规定保存有关汽车产品、车主的信息记录;

(二)未按照规定备案有关信息、召回计划;

(三)未按照规定提交有关召回报告。

第二十三条 违反本条例规定,有下列情形之一的,由产品质量监督部门责令改正;拒不改正的,处50万元以上100万元以下的罚款;有违法所得的,并处没收违法所得;情节严重的,由许可机关吊销有关许可:

(一)生产者、经营者不配合产品质量监督部门缺陷调查;

(二)生产者未按照已备案的召回计划实施召回;

(三)生产者未将召回计划通报销售者。

第二十四条 生产者违反本条例规定,有下列情形之一的,由产品质量监督部门责令改正,处缺陷汽车产品货值金额1%以上10%以下的罚款;有违法所得的,并处没收违法所得;情节严重的,由许可机关吊销有关许可:

(一)未停止生产、销售或者进口缺陷汽车产品;

(二)隐瞒缺陷情况;

(三)经责令召回拒不召回。

第二十五条 违反本条例规定,从事缺陷汽车产品召回监督管理工作的人员有下列行为之一的,依法给予处分:

(一)将生产者、经营者提供的资料、产品和专用设备用于缺陷调查所需的技术检测和鉴定以外的用途;

(二)泄露当事人商业秘密或者个人信息;

(三)其他玩忽职守、徇私舞弊、滥用职权行为。

第二十六条 违反本条例规定,构成犯罪的,依法追究刑事责任。

第二十七条 汽车产品出厂时未随车装备的轮胎存在缺陷的,由轮胎的生产者负责召回。具体办法由国务院产品质量监督部门参照本条例制定。

第二十八条 生产者依照本条例召回缺陷汽车产品,不免除其依法应当承担的责任。

汽车产品存在本条例规定的缺陷以外的质量问题的,车主有权依照产品质量法、消费者权益保护法等法律、行政法规和国家有关规定以及合同约定,要求生产者、销售者承担修理、更换、退货、赔偿损失等相应的法律责任。

第二十九条 本条例自2013年1月1日起施行。

国家发展改革委关于《禁止价格欺诈行为的规定》有关条款解释的通知

(2015年6月15日发改价监〔2015〕1382号)

各省、自治区、直辖市及新疆生产建设兵团发展改革委、物价局：

为进一步统一执法尺度，加强价格监管，维护消费者和经营者合法权益，现就《禁止价格欺诈行为的规定》(2001年国家发展计划委员会令第15号，下称《规定》)提出如下解释意见：

一、《规定》第三条所称"经营者利用虚假的或者使人误解的标价形式或者价格手段，欺骗、诱导消费者或者其他经营者与其进行交易的行为"，是指经营者通过标价形式或者价格手段虚构事实、隐瞒真实情况，欺骗、诱导消费者或者其他经营者与其进行交易；无论是否形成交易结果，均构成价格欺诈行为。

二、《规定》第七条第(一)项所称"虚构原价"，是指经营者在促销活动中，标示的原价属于虚假、捏造，并不存在或者从未有过交易记录。所称"虚假优惠折价"，是指经营者在促销活动中，标示的打折前价格或者通过实际成交价及折扣幅度计算出的打折前价格高于原价。

前款所称"原价"，是指经营者在本次促销活动前七日内在本交易场所成交，有交易票据的最低交易价格；如果前七日内没有交易，以本次促销活动前最后一次交易价格作为原价。

经营者开展连续促销活动，首次促销活动中的促销让利难以准确核算到单个商品或者服务(以下统称商品)的，应当以首次促销活动中单个商品的结算价格作为计算下次价格促销活动时的原价。

三、经营者对未销售过的商品开展促销活动，不得使用"原价"、"原售价"、"成交价"等类似概念，误导消费者认为该商品在本经营场所已有成交记录。否则属于《规定》第七条第(一)项情形。

四、经营者采用与其他经营者或者其他销售业态进行价格比较的方式开展促销活动，应当准确标明被比较价格的含义，且能够证明标示的被比较价格真实有依据。否则属于《规定》第六条第(三)项情形。

五、《规定》第七条第(二)项所称"价格承诺"，是指经营者以商业广告、产品说明、销售推介、实物样品或者通知、声明、店堂告示等方式，对商品价格作出的具体确定承诺。

六、经营者采取馈赠物品或者服务等方式开展促销活动，如果馈赠物品或者服务标示价格(或者价值)的，所标示的价格(或者价值)应当真实明确。否则属于《规定》第六条第(九)项情形。

七、经营者采取返还有价赠券或者积分返利等方式开展促销活动，有价赠券或者积分返利附加了使用条件,没有在赠券或者经营场所显著位置明确标示的,属于《规定》第六条第(九)项情形。

八、商品的生产者已经按照有关法律要求在商品或者商品包装上标明了品名、产地、规格、等级等信息,经营者通过开放式货架或者其他醒目方式向消费者展示了商品或者商品包装,有下列情形之一的,不属于《规定》第六条第(一)项情形:

(一)经营者未标示品名、产地、规格、等级等信息的;

(二)经营者标示的产地、规格与商品或者商品包装上标明的信息不一致,但产地、规格信息对消费者作出购买选择不会产生实质影响的。

九、经营者标示价格与结算价格不一致,有下列情形之一的,不属于《规定》第六条第(二)项情形:

(一)标示价格高于结算价格的;

(二)经营商品种类、数量较多,采用消费者自选方式,统一收银的超市、商场,个别商品的标示价格与结算价格不一致,但是能够及时更正,建立了明确的错收价款退赔制度并能够有效实施的。

十、第三方网络交易平台不直接向消费者或者其他经营者销售商品,不构成《规定》第三条所称的经营者。但有下列情形之一的,应当认定第三方网络交易平台构成价格欺诈行为的主体:

(一)第三方网络交易平台在网站首页或者其他显著位置标示的某网络商品经营者所销售的商品价格低于该网络商品经营者在商品详情页面标示的价格的;

(二)第三方网络交易平台声称网站内所有或者部分商品开展促销活动,但网络商品经营者并未实际开展促销活动的;

(三)第三方网络交易平台提供的标价软件或者价格宣传软件等强制要求网络商品经营者进行虚假的或者引人误解的价格标示的。

第三方网络交易平台与网络商品经营者共同开展促销活动,并共同进行了价格标示、促销宣传,如果其价格标示、促销宣传虚假或者引人误解,则第三方网络交易平台与网络商品经营者构成价格欺诈行为的共同违法主体。

十一、为经营者提供交易场所的卖场,如果其对经营者实行统一管理,包括:统一促销、统一标价、统一格式合同、统一结算等,则卖场与经营者构成共同责任主体。

十二、各级价格主管部门根据《规定》及本通知认定经营者的价格行为未构成价格欺诈行为,但其价格行为违反明码标价有关规定的,应当依照明码标价有关规定查处。

十三、本通知由国家发展改革委负责解释。

十四、上述规定自本文发布之日起施行,《国家发展改革委关于〈禁止价格欺诈行为的规定〉有关条款解释意见的通知》(发改价检〔2006〕623号)同时废止。本通知施行前已经立案,尚未作出行政处罚决定的案件,依照本通知规定执行。

参 考 文 献

[1] 吴宏伟,曾宪义.消费者权益保护法.北京：中国人民大学出版社,2014.
[2] 李昌麒,许明月.消费者保护法.北京：法律出版社,2014.
[3] 梁慧星.民法解释学.北京：法律出版社,2009.
[4] 梁慧星.民商法论丛.北京：法律出版社,2009.
[5] 贾俊玲,张智勇.中国消费者权益保护法讲座.北京：改革出版社,1995.
[6] 吴克宇.论日本消费者政策法的新发展.消费经济,2006(5).
[7] 何宗泽等.消费者权益保护法教程.北京：中央广播电视大学出版社,2012.
[8] 中国消费者权益保护法学研究会.消费者权益保护法.北京：中国社会出版社,2017.
[9] 麻昌华.消费者保护法.北京：中国政法大学出版社,2006.
[10] 王兴运.消费者权益保护法.北京：北京大学出版社,2015.
[11] 中华人民共和国消费者权益保护法注解与配套.北京：中国法制出版社,2017.
[12] 许光建.工商行政管理概论.北京：中国人民大学出版社,2011.
[13] 浦善新.消费者权益保护法学.北京：中国社会出版社,2017.
[14] 曾宪义,王利明.消费者权益保护法.北京：中国人民大学出版社,2018.
[15] 徐运全.消费者权益保护法实用案例.呼和浩特：内蒙古人民出版社,2016.
[16] 吴景明.中华人民共和国电子商务法消费者权益保护法律制度——规则与案例.北京：中国法制出版社,2019.
[17] 李爱君.中国金融消费者权益保护研究报告.北京：法律出版社,2019.
[18] 中国社会科学院法学研究所法治宣传教育与公法研究中心.消费者维权法律指南.北京：中国民主法制出版社,2017.
[19] 张严方.消费者保护法研究.北京：法律出版社,2003.
[20] 杨紫烜.经济法.北京：北京大学出版社、高等教育出版社,2008.
[21] 王保树.经济法律概论.北京：中国经济出版社,1997.
[22] 马洪.经济法概论.上海：上海财经大学出版社,2000.
[23] 顾耕耘.国有经济与经济法理论创新.北京：北京大学出版社,2005.
[24] 刘建民,段宝玫.消费者权益保护法.北京：知识产权出版社,2014.
[25] 吴景明.消费者权益保护法.北京：中国政法大学出版社,2007.